Minkyung Kim

Philosophieren mit Kindern als Möglichkeit des interkulturellen Lernens

Philosophie in der Schule
Philosophy in Schools
Philosophie à l'École

Band / Volume 20

LIT

Minkyung Kim

Philosophieren mit Kindern als Möglichkeit des interkulturellen Lernens

LIT

Umschlagbild: Minkyung Kim

Gedruckt auf alterungsbeständigem Werkdruckpapier entsprechend
ANSI Z3948 DIN ISO 9706

Dissertation

Bibliografische Information der Deutschen Nationalbibliothek
Die Deutsche Nationalbibliothek verzeichnet diese Publikation in der Deutschen Nationalbibliografie; detaillierte bibliografische Daten sind im Internet über http://dnb.d-nb.de abrufbar.

ISBN 978-3-643-12428-9
Zugl.: Würzburg, Univ., Diss., 2013

Verlagskontakt:
Fresnostr. 2 D-48159 Münster
Tel. +49 (0) 2 51-62 03 20 Fax +49 (0) 2 51-23 19 72
E-Mail: lit@lit-verlag.de http://www.lit-verlag.de

Auslieferung:
Deutschland: LIT Verlag Fresnostr. 2, D-48159 Münster
Tel. +49 (0) 2 51-620 32 22, Fax +49 (0) 2 51-922 60 99, E-Mail: vertrieb@lit-verlag.de
Österreich: Medienlogistik Pichler-ÖBZ, E-Mail: mlo@medien-logistik.at
E-Books sind erhältlich unter www.litwebshop.de

Für meine Eltern

INHALT

VORWORT

Die vorliegende Arbeit wurde im Wintersemester 2012/2013 von der Graduiertenschule für die Geisteswissenschaften der Julius-Maximilians-Universität Würzburg als Dissertation angenommen.

Beim Schreiben dieser Arbeit habe ich von vielen Personen und Institutionen in besonderem Maße profitiert. Ohne das DAAD-STIBET-Stipendium und das Würzburg-Stipendium hätte ich aus finanzieller Sicht mein Promotionsvorhaben nicht realisieren können. Mein besonderer Dank gilt weiterhin meinen Betreuern, Herrn Prof. Dr. Andreas Nießeler, Prof. Dr. Andreas Dörpinghaus und Prof. Dr. Egbert Witte. Ihre vielfältige Anregungen zu meiner Dissertation und Ihre vorbildliche Betreuung während meines Promotionsstudiums waren eine herausragende Hilfe.

Bedanken möchte ich mich auch bei Frau Prof. Dr. Gaby Herchert für die Erstellung eines Gutachtens für das Würzburg-Stipendium.

Besonders herzlicher Dank gebührt meinen Eltern. Ohne ihren Glauben an mich und ihre finanzielle Unterstützung hätte ich mein Auslandstudium in Deutschland nicht anfangen und auch nicht abschließen können.

Nicht zuletzt möchte ich mich bei meinem Partner Thomas herzlich bedanken, der mich ermunterte, anregte und an mich geglaubt hat und dies immer noch tut.

Chemnitz, den 12. Oktober 2013
Minkyung Kim

EINLEITUNG

„Nicht nur fremdes Leben,
auch das eigene Milieu, das eigene Land,
die eigene Tradition und ihre großen Figuren
mit anderen Augen sehen lernen
ist die Kunst der Geisteswissenschaft.
[...] Sie weckt uns zu neuer Wahrnehmung, befreit den Blick und härtet ihn gegen die ablenkenden und verdeckenden Vorurteile."[1]

AKTUALITÄT UND RELEVANZ

Die heutige moderne Welt scheint ohne das Wort *interkulturell* kaum denkbar zu sein, denn das Wort hat in vielen Ländern in diversen gesellschaftlichen Bereichen wie z. B. im ökonomischen, schulischen, politischen und auch im wissenschaftlichen eine hohe Konjunktur. So werden Kurse wie *interkulturelles Training, Interkulturelles Management* oder *interkulturelles Lernen* für den Erwerb von interkultureller Kompetenz angeboten, die längst als Schlüsselqualifikation vom Einzelnen selbstverständlich gefordert wird. Die Aktualität und Relevanz dieses Begriffes ergibt sich aus der gestiegenen Häufigkeit und Intensität der Kontakte mit fremden Kulturen und deren Trägern. Diese Tendenz lässt sich wiederum auf die fortschreitende Globalisierung und gestiegene Mobilität des Menschen zurückführen. Insbesondere die Lebenswelt von Kindern in Deutschland ist von der zunehmenden Pluralität stark betroffen: So hatte in Deutschland 2010 insgesamt gut ein Drittel aller Kinder unter fünf Jahren einen Migrationshintergrund[2] – genauer 34,8 Prozent, während in der Gruppe der 35- bis unter

1 Plessner, Helmuth: Mit anderen Augen sehen. Aspekte einer philosophischen Anthropologie. Stuttgart, Reclam, 1982, S. 171.

2 „Zu den Menschen mit Migrationshintergrund zählen alle nach 1949 auf das heutige Gebiet der Bundesrepublik Deutschland Zugewanderten sowie alle in Deutschland geborenen Ausländer und alle in Deutschland als Deutsche Geborenen mit zumindest einem zugewanderten oder als Ausländer in Deutschland geborenen Elternteil." Bundeszentrale für politische Bildung: „Bevölkerung mit Migrationshintergrund I" 6. 10. 2011. <http://www.bpb.de/wissen/NY3SWU,0,Bev%F6lkerung_mit_Migrationshintergrund_I.html> (4. 1. 2012).

45-Jährigen der entsprechende Anteil im selben Jahr bei 21,0 Prozent und bei den 85- bis unter 95-Jährigen nur bei 5,7 Prozent lag.[3]

Diese Zahlen verdeutlichen, dass die häufigen Begegnungen verschiedener kultureller Gebräuche und Werte auch im Schulalltag unvermeidlich geworden sind, was sowohl für Kinder als auch für Lehrer und Eltern gilt. Das Zusammenleben oder Zusammenarbeiten mit den Menschen, die aus fremden Kulturkreisen stammen und somit eine fremde Sprache und fremde Lebensweise besitzen, kann zur gegenseitigen Bereicherung des Lebens führen, bereitet jedoch auch Konflikte und Missverständnisse, die nicht einfach zu lösen sind. Dadurch besteht für den Einzelnen die Gefahr, sich durch die Abgrenzung vom Fremden in der eigenen Sichtweise zu verschließen und eigene Vorurteile gegenüber dem Fremden zu verstärken. Die Angst vor dem Verlust der eigenen kulturellen Identität und vor sozialer Konkurrenz durch die Zugezogenen kann zur offenen oder verdeckten Aggression und im radikalen Fall auch zu rassistisch motivierten Akten führen. Um negative Folgen zu vermeiden und möglichst zum positiven Ergebnis aus dem kulturell heterogenen Umfeld beizutragen, entwickelten verschiedene Wissenschaftsbereiche viele Ansätze zur Interkulturalität, wie anhand einer Vielzahl von Publikationen und Diskussionen zu beobachten ist. Zugleich wurden in vielen Universitäten für die Erforschung von interkulturellen Zusammenhängen eigene Forschungsinstitute[4] oder eigene Abteilungen[5] neu gegründet.

In der erziehungswissenschaftlichen Perspektive geht es vor allem darum, dass die Kinder bzw. die Heranwachsenden nicht mit Voreingenom-

---

3 Vgl. Bundeszentrale für politische Bildung: „Bevölkerung mit Migrationshintergrund I" <http://www.bpb.de/wissen/NY3SWU,0,Bev%F6lkerung_mit_Migrationshintergrund_I.html> (4. 1. 2012).

4 Z. B. Institut für Interkulturelle und Internationale Studien an der Universität Bremen(seit Ende 1995), Zentrum für Interkulturelle Studien an der Johannes Gutenberg Universität Mainz(seit 1997), das Institut für Migrationsforschung und Interkulturelle Studien als ein interdisziplinäres und interfakultatives Forschungsinstitut der Universität Osnabrück(seit 1991) usw.

5 Z. B. Interkulturelle Pädagogik an den Universitäten Münster, Köln, Essen usw. Siehe <http://www.ikk.uni-muenchen.de/linksinstitute/index.html>, Interkulturelle Erziehungswissenschaft an der Freien Universität Berlin, Interkulturelle Germanistik an der Universität Göttingen, Deutsch als Fremdsprache und Interkulturelle Programme an der Universität Tübingen, Interkulturelle Wirtschafts- und Medienkommunikation an der Universität Heidelberg.

menheit und Verschlossenheit gegenüber fremden Kulturen und Menschen aufwachsen, sondern mit dem reflexiven Umgang mit den eigenen und fremden Sichtweisen die chaotische Pluralität ins Schöpferische transformieren.[6] Als Reaktion auf die multiethnische und multikulturelle Gesellschaft und die sich daraus ergebenden neuen Herausforderungen ist in den 1990er-Jahren ein eigenständiges Fachgebiet *interkulturelle Pädagogik* errichtet worden, welche die Teildisziplin *Ausländerpädagogik* ersetzt hat, die in den 70er und 80er Jahren als Integrationshilfe von den Einheimischen für die Ausländerkinder konzipiert war. Die Umwandlung von der Ausländerpädagogik zur interkulturellen Pädagogik ging auf die Notwendigkeit des Perspektivenwechsels zurück, dass kulturelle Differenz und Pluralität das gegenseitige Lernen aller Menschen ermöglichen können, anstatt von den sprachlichen und sozialen Defiziten der Migrantenkinder auszugehen.[7] Deshalb sind die Zielgruppen der interkulturellen Pädagogik nicht bloß die hilfsbedürftigen Migrantenkinder, sondern alle Kinder, denen das interkulturelle Lernen ermöglicht werden soll.

FORSCHUNGSSTAND UND PROBLEME

Um dieser neuen Anforderung des interkulturellen Lernens gerecht zu werden, empfiehlt die Kultusministerkonferenz (KMK) im Jahr 1996 *Interkulturelle Bildung und Erziehung in der Schule* und so wurde das Konzept des interkulturellen Lernens in den Lehrplan in Schleswig-Holstein aufgenommen. Die Ziele interkultureller Bildung und Erziehung beruhen in erster Linie auf einem Bildungsauftrag, der in Schulgesetzen der Länder formuliert ist und besagt, dass alle Menschen gleichwertig und ihre Wertvorstellungen und kulturelle Orientierungen zu achten sind. Von allen Schülern gefordert ist daher die Entwicklung von Einstellungen und Verhaltensweisen, die dem ethischen Grundsatz der Humanität und den Prinzipien von

6 Vgl. Weber, Barbara: Ethisches Lernen in Zeiten des Wertepluralismus. Das Begehren nach Weisheit als roter Faden im postmodernen Labyrinth der Werte. In: Marsal, Eva [u.a.] (Hrsg.): Ethische Reflexionskompetenz im Grundschulalter. Konzepte des Philosophierens mit Kindern. (Hodos – Wege bildungsbezogener Ethikforschung in Philosophie und Theologie, Bd. 7) Frankfurt a. M., Peter Lang, 2007, S. 116.

7 Vgl. Hamburger, Franz: Von der Ausländerpolitik zur interkulturellen Erziehung – Probleme der Pädagogik und der Didaktik im Umgang mit den Fremden. In: Borrelli, Michele (Hrsg.): Zur Didaktik interkultureller Pädagogik. Hohengehren, Schneider, 1992, S. 47f.

Freiheit und Verantwortung, von Solidarität und Völkerverständigung, von Demokratie und Toleranz verpflichtet sind.[8] Ziele interkultureller Bildung und Erziehung werden wie im Folgenden formuliert:

„Auf dieser Grundlage sollen die Schülerinnen und Schüler

- sich ihrer jeweiligen kulturellen Sozialisation und Lebens-zusammenhänge bewußt werden;
- über andere Kulturen Kenntnisse erwerben; Neugier, Offenheit und Verständnis für andere kulturelle Prägungen entwickeln
- anderen kulturellen Lebensformen und -orientierungen begegnen und sich mit ihnen auseinandersetzen und dabei Ängste eingestehen und Spannungen aushalten;
- Vorurteile gegenüber Fremden und Fremdem wahr- und ernstnehmen;
- das Anderssein der anderen respektieren;
- den eigenen Standpunkt reflektieren, kritisch prüfen und Verständnis für andere Standpunkte entwickeln;
- Konsens über gemeinsame Grundlagen für das Zusammenleben in einer Gesellschaft bzw. in einem Staat finden;
- Konflikte, die aufgrund unterschiedlicher ethnischer, kultureller und religiöser Zugehörigkeit entstehen, friedlich austragen und durch gemeinsam vereinbarte Regeln beilegen können.“[9]

Von diesen Zielen ausgehend hat das Ministerium für Bildung, Wissenschaft, Forschung und Kultur des Landes Schleswig-Holstein 1997 in der Broschüre „Interkulturelles Lernen in den Lehrplänen. Anregungen für Schule und Unterricht“[10] auch Beispiele für die Unterrichtsplanung mit interkulturellem Schwerpunkt beschrieben. Jedoch fehlt hierbei die Beschreibung, was konkret das interkulturelle Lernen ist, ebenso wie dies auch bei der Empfehlung der KMK fehlt. Der Mangel an theoretischen Grundlagen

---

8 Vgl. Empfehlungen der Kultusministerkonferenz 1996: Interkulturelle Bildung und Erziehung in der Schule. Beschluss der Kultusministerkonferenz vom 26. 10. 1996. <http://www.kmk.org/bildung-schule/allgemeine-bildung/migrationintegration.html> (7. 1. 2012), S. 5.

9 Empfehlungen der Kultusministerkonferenz 1996: „Interkulturelle Bildung und Erziehung in der Schule.“ <http://www.kmk.org/bildung-schule/allgemeine-bildung/migrationintegration.html> (7. 1. 2012), S. 5f.

10 Ministerium für Bildung, Wissenschaft, Forschung und Kultur des Landes Schleswig-Holstein(Hrsg.): „Interkulturelles Lernen in den Lehrplänen. Anregungen für Schule und Unterricht.“ <http://www.schleswig-holstein.de/Bildung/DE/Downloads/InterkulturelleBildung/Lehrplan.html> (8. 1. 2012).

im Konzept des interkulturellen Lernens ist nicht nur hier zu entdecken, sondern auch in vielen wissenschaftlichen Veröffentlichungen in der Erziehungswissenschaft festzustellen.[11] Die multikulturelle Gesellschaft als Hintergrund und interkulturelle Kompetenz als Ziel des interkulturellen Lernens werden klar dargestellt, aber wie sich das interkulturelle Lernen beim Einzelnen vollzieht und was dabei eine zentrale Rolle spielt, werden nicht erläutert.

Zwar haben Wolf Rainer Leenen und Harald Grosch 1998 ein mögliches Phasenmodell für den Prozess interkulturellen Lernens dargestellt, welches aber eher die Ziele formuliert als den Prozess beschreibt. Die sieben Phasen sind im Folgenden: 1. Die generelle Kulturgebundenheit menschlichen Verhaltens erkennen und akzeptieren können, 2. Identifikation fremdkultureller Muster, Dezentrierung, 3. eigene Kulturstandards identifizieren und ihre Wirkung in der Begegnung mit einer Fremdkultur abschätzen können, 4. Deutungswissen über bestimmte fremde Kulturen erweitern, 5. Verständnis und Respekt für fremdkulturelle Muster entwickeln können, 6. Erweiterung der eigenen kulturellen Optionen (normative Flexibilität etc.) sowie 7. Aufbau interkultureller Beziehungen, konstitutiver Umgang mit interkulturellen Konflikten.[12] Hierbei fällt jedoch auf, dass die vierte, fünfte und sechste Phase sich überlappen und zugleich Begriffe wie Fremdheit gar nicht erwähnt werden, obwohl sie für die Begegnung mit anderen Kulturen konstitutiv sind. Auch fehlt bei diesem Modell die Erläuterung des Prozesses, wie man die angestrebte Fähigkeit erlangt, das eigene und fremde Handeln als das kulturelle geprägte Handeln zu betrachten und die Handlungs- und Denkmuster fremder Kultur zu verstehen.

---

11 Siehe dazu z. B. Eickhorst, Annegret: Interkulturelles Lernen in der Grundschule. Ziele – Konzepte – Materialien. Bad Heilbrunn, Klinkhardt, 2007. Otten, Hendrik: Interkulturelles Lernen in Theorie und Praxis. Ein Handbuch für Jugendarbeit und Weiterbildung. Opladen, Leske + Budrich, 1994. Rademacher, Helmolt; Wilhelm, Maria: Spiele und Übungen zum interkulturellen Lernen. Berlin, Verl. für Wiss. und Bildung, [3]2009. Dovermann, Ulrich: Interkulturelles Lernen. Arbeitshilfen für die politische Bildung. Bonn, Bundeszentrale für Politische Bildung, 2000. Götz, Klaus: Interkulturelles Lernen, interkulturelles Training. München [u.a.], Hampp, [6]2006. Holzbrecher, Alfred: Dem Fremden auf der Spur. Interkulturelles Lernen im Pädagogikunterricht. Baltmannsweiler, Schneider Verlag Hohengehren, 1999.

12 siehe Dovermann, Ulrich: Interkulturelles Lernen. Arbeitshilfen für die politische Bildung. Bonn, Bundeszentrale für politische Bildung, 2000.

Der Mangel einer theoretischen Fundierung des interkulturellen Lernens gilt auch für das sechsstufige Entwicklungsmodell interkultureller Sensibilität von Milton Bennett. Die subjektive Erfahrung des kulturellen Unterschieds und der interkulturellen Sensibilität entwickeln sich hiernach in sechs Stufen: Die ersten drei Stufen der Unterschiedsverleugnung (denial of difference), der Unterschiedsabwehr (defense against difference) und der Unterschiedsverkleinerung (minimization of difference) gehören zum ethnozentrischen Stadium, während die darauf folgenden Stufen der Unterschiedsakzeptanz (acceptance of difference), der Unterschiedsadaption (adaption of difference) und Unterschiedsintegration (integration of difference) dem ethnorelativen Stadium zuzuordnen sind.[13]

Das interkulturelle Lernen beginnt erst im zweiten, d. h. im ethnorelativen Stadium,[14] denn die Lernende fangen in der Stufe der Akzeptanz an, die kulturellen Unterschiede, die in den Wertvorstellungen und den Verhaltensweisen wahrzunehmen sind, einzuschätzen und anzuerkennen, anstatt sie zu verneinen oder zu ignorieren. In dieser Stufe entwickelt der Lernende das Bewusstsein darüber, dass alle Verhaltensweisen und Wertvorstellungen abhängig vom kulturellen Kontext zu verstehen sind. Charakteristisch für die nächste Stufe der Adaption ist die Entwicklung der Kommunikationsfähigkeit für die interkulturelle Kommunikation. In dieser Stufe wird die interkulturelle Sensibilität des Lernenden ausgebildet, so dass er auch von der eigenen Perspektive zu einer alternativen wechseln und ebenso sein Verhalten dem jeweiligen Ort entsprechend ändern kann. In der letzten Stufe der Integration geht es dann um die Internalisierung von zweien oder mehreren kulturellen Bezugssystemen (frames of reference). Dieser Stufe angemessene „intercultural skills“ sind unter anderen Rollen- und Identitätsflexibilität.[15]

Jedoch bleibt auch bei diesem Modell die Frage offen, wie ein solcher Perspektivenwechsel zu erreichen ist und welche kognitiven und emotiona-

---

13 Vgl. Bennett, Milton J.: „A developmental model of intercultural sensitivity.“ <http://www.library.wisc.edu/EDVRC/docs/public/pdfs/SEEDReadings/intCulSens.pdf> (12.1. 2012), S. 1-14.

14 Vgl. Auernheimer, Georg: Einführung in die Interkulturelle Pädagogik. Darmstadt, Wissenschaftliche Buchgesellschaft, ^{4}2005, S. 125.

15 Vgl. Bennett, Milton J.: „A developmental model of intercultural sensitivity.“<http://www.library.wisc.edu/EDVRC/docs/public/pdfs/SEEDReadings/intCulSens.pdf> (12.1. 2012), S. 7-13.

len Prozesse sich beim Subjekt vollzogen haben müssen, um die geforderte Flexibilität in seinem Verhalten und Denken zu erlangen. Denn eine solche Flexibilität ist nicht einfach durch eine Anhäufung von Wissen über fremde Kulturen zu gewinnen. Für jede Stufe schreibt Bennett zwar stichpunktartig, welche Inhalte und Prozesse für die Förderung und Herausforderung der Lernenden im Zentrum stehen und welche kognitiven Strukturen und affektiven Qualitäten auftreten. Allerdings verharrt er bei einer bloßen Beschreibung der gezielten Fähigkeiten oder Qualifikationen. Beispielsweise bezeichnet er die Differenzierung und die Ausarbeitung von kulturellen Kategorien als kognitiver Struktur und Neugier als affektive Qualität für die Stufe der Akzeptanz.

Das interkulturelle Lernen hat zwar Alexander Thomas bereits 1988 folgendermaßen definiert: „Interkulturelles Lernen findet statt, wenn eine Person bestrebt ist, im Umgang mit Menschen einer anderen Kultur deren spezifisches Orientierungssystem der Wahrnehmung, des Denkens, Wertens und Handelns zu verstehen, in das eigenkulturelle Orientierungssystem zu integrieren und auf ihr Denken und Handeln im fremdkulturellem Handlungsfeld anzuwenden. Interkulturelles Lernen bedingt neben dem Verstehen fremdkultureller Orientierungssysteme eine Reflexion des eigenkulturellen Orientierungssystems".[16] Hierbei fällt zunächst eine inhaltliche Parallele zu den Stufen der Adaption und der Integration bei Bennetts Modell auf. Anders als bei Bennett steht bei Thomas nicht nur die fremde Kultur als Objekt des Nachdenkens im Zentrum, sondern auch die eigene Kultur und deren Prägung des eigenen Denkens und Handelns sollen reflektiert werden. Dieser Aspekt wurde auch von der Kulturministerkonferenz 1996 als Ziel interkultureller Bildung und Erziehung in der Schule genannt.

Durch die Analysen verschiedener Modelle des interkulturellen Lernens lässt sich feststellen, dass der Begriff der Fremdheit in ihnen kaum auftaucht. Dies ist umso erstaunlicher, als gerade Fremdheit eine grundlegende Erfahrung in interkulturellen Kontexten ist. Eine fremde Begrüßungsart von Menschen, die aus einem anderen Kulturkreis kommen, etwa von sich gegenseitig verneigen oder auf die Wange küssen, wie auch ein fremder Name, der schwer zu merken und auszusprechen ist, oder ebenso

[16] Thomas, Alexander: Interkulturelles Lernen im Schüleraustausch. Saarbrücken u. Fort Lauderdale, Verlag f. Entwicklungspolitik, 1988, S. 83.

ein exotischer Modestil und eine andere Essgewohnheit können beispielsweise zu einer solchen Fremderfahrung führen. Solche Fremderfahrungen laufen nicht linear ab, weil das Fremde im ersten Blick aufgrund seiner fehlenden Vertrautheit Irritationen und Staunen hervorruft und dementsprechend den linearen Aneignungsprozess verzögert.

Neben der angesprochenen theoretischen Lücke des interkulturellen Lernens liegt ein weiteres Problem in dem Begriff der interkulturellen Kompetenz, welche gemeinhin als Ziel des interkulturellen Lernens dient, wobei deren Definition in der fachlichen Diskussion uneinheitlich und unklar bleibt.[17] Oft wird unter der interkulturellen Kompetenz ein sozialtechnisch geschickter Umgang mit kulturellen Differenzen verstanden, so dass vorwiegend praktisches Wissen über die Verhaltensregeln oder Eigenschaften anderer zur Selbstsicherheit und zum professionellen Handeln verhelfen soll.[18] Daher werden Kurse wie interkulturelles Training in vielen Institutionen als Aus- oder Weiterbildung praktiziert und diese zielen vor allem auf den ökonomischen Erfolg des Unternehmens und dessen Mitglieder. So beruht das Konzept des berufsorientierten interkulturellen Trainings auf dem „Wunsch nach unmittelbaren Ergebnissen".[19]

Neben den ökonomisch orientierten Konzepten wird in den pädagogischen Publikationen vor allem die politisch-praktische Dimension der Interkulturalität thematisiert.[20] Jedoch mangelt es dabei an einem konkreten Bildungsziel. Gerade aus einer erziehungswissenschaftlichen Sicht ist dieser Mangel eklatant, denn „die Kernfrage der Interkulturalitätsthematik in erziehungswissenschaftlicher Perspektive ist die der Ermöglichung von Bildung in einer sich als interkulturell verstehenden Welt".[21] Aus diesem

17 Vgl. Gültekin, Nevâl: Interkulturelle Kompetenz. Kompetenter professioneller Umgang mit sozialer und kultureller Vielfalt. In: Leiprecht, Rudolf; Kerber, Anne (Hrsg.): Schule in der Einwanderungsgesellschaft. Ein Handbuch. Schwalbach/Ts., Wochenschau-Verl., 2005, S. 369.

18 Vgl. Messerschmidt, Astrid: Weltbilder und Selbstbilder. Bildungsprozesse im Umgang mit Globalisierung, Migration und Zeitgeschichte. Frankfurt a. M., Brandes &Apsel, 2009, S. 133f.

19 Colin, Lucette (Hrsg.): Europäische Nachbarn – vertraut und fremd. Pädagogik interkultureller Begegnungen. Frankfurt a. M., New York, Campus-Verl., 1998, S. 189.

20 Siehe Nieke, Wolfgang: Interkulturelle Erziehung und Bildung. Wertorientierungen im Alltag. Wiesbaden, Verl. für Sozialwiss., [3]2008.

21 Eirmbter-Stolbrink, Eva: Wilhelm von Humboldt interkulturell gelesen. Ein Beitrag aus der Erziehungswissenschaft. (Interkulturelle Bibliothek, Bd. 29), Traugott Bautz, Nord-

Grund soll das Ziel des interkulturelles Lernens in der Pädagogik darin bestehen, den lernenden Umgang „des Einzelnen mit einer vielfältigen Welt, mit den in ihr vorhandenen Kulturen, den lernenden Umgang mit der Differenz, mit Vielheit und Fremdheit“[22] zu fördern. Das interkulturelle Lernen muss also in der pädagogischen Theorie und Praxis insbesondere unter der Berücksichtigung der Bildung verstanden werden, denn ohne den Bildungsaspekt entsteht die Gefahr eines Konzeptes, das als „Umgangs- und Überrumpelungs-didaktik“[23] sich nur auf die Aneignung verwendbaren Wissens beschränkt. Vielmehr gilt es, dem Lernenden Zeit und Raum zum Nachdenken und Staunen zu ermöglichen. Gerade die Reflexion über die eigene und fremde Kultur, die unabdingbar für den interkulturellen Bildungsprozess ist, wird aber bei vielen Methoden des interkulturellen Lernens sowohl in den Schulen als auch in den außerschulischen Institutionen oft als Nebenprodukt behandelt. So wird z. B. beim Unterrichtskonzept „Fremde Spiele aus anderen Kulturen“ im Fach Sport in der Sekundarstufe I auf das Kennenlernen von Spielen anderer Länder gezielt und davon ausgegangen, dass die Kinder durch das Spielen fremder Kultur in die Lage versetzt werden, sich in die fremde Kultur hineinzufühlen, d. h. Empathie zu entwickeln.[24] Zwar wird dabei für die höheren Klassen die Reflexionsmöglichkeit mittels des Sprechens über durchlebte Situationen im Spiel beleuchtet, aber die Reflexion betrifft in erster Linie das emotionale Durchleben.[25]

Aus dieser Unzulänglichkeit ergibt sich die Notwendigkeit einer Methode des interkulturellen Lernens, welche sich nicht nur auf die Wissensvermittlung oder Gefühlsäußerung beschränkt, sondern vor allem das Reflexionsmoment einschließt und somit zur Orientierung im Denken und Handeln beitragen kann. Um ein solches interkulturelles Lernen bei den

hausen, 2005, S. 25.

22 Eirmbter-Stolbrink: Wilhelm von Humboldt interkulturell gelesen. S. 23.

23 Nießeler, Andreas: Übung der Aufmerksamkeit – Schulung des Blickes – Disziplinierung des Subjektes. In: Nießeler, Andreas; Uphoff, Ina Katharina (Hrsg.): Pädagogische Auffälligkeiten. Deutungsmuster von Verhaltensstörungen und Verhaltensauffälligkeiten – kritisch betrachtet. Würzburg, Königshausen & Neumann, 2009, S. 55.

24 Vgl. Interkulturelles Lernen in den Lehrplänen. Anregungen für Schule und Unterricht. http://www.schleswig-holstein.de/Bildung/DE/Downloads/InterkulturelleBildung/Lehrplan.html, S. 45f (15. 1. 2012).

25 Vgl. Interkulturelles Lernen in den Lehrplänen. <http://www.schleswig-holstein.de/Bildung/DE/Downloads/InterkulturelleBildung/Lehrplan.html>, S. 46 (15. 1. 2012).

Kindern anzuregen und systematisch zu unterstützen, erweist sich das Philosophieren mit Kindern[26] als eine äußerst vielversprechende und hilfreiche Methode. Denn essentiell für das gemeinsame Philosophieren ist der Ausgang von der sokratischen Methode, welche mittels der sprachlichen Aufforderung vor allem zur Reflexion über die Selbstverständlichkeiten der Lebenswelt führt. Das zentrale Medium dafür ist die Analyse von Begriffen, welche innerhalb ihres kulturellen Rahmens betrachtet werden. Die sokratische Methode ist eng mit einem pädagogischen Gehalt verknüpft, in dem das Erlangen von Klarheit zur Orientierung im Denken und Handeln verhilft. Im Gegensatz zu den geläufigen Schulunterrichten, in denen die Lehrer „die Aufmerksamkeit auf einen vorher bedachten Weg zu lenken"[27] versuchen, misst das Philosophieren mit Kindern dem Bildungsaspekt besondere Bedeutung bei, indem es auf das Ungewöhnliche und Ungewohnte aufmerksam macht, welche „als nicht gesteuerte, sondern als frei schwebende Aufmerksamkeit"[28] für Lernprozesse größte Bedeutung haben. Das gemeinsame Philosophieren führt die Kinder zur Irritation, welche zum Nachdenken über eigene Denk- und Verhaltensweisen beiträgt. So können die Kinder zum Staunen und zur Auseinandersetzung mit der eigenen und fremden Kultur angeregt werden. Was das Philosophieren von einem bloßen Gesprächskreis bzw. einer Nachdenkstunde unterscheidet, sind eine bestimmte Haltung, Methode und Inhalt:

„[E]ine gewisse Haltung der Neugier und Offenheit, sich neuen Einsichten und Ar-

---

26 Das Philosophieren mit Kindern gewann in Deutschland seit Anfang der 80er Jahren großes Interesse und hat sich gegenwärtig vor allem im Ethik- und Philosophieunterricht der Grundschule und der Sekundarstufe I etabliert. Der Hintergrund besteht darin, dass in den 90er Jahren in Deutschland eine Alternative zum Religionsunterricht gesucht wurde. Obwohl in Deutschland erste ausdrückliche Reflexionen auf das Philosophieren mit Kindern bereits in den zwanziger Jahren nach dem Ersten Weltkrieg aus der Notwendigkeit der Neuorientierung gegeben waren, zu welchen Herman Nohls Metaphysik-Ansatz, Arthur Lieberts Führer-Ansatz, Leonard Nelsons Methoden-Ansatz, Walter Benjamins Aufklärungs-Ansatz zählen, ist die Wiederaufnahme des Philosophierens mit Kindern in Deutschland vor allem durch die Amerikaner Matthew Lipman und Gareth Matthews geprägt. Vgl. Martens, Ekkehard: Philosophieren mit Kindern. Eine Einführung in die Philosophie. Stuttgart, Reclam, 1999, S. 16-26.

27 Nießeler: Übung der Aufmerksamkeit – Schulung des Blickes – Disziplinierung des Subjektes. S. 55.

28 Waldenfels, Bernhard: Grundmotive einer Phänomenologie des Fremden. Frankfurt a. M., Suhrkamp, 2006, S. 106.

gumenten zu öffnen, Irritationen zu ertragen, mit vorläufigen Antworten zu leben, aber auch, aus neuen Einsichten Konsequenzen für das eigene Denken und Handeln zu ziehen. Zu dieser Haltung kommt eine bestimmte Vorgehensweise hinzu, der Gebrauch von klaren, der jeweiligen Problemstellung angemessenen Begriffen und Argumenten, sowie die begriffliche und argumentative Auseinandersetzung mit der Auffassung anderer. [...] aber Philosophie lässt sich auch nicht auf eine bloße Haltung oder Methode reduzieren. Im Dialog *Laches* etwa geht es zunächst um eine ganz konkrete Alltagsfrage, die sich erst im gemeinsamen, durch Sokrates angeregten Prozeß des Weiterdenkens zu einer grundsätzlichen Frage verändert.“ [29]

Allerdings gibt es beim Konzept des Philosophierens mit Kindern verschiedene theoretische Ansätze, welche sich bezüglich des Motivs, des Ziels und der Methode voneinander unterscheiden. Daher soll die Unterscheidung von drei Begriffen, nämlich *Kinderphilosophie*, *Philosophie für Kinder* und zuletzt *Philosophieren mit Kindern* dabei helfen, trotz der Unübersichtlichkeit in der Literatur eine klare Vorstellung vom Thema zu gewinnen und zugleich dessen theoretische Hintergründe zu verstehen.

Unter dem Begriff *Kinderphilosophie* wird angenommen, dass die Kinder staunen, zweifeln und existentiell betroffen sind. Dementsprechend stellen Kinder von sich selbst philosophische Fragen, z. B. ob die Welt ein Ende hat oder wer ich bin und woher ich komme. Hinter dieser Annahme steckt das Motiv der Erwachsenen, von der offenen Weltanschauung der Kinder Neues und Erstaunliches zu entdecken – d. h. die Sehnsucht nach der eigenen Kindheit ist sichtbar. Der Begriff *Philosophie für Kinder* geht auf das Konzept „Philosophy for Children“ vom US-Amerikaner Matthew Lipman zurück, der als Vorreiter des schulischen Philosophierens mit Kindern bereits in den 1970er-Jahren philosophische Geschichten entwickelte, die den Kindern beim logischen Denkvermögen helfen sollen. Jedoch verursacht die Bezeichnung *Philosophie für Kinder* ein Missverständnis, „als sollte aus der Perspektive der Erwachsenen und der Fachphilosophie herablassend die Philosophie auf Kindermaß reduziert werden.“[30] Dies gilt genauso für den Begriff *Kinderphilosophie*.[31]

[29] Martens, Ekkehard: Philosophieren mit Kindern. Eine Einführung in die Philosophie. Stuttgart, Reclam, 1999, S. 12f.

[30] Martens: Philosophieren mit Kindern. S. 26.

[31] Vgl. Martens: Philosophieren mit Kindern. S. 26.

Anders als diese beiden Konzepte liegt der Schwerpunkt des Ansatzes *Philosophieren mit Kindern* in dem Prozess, in dem Kinder und Erwachsenen als Gleichberechtigte gemeinsam existentielle Fragen stellen und gemeinsam nach Antworten suchen.[32] Diese Bezeichnung „betont den Charakter der Philosophie als einer gemeinsamen Tätigkeit."[33] Demzufolge setzt sich Gareth Mathews von dem Konzept von Lipman ab und sammelt und interpretiert philosophische Fragen jüngerer Kinder. Den Unterschied zu Lipman verdeutlicht auch der Hawaiianer Jackson, indem er das Ziel des Philosophierens mit Kindern nicht nur in der Förderung der Argumentationsfähigkeit und des logischen Denkens sieht, sondern vielmehr in seinem pädagogischen Anspruch, also in einem reflexiven Bildungsprozess und in einem Prozess der Persönlichkeits-entwicklung.[34]

Diesem Ansatz liegt eine Anthropologie des Kindes zugrunde, welche dem entwicklungspsychologischen Stufenmodell von Piaget entgegentritt und das Denken des Kindes nicht als defizitär ansieht. Dementsprechend geht es beim Philosophieren mit Kindern nicht einfach um eine oberflächliche Wissensaneignung oder eine Meinungsäußerung, sondern um einen Erkenntnisgewinn von impliziten Zusammenhängen.[35]

Jedoch fehlen in der aktuellen Diskussion zum Philosophieren mit Kindern systematische Bezugnahmen zum Thema Interkulturalität. Stattdessen gibt es eine Vielzahl von Aufsätzen zu einzelnen Problemfeldern, die für das interkulturelle Lernen relevant erscheinen.[36] Umgekehrt werden in den gegenwärtigen Veröffentlichungen zur Theorie des interkulturellen Lernens

---

32 Vgl. Koring, Bernhard: Philosophieren mit Kindern – Grundbegriffe, Methoden und Perspektiven. In: Bolz, Martin (Hrsg.): Philosophieren in schwieriger Zeit. (Philosophie in der Schule, Bd. 4), Münster, Hamburg, London, Lit, 2003, S. 161.

33 Martens: Philosophieren mit Kindern. S. 25.

34 Vgl. Koring: Philosophieren mit Kindern – Grundbegriffe, Methoden und Perspektiven. S. 163.

35 Vgl. Koring: Philosophieren mit Kindern – Grundbegriffe, Methoden und Perspektiven. S. 168.

36 Wie z. B. der Aufsatz von Eva Gläser „Heimat und Fremde. Begrenzter Gegensatz oder sinnvolle Orientierung?", Hans Joachim Müller „Kann ich einem Wolf vertrauen?", Christine Höink „Dann war alles anders! Heimaterleben in den Vorstellungen von Grundschulkindern", Martin R. Dean „Grenzgänger zwischen den Kulturen." Siehe Zeitschrift *Praxis Grundschule* 29 (2006), S. 1-13, Eva Zoller Morf „Kinderbücher als Anlass zu philosophischen Gesprächen." Siehe Zeitschrift *Praxis Grundschule* 27 (2004), S. 1-5.

die Möglichkeiten des philosophischen Umgangs des Kindes für das interkulturelle Lernen weitgehend ausgeklammert. Aus diesem Grund mangelt es sowohl in dem Bereich der Theorie des interkulturellen Lernens als auch in den Debatten zum Philosophieren mit Kindern an der notwendigen Reflexion essentieller Fragestellungen und einer systematischen Verknüpfung. Diesem Desiderat möchte die Arbeit nachkommen.

AUFBAU DER ARBEIT

Neben dem Begriff der Interkulturalität wird auch der Begriff der Multi- und der Transkulturalität in der Erziehungswissenschaft häufig verwendet, wobei diese drei Konzepte oft gleichgesetzt werden. Diese mangelnde Differenzierung ist jedoch nicht unproblematisch, denn alle drei Begriffe unterscheiden sich sowohl hinsichtlich ihrer kulturtheoretischen Implikationen als auch in Bezug auf ihren pädagogischen Anspruch. Um zu verstehen, welches Kulturverständnis und welchen pädagogischen Anspruch das interkulturelle Lernen beinhaltet, sollen zuerst die Konzepte der Multikulturalität und Transkulturalität kritisch beleuchtet werden. Dadurch soll begründet werden, warum in dieser Arbeit anstatt vom multi- und transkulturellen Lernen vom interkulturellen Lernen ausgegangen wird.

Weiterhin soll im ersten Kapitel die skeptische Frage diskutiert werden, ob Kinder überhaupt das interkulturelle Lernen benötigen, da sie im Gegensatz zu den Erwachsenen weniger von den konventionellen Normen und Werten der Kultur geprägt sind und daher dem Fremden gegenüber bereits neugierig und offen sind. Zu beheben ist diese Skepsis durch die Erläuterung, wie sich das Kind seine kulturelle Umwelt aneignet und wie es eine bestimmte Art und Weise des Denkens und Handelns erlernt. Aus diesem Grund soll das erste Kapitel die kulturelle Aneignung des Kindes mittels des Spracherwerbs veranschaulichen. Da der Sprachphilosoph Ludwig Wittgenstein insbesondere den praktischen und kulturellen Aspekt der Sprache hervorhebt, anstatt die Sprache als rein kognitives Medium darzustellen, hilft seine Theorie beim Verständnis davon, wie die Menschen bereits im Kindesalter durch den Spracherwerb eine bestimmte Art und Weise des Denkens und Handelns internalisieren. Zudem soll klar werden, warum Kinder in ihrem globalisierten und pluralistischen Umfeld, trotz einer Vielzahl von Anlässen, in denen sie selbst Erfahrungen mit einer fremden Kultur und fremden Menschen sammeln, das interkulturelle Lernen benötigen.

Hierbei soll der pädagogische Anspruch des interkulturellen Lernens dadurch verdeutlicht werden, wie die kulturelle Prägung des Kindes als Bedingung für das interkulturelle Lernen fungiert.

Nachdem der pädagogische Anspruch des interkulturellen Lernens für die Kinder im ersten Kapitel verdeutlicht wird, soll im zweiten Kapitel der interkulturelle Lernprozess beschrieben werden. Um zu verstehen, welcher Prozess sich dabei vollzieht, wenn das Kind mit dem Fremden konfrontiert ist, soll die Beschreibung der leiblichen Dimension der Fremderfahrung herangezogen werden. Denn die kulturelle Prägung und die damit verbundenen Phänomene der Fremd- und Eigenheit beruhen auf dem spezifischen Charakter des menschlichen Leibes. Auf dieser Grundlage kann zudem erläutert werden, was genau unter dem Fremden und unter der Fremdheit in dieser Arbeit verstanden wird. Die Beschreibung dessen, wie das Kind auf das Fremde aufmerksam wird und darüber staunt, hilft zu verstehen, wie genau die Reflexion über das eigene Handeln und Denken und schließlich der Perspektivenwechsel erfolgen können.

Erst durch das Verständnis des beschriebenen interkulturellen Lernprozesses lässt sich im dritten Kapitel das Philosophieren mit Kindern als adäquate didaktische Möglichkeit darstellen. Allerdings bezeichnet das Emblem Philosophieren mit Kindern keinen einheitlichen Ansatz. Es gibt eine Vielzahl unterschiedlicher Vertreter und Konzeptionen und nicht alle sind gleichermaßen für das interkulturelle Lernen anwendbar. Daher werden in dieser Arbeit die Modelle dreier Vertreter – Matthew Lipman, Gareth Matthews und Ekkehard Martens – rekonstruiert und kritisch analysiert. Die beiden erstgenannten, amerikanischen Vertreter Lipman und Matthews wurden vor allem deshalb ausgewählt, weil sie einerseits einen großen Einfluss auf die deutsche Strömung des Philosophierens mit Kindern ausgeübt haben, andererseits zeichnen sich ihre Theorien durch viele gegensätzlichen Annahmen aus, so dass sie gewissermaßen Grundmodelle des Philosophierens mit Kindern bilden. Der Letztgenannte, der deutsche Philosoph Martens, hat wiederum aus der kritischen Auseinandersetzung mit diesen beiden Konzepten eine eigene Theorie entwickelt, die zudem stark von der sokratischen Methode geprägt ist. In der kritischen Analyse mit diesen drei Konzepten soll dann deutlich werden, welches Konzept mittels der spezifischen Methode und der bestimmten Zielsetzung am besten dazu geeignet ist, interkulturelle Lernprozesse zu ermöglichen.

Im vierten Kapitel soll dann der Bildungsaspekt des Philosophierens mit Kindern betrachtet werden, in dem zunächst die ethische Perspektive des interkulturellen Lernens verdeutlicht wird. Durch den ethischen Aspekt lässt sich besser verstehen, warum das Philosophieren mit Kindern langfristig zur Anerkennung und Toleranz des Fremden beitragen kann. Entscheidend ist hierbei vor allem, dass durch den hierarchiefreien Umgang im Philosophieren dem Kind bereits ein demokratischer Umgang mit dem/den kulturell Fremden vermittelt wird. So besteht zusammenfassend das Ziel dieser Arbeit darin, den Prozess des interkulturellen Lernens zu beschreiben und einen Ansatz des Philosophierens mit Kindern zu konzipieren, welches die Kinder zu diesem Prozess zu ermutigen und anzuregen vermag. Zugleich soll hier auch verdeutlicht werden, inwiefern das Philosophieren mit Kindern als Methode für das interkulturelle Lernen besser geeignet ist als z. B. ein gemeinsames Kunst- oder Theaterprojekt.

1. ZUM PÄDAGOGISCHEN ANSPRUCH DES INTERKULTURELLEN LERNENS

In diesem Kapitel soll die skeptische Frage diskutiert werden, ob und warum Kinder trotz ihrer durch die Globalisierung geprägte, kulturell pluralistische Umwelt, überhaupt zum interkulturellen Lernen geführt werden müssen. Mit anderen Worten lässt sich die hier zu Grunde liegende Problematik wie folgt formulieren: Führt die kulturelle Vielfalt innerhalb einer Gesellschaft nicht unmittelbar zum interkulturellen Austausch und damit nicht unmittelbar bereits zum interkulturellen Lernen? Die Schwierigkeiten lassen sich sogar durch weitere konzeptuelle Fragen noch ausweiten: Reicht die Betonung der gegenseitigen Anerkennung und Toleranz nicht aus, um ein friedliches Zusammenleben verschiedener Ethnien zu ermöglichen? Welches Ziel hat das Konzept des interkulturellen Lernens? Welches Phänomen erweist sich für den interkulturellen Lernprozess als grundlegend? Von welchem Kulturverständnis geht das interkulturelle Lernen aus? Inwieweit sind Kinder kulturell geprägt? Welche Rolle hat die kulturelle Prägung für den pädagogischen Anspruch des interkulturellen Lernens?

Die genannten Fragen sollen in diesem Kapitel beantwortet werden. Ein erster Schritt soll nun dadurch erfolgen, dass die Konzepte der Multi- und Transkulturalität aus der pädagogischen Perspektive kritisch rekonstruiert und analysiert werden. Bei der Auseinandersetzung mit diesen Konzepten kann verständlich werden, worin der pädagogische Anspruch und die pädagogische Relevanz des interkulturellen Lernens bestehen. Da die Begriffe der Multi-, Trans- und Interkulturalität trotz all ihrer inhaltlichen Unterschiede in der aktuellen gesellschaftspolitischen Diskussion und in wissenschaftlichen Arbeiten häufig ohne klare Definition miteinander gleichgesetzt und je nach der Kontext beliebig verwendet werden, sollen sie zunächst voneinander klar abgegrenzt werden. Aufgrund des besonderen pädagogischen Gehalts beim Konzept der Interkulturalität soll zudem deutlich werden, warum in dieser Arbeit anstatt vom multi- oder transkulturellen Lernen vom interkulturellen Lernen gesprochen wird.

1.1 DER PÄDAGOGISCHE BLICK AUF DIE MULTI-, TRANS- UND INTERKULTURALITÄT

MULTIKULTURALITÄT

Die Multikulturalität lässt sich „als eine auf vielfältige Lebensform, Welt- und Menschenbilder ausgerichtete Gesellschaft definieren, die bestrebt ist, ihre Sozialordnung auf ‚Gleichheit', ‚Toleranz' und wechselseitigem ‚Respekt' aufzubauen."[1] Sie weist somit auf die Herausforderung einer Gesellschaft hin, wo „die Menschen verschiedenster Kulturen, Nationen, Ethnien, Rassen und Religionen"[2] zusammen leben. So beinhaltet die Multikulturalität nicht nur einen deskriptiven, sondern auch einen normativen Aspekt. Das Plädoyer für eine multikulturelle Gesellschaft geht aus diesem Grund in Deutschland bereits auf den Anfang der 1980er-Jahre zurück, wo sich für viele Migranten die Einschränkungen im rechtlichen Bereich und im kulturellen Alltagsleben bemerkbargemacht haben. Zugleich wurde die Ghettoisierung der Minderheiten als Problem angesehen. Solche Probleme lagen nicht nur in der Andersheit der Sprache, sondern vor allem auch in den unterschiedlichen Lebensgewohnheiten, Verhaltensweisen und Werten begründet.[3]

So lässt sich die Multikulturalität im Gegensatz zu Interkulturalität und Transkulturalität primär als ein politisches Konzept charakterisieren. Die Schlagwörter wie „Multikulti" oder „Multikulti-Gesellschaft" sind daher in der politischen Debatte regelmäßig zu hören: Als sich die Themen der Zuwanderung und der Integration im Herbst 2010 in der politischen Debatte in Deutschland zugespitzt haben, erklärte die Bundeskanzlerin Angela Merkel den Multikulti-Ansatz für gescheitert. Sie erklärte dies damit, dass die Bemühungen um den Aufbau einer Multikulti-Gesellschaft in Deutschland ihrer Ansicht nach fehlgeschlagen seien. Als Konsequenz dieses Scheiterns forderte sie von den Migranten den Erwerb der deutschen Sprache, die eine Chance auf dem Arbeitsmarkt bietet, und zugleich wertete sie Zwangsehen

---

1 Hagenbüchle, Roland: Von der Multi-Kulturalität zur Inter-Kulturalität. Würzburg, Königshausen & Neumann, 2002, S. 152.

2 Hagenbüchle: Von der Multi-Kulturalität zur Inter-Kulturalität. S. 152.

3 Vgl. Nitzschke, Volker: Multikulturelle Gesellschaft – multikulturelle Erziehung? In: Ders. (Hrsg.): Multikulturelle Gesellschaft, multikulturelle Erziehung? Stuttgart, Metzler, 1982, S. 5.

als inakzeptabel ab.[4] Während die Grundannahmen des Multikulturalismus im Kern sehr konstant sind, können die Inhalte der Debatten je nach Land und politischer Konstellation stark variieren, so dass eine derartige Diskussion in Bezug auf die Multikulturalität in Deutschland nicht dieselbe wie z. B. in Kanada, in den U.S.A. oder in Frankreich ist. Dieser Unterschied liegt in den politischen und juristischen Bedingungen verankert:

> „Während in den U.S.A. Multikulturalismus im wesentlichen von den Forderungen nach ethnischer Vielfalt her definiert wurde und wird, bestimmt man Multikulturalismus in Deutschland vor dem Hintergrund eines vom Abstammungsprinzip getragenen nationalen Identitätskonzepts. In Deutschland war und ist Multikulturalismus keine offensive und mehrheitsfähige politische Strategie. [...] Ein wichtiger Grund scheint uns auch zu sein, dass Amerika – im Gegensatz zu Deutschland – nie ein ‚Nationalstaat' im klassischen Sinne war und eine lange liberale Tradition ausweist."[5]

Trotz der historischen und rechtlichen Unterschiede der jeweiligen Gesellschaft soll jedoch im Folgenden das Konzept der multikulturellen Gesellschaft vom kanadischen Philosoph Charles Taylor vorgestellt werden, der einer der führenden Theoretiker des Multikulturalismus ist und dessen Grundideen auch den deutschen Diskurs entscheidend geprägt haben. Sein Konzept geht von der Grundannahme aus, dass die Anerkennung einen wichtigen Einfluss auf die individuelle und kollektive Identität ausübt. Identität ist für Taylor kein starres Konzept, sondern ergibt sich aus sozialen Relationen. Die Relevanz der Anerkennung des Anderen erschließt sich einem dann, wenn man sich vor Augen führt, was für eine verheerende Wirkung gerade die Nicht-Anerkennung bzw. die Verkennung auf das Selbstbild des Menschen hinterlassen kann. So entwickelte sich beispielsweise bei Schwarzen, die in der westlichen Gesellschaft von Weißen als minderwertige Sklaven missachtet und unterdrückt worden sind, ein geringschätzendes Selbstbild. Auch die Frauen, die in patriarchalen Gesellschaften anstatt einer ebenbürtigen Behandlung gegenüber Männern eine

---

4 Siehe *Süddeutsche Zeitung*: „Integrations-Debatte – Merkel: ‚Multikulti ist absolut gescheitert'", 16.10.2010 <http://www.sueddeutsche.de/politik/integration-seehofer-sieben-punkte-plan-gegen-zuwanderung-1.1012736> (14.03.2011).

5 Neubert, Stefan; Roth, Hans-Joachim; Yildiz, Erol: Multikulturalismus – ein umstrittenes Konzept. In:Ders.: Multikulturalität in der Diskussion. Neuere Beiträge zu einem umstrittenen Konzept. Wiesbaden, Verlag für Sozialwissenschaften, [2]2008, S. 18.

unterwürfige Rolle übernommen haben, verinnerlichten ein beeinträchtigtes Selbstverständnis, welches wiederum ihre Handlungsmöglichkeiten beschränkte.[6] Die Beispiele verdeutlichen die Gefahr, dass die Verachtung für den Zweck der Unterdrückung instrumentalisiert werden kann. Weil das „Verlangen nach Anerkennung [...] ein menschliches Grundbedürfnis"[7] ist, muss daher die Anerkennung gesellschaftlich eingefordert werden. Die Politik der Anerkennung steht dementsprechend im Zentrum des Multikulturalismus.

Die Politik der Anerkennung im Multikulturalismus hängt speziell mit der Anerkennung der Gleichwertigkeit und mit der Anerkennung der Differenz zusammen, die auf der politischen Ebene erfolgen sollen. Um diese beiden Ideen der Anerkennung besser zu verstehen, sollen im Folgenden gesellschaftliche Hintergründe dargestellt werden, die für die beiden Ideen verantwortlich sind. Erstens führte der gesellschaftliche Wandel von der Monarchie zur Demokratie dazu, dass der Begriff der Ehre, die nur einige bessergestellten Menschen besitzen konnte, durch den modernen Begriff der Würde ersetzt wurde, der hingegen für alle Menschen steht. Daher ist von der *Würde des Menschen* und *Würde des Staatsbürgers* die Rede, welche mit der demokratischen Gesellschaft vereinbar sind. Aus diesem Grund ergab sich die „Forderung nach einem gleichberechtigten Status für bestimmte Kulturen"[8] und die Politik des Universalismus, der allen Bürgern die gleiche Würde zuschreibt.[9] So werden gleiche Rechte und Freiheiten für alle Bürger verlangt.

Zweitens beruht die Forderung nach der Anerkennung der Differenz auf der Idee der Authentizität, die die Besonderheit und die Einzigartigkeit der individuellen Identität hervorhebt. Die unverwechselbare Identität des Subjekts bildet sich allerdings nicht von alleine, sondern in der dialogischen Beziehung zu den Anderen. So misst Taylor der Sprache eine herausragende Bedeutung für das enge Verhältnis von Anerkennung und Identität bei:

„Zu handlungsfähigen Menschen, die imstande sind, sich selbst zu begreifen und insofern auch ihre Identität zu bestimmen, werden wir, indem wir uns eine Viel-

---

6 Vgl. Taylor, Charles: Die Politik der Anerkennung. In: Ders.: Multikulturalismus und die Politik der Anerkennung. Frankfurt a. M., Suhrkamp, 2009, S. 13f.

7 Taylor: Die Politik der Anerkennung. S. 14.

8 Taylor: Die Politik der Anerkennung. S. 15.

9 Vgl. Taylor: Die Politik der Anerkennung. S. 24.

falt menschlicher Sprachen aneignen. Ich verwende das Wort *Sprache* hier in einem sehr weiten Sinne. Es umfasst nicht nur die Worte, die wir sprechen, sondern auch andere Ausdrucksweisen, etwa die »Sprachen« der Kunst, der Gestik, der Liebe und dergleichen. Diese Ausdrucksweisen erlernen wir im Austausch mit anderen. Wir erwerben die Sprachen, die wir zur Selbstdefinition benötigen, nicht »von selbst«. Wir werden in ihren Gebrauch im Umgang mit anderen Menschen, die wichtig für uns sind, eingeführt. [...] Die Genese des menschlichen Verstandes ist kein monologischer Prozess, nicht etwas, das jeder für sich vollbringt; sie ist dialogisch."[10]

Die Erkenntnis dieser Abhängigkeit der individuellen Identität von der Anerkennung in der dialogischen Interaktion erweckt dementsprechend auch die Gefahr des Scheiterns des Einzelnen beim Streben nach Anerkennung.[11] Die Idee der authentischen Identität und dessen Verlustgefahr gelten nach Herder nicht nur für das Individuum, sondern auch für „das Volk als Träger einer Kultur inmitten anderer Völker."[12] Wie das Individuum sich bemühen soll, sich eigener Originalität treu zu sein, soll nach ihm ebenso das Volk danach streben, sich selbst seiner Kultur treu zu sein:

„Deutsche sollte nicht versuchen, sich in künstliche und (unvermeidlicherweise) zweitklassige Franzosen zu verwandeln, wie es ihnen Friedrich der Große nahegelegt hatte. Die slawischen Volker sollten ihren eigenen Weg finden. Und der europäische Kolonialismus sollte zurückgedrängt werden, damit die Völker der Länder, die wir heute als Dritte Welt bezeichnen, eine Chance erhielten, ungehindert sie selbst zu sein."[13]

So wird in der multikulturellen Gesellschaft die Diskriminierung bestimmter Minderheiten abgelehnt und stattdessen die Anerkennung der Besonderheit der jeweiligen Kultur gefordert. Die Ermöglichung der Unabhängigkeit und Selbstbestimmung aller Kulturen sind die zentralen Zielsetzungen von Befürwortern des Konzepts der Multikulturalität. Auf einer theoretischen Ebene wird hier oft das Kulturverständnis von Herder zugrunde gelegt, wonach die Kultur eines Volkes wie eine Kugel in sich homogen und geschlossen ist, wodurch der Kulturbegriff eng mit dem der Nation verknüpft ist. Das Problematische an einem solchen Verständnis liegt darin, dass das Indi-

10 Taylor: Die Politik der Anerkennung. S. 19f.

11 Vgl. Taylor: Die Politik der Anerkennung. S. 22.

12 Taylor: Die Politik der Anerkennung. S. 18.

13 Taylor: Die Politik der Anerkennung. S. 18f.

viduum immer nur in Verbindung mit dessen kulturellen Herkunft verstanden wird.[14] Dieses Bild der Kultur ähnelt deshalb der „Idee des modernen Nationalismus“[15] und ist jedoch sowohl mit der ganzen Weltgeschichte als auch mit der Gegenwart nicht vereinbar, denn die Migrationsbewegung und der wechselseitige Handel zwischen den verschiedenen Kulturen, die auch zur wechselseitigen Beeinflussung führten, gehören bis heute vielmehr zum Alltag, als dass sie eine Ausnahme bilden.

Individuell sammeln mehr Menschen in der modernen Zeit durch die erhöhte Mobilität und durch die Vernetzung der Welt zahlreiche und bisweilen auch längerfristige Auslandserfahrungen, so dass sie sich nicht ausschließlich einer Nation und deren Kultur zugehörig fühlen, sondern sich auch über die Staatsgrenzen hinaus mit zwei oder mehreren Kulturen identifizieren. So kann Herders Betonung der Originalität eines Volkes zwar einerseits die bedrohte Kultur und deren Kulturträger vor dem Identitätsverlust schützen, es kann andererseits aber zu einem nationalistischen Denken beitragen, indem sich die Kultur nur mit einer Nation und mit einem Volk identifiziert und, in der Konsequenz, die kulturelle Heterogenität und Pluralität innerhalb einer Nation ausgeblendet werden.

In jedem Fall hat Herders Idee der Originalität grundsätzlich zur Politik der Differenz in der multikulturellen Gesellschaft beigetragen. Die Assimilation widerspricht daher dem Konzept der multikulturellen Gesellschaft, da die Besonderheit einer Kultur und deren Wert dabei nicht anerkannt werden, sondern durch die einseitige Orientierung an einer Dominanzkultur verloren gehen. Obwohl sich die Politik der Differenz ebenso wie die Politik des Universalismus für die gleichen Rechte aller Bürger einsetzt, besteht ein eindeutiger Unterschied zwischen den beiden Richtungen: Während die Politik des Universalismus auf das vereinbarte gleiche Rechte zielt, liegt der Politik der Differenz das Ausleben der jeweiligen Kultur ohne irgendeine Einmischung seitens der anderen Kulturen nahe. Insbesondere müssen die Minderheiten in einer multikulturellen Gesellschaft nicht nur ihre Kultur behalten können, sondern vielmehr von der Mehrheitskultur in ihrer Authentizität anerkannt werden. Aus der Perspektive der Politik der Diffe-

---

14 Vgl. Leggewie, Claus; Zifonun, Dariuš: Was heißt Interkulturalität? In: Gröschner, Alexander; Popovici, Victoria (Hrsg.): Pragmatismus als Kulturpolitik. Beiträge zum Werk Richard Rortys. Berlin, Suhrkamp, 2011, S. 220.

15 Taylor: Die Politik der Anerkennung. S. 19.

renz besteht die Gefahr der Politik des Universalismus in der „Differenz-Blindheit“,[16] weil sie zur Homogenisierung der unterschiedlichen Kulturen führen kann. Widersprüchlich zu sein scheint der Versuch der Herstellung der gemeinsamen Werte und Rechte, weil die ‚Liberalisten‘, die eine solche universelle Richtlinie festlegen, selbst aus einer bestimmten Kultur stammen und somit in den Werten und normativen Überzeugungen ihrer Kultur befangen sind. So plädieren die Multikulturalisten für die Anerkennung von Gleichwertigkeit verschiedener Kulturen und ebenso für die Anerkennung von den Werten, die in fremden Kulturen vermittelt werden.[17] Dies macht die Herausforderung der Multikulturalität aus und ist der Maßstab dafür, ob der Multikulturalismus in einer Gesellschaft gelingt oder nicht. Charles Taylor geht beim Multikulturalismus von einer Annahme aus, „dass alle menschlichen Kulturen, die ganze Gesellschaften über längere Zeiträume mit Leben erfüllt haben, allen Menschen etwas Wichtiges zu sagen haben.“[18] Und diese Annahme bezeichnet er als eine Ausgangshypothese für das Studium einer anderen Kultur. Jedoch setzt das Verständnis der fremden Wertvorstellungen die „Horizontverschmelzung“[19] voraus, die er von der Hermeneutik Gadamers übernimmt:

> „Wir lernen, uns in einem erweiterten Horizont zu bewegen, in dem wir das, was uns vorher als die selbstverständlichen Koordinaten unserer Urteile erschien, nun als mögliche Koordinaten neben denen der uns bislang nicht vertrauten Kultur wahrzunehmen vermögen.“[20]

Charles Taylor sieht zwar die Grenze des positiven Werturteils von der fremden Kultur ein, aber er hält die Bereitschaft für möglich, „uns offen zu halten für vergleichende Kulturstudien, die in der daraus resultierenden Verschmelzung unseren eigenen Horizont verändern.“[21] Jedoch fehlt bei ihm die Erklärung dafür, wie sich diese Horizontverschmelzung konkret vollzieht. Auch Ina-Maria Greverus versteht unter dem kulturellen Pluralismus, den sie für die multikulturelle Gesellschaft fordert, nicht nur ein to-

[16] Taylor: Die Politik der Anerkennung. S. 27.

[17] Vgl. Taylor: Die Politik der Anerkennung. S. 50.

[18] Taylor: Die Politik der Anerkennung. S. 53.

[19] Gadamer, Hans-Georg: Wahrheit und Methode. Grundzüge einer philosophischen Hermeneutik. Tübingen, Mohr, 1975, S. 289f.

[20] Taylor: Die Politik der Anerkennung. S. 54.

[21] Taylor: Die Politik der Anerkennung. S. 60.

lerierendes Nebeneinanderleben verschiedener Gruppen, sondern vielmehr das Miteinanderleben der Kulturgruppen, die trotz der Differenz gleiche Rechte besitzen.[22] Zur multikulturellen Erziehung gehört daher z. B. das Angebot, wodurch die Kinder neben der deutschen Kultur andere Kulturen kennen lernen, miterleben und somit die Offenheit für die Andersheit entwickeln können. Hierbei fällt doch auf, dass die multikulturelle Erziehung, die mit der bi-kulturellen Erziehung gleichzusetzen ist,[23] sehr eng mit den Zielen wie Offenheit und Toleranz[24] verbunden ist. Dennoch bleibt anzumerken, dass pädagogische Schlüsselwörter wie Lernen oder Bildung in diesem Erziehungsverständnis kaum Berücksichtigung erfahren.

Problematisch bleibt auch, dass allein das Kennenlernen der fremden Kulturen und das damit gewonnene Wissen über das kulturell Fremde und deren Praktiken nicht unmittelbar zum Respekt und zur Offenheit gegenüber dem Fremden führen. Sogar das gegenteilige Ergebnis ließ sich durch umfangreiche Überprüfungen an kulturell gemischten Wohn- und Bürgergemeinschaften in den U.S.A. feststellen: „Gerade ein präziseres Wissen um die unterschiedlichen Auffassungen des Anderen scheint dazu angetan, Emotionen der Abneigung hervorzurufen, da diese Auffassungen nicht selten mit ungewohnten Vorstellungen und Praktiken (etwa Kindererziehung und Stellung der Frau) einhergehen. Die Kenntnis des Anderen garantiert allein noch keineswegs ein friedliches Zusammenleben.“[25] Dies widerlegte somit die in der Soziologie lange angenommene Kontakthypothese, dass „eine genauere Kenntnis des Anderen zwangsläufig zu mehr Verständnis und zu einer Verminderung gegenseitiger Antipathie und Gewalt führen müsse“.[26] Damit zeigt sich sogleich, warum eine systematische Förderung für das interkulturelle Lernen erforderlich ist, obwohl die Heranwachsenden in einer multikulturellen Schulklasse innerhalb der multikulturellen Gesellschaft mit vielen kulturellen Werten und Praktiken in Kontakt treten.

---

22 Vgl. Greverus, Ina-Maria: Plädoyer für die multikulturelle Gesellschaft. In: Nitzschke, Volker (Hrsg.): Multikulturelle Gesellschaft, multikulturelle Erziehung? Brennpunkte der Bildungspolitik 10, Stuttgart, J. B. Metzler,1982, S. 24.

23 Vgl. Nitzschke: Multikulturelle Gesellschaft – multikulturelle Erziehung? S. 11.

24 Der Toleranzbegriff wird im vierten Kapitel kritisch diskutiert.

25 Hagenbüchle: Von der Multi-Kulturalität zur Inter-Kulturalität. S. 120.

26 Hagenbüchle: Von der Multi-Kulturalität zur Inter-Kulturalität. S. 120.

So mangelt es beim Konzept der Multikulturalität an genauen Hinweisen darauf, wie man das Ziel der Toleranz und der Offenheit erreichen kann.

Ein weiteres Problem bei der Multikulturalität besteht vor allem in der Gefahr des Kulturrelativismus, der eine radikale Gleichberechtigung aller Kulturen fordert. Demnach besitzt jede Kultur eigene soziale und religiöse Normensysteme, welche ihre Daseinsberechtigung innerhalb der jeweiligen Kultur haben. Aus diesem Grund könnten alle Kulturen in Bezug auf deren Werte und deren Richtigkeit nicht miteinander verglichen werden und auch nicht von den anderen kulturellen Perspektiven beurteilt werden.[27] Solange man vom Kulturrelativismus ausgeht, entstehen zwar einerseits daraus keine Konflikte und keine Missverständnisse, weil die Gleichberechtigung aller Kulturen keinen Anlass dazu gibt, durch die wechselseitige Kommunikation sich mit dem Anderen einzulassen. Appiah warnt daher den Kulturrelativisten davor, dass die Forderung nach der maßlosen Toleranz aller unterschiedlichen Perspektiven zur Egalisierung bzw. Interessenlosigkeit führen kann und folglich die Möglichkeit verhindert, durch das Gespräch voneinander zu lernen. Appiah sieht bezüglich des Umgangs mit dem Fremden das größte Risiko des Relativismus in der Gefahr des Schweigens bzw. des Verschwindens des Dialogs.[28]

Außerdem stimmt die kulturrelativistische Idee des Multikulturalismus mit der Wirklichkeit nicht überein, denn die Unmöglichkeit der Beurteilung fremder Kultur beruht auf der falschen Annahme, dass jede Kultur in sich homogen und geschlossen sei und somit keinen Raum für die Übernahme der fremden Werte und Weltanschauung zuließe. Die Möglichkeit eines Menschen, eine fremde Weltanschauung einer anderen Kultur beurteilen zu können, wäre grundsätzlich ausgeschlossen. Diesem Bild zufolge sollte es innerhalb einer Kultur keinen Menschen geben, der kritisch die vorherrschenden kulturellen Werte und Normen betrachtet und dementsprechend nach einem alternativen Wert lebt. Jedoch gibt es Menschen, welche die eigene Heimat verlassen und sogar in einen fremden Kulturkreis im-

27 Vgl. Strub, Christian: Keine Kulturbewertung. Was sollen wir anerkennen, wenn wir ‚eine fremde Kultur anerkennen'? In: Gander, Hans-Helmuth (Hrsg.): Anerkennung. Zu einer Kategorie gesellschaftlicher Praxis. (Identitäten und Alteritäten, Bd. 17), Würzburg, Ergon, 2004, S. 129.

28 Vgl. Appiah, Kwame Anthony: Der Kosmopolit. Philosophie des Weltbürgertums. München, C.H. Beck, 2007, S. 54.

migrieren. In der Konfrontation mit einer ungewohnten Lebensform in einem neuen Ort verhalten sie sich beurteilend zu den fremden Werten und Lebenspraktiken und akzeptieren manches und manches nicht. Wenn jemand, auch unabhängig von der Migration, mit Neugier und Offenheit der fremden Kultur gegenüber nach einer Anregung sucht, muss derjenige eine bewertende Haltung zu dieser fremden Kultur einnehmen.[29]

Daher wird verständlich, dass die multikulturelle Gesellschaft oft das Bild einer Ansammlung verschiedener ethnischer Gruppen präsentiert, die miteinander kaum soziale Kontakte haben. Beispielsweise ist in den Großstädten wie New York, London oder Berlin zu beobachten, wo viele Volksgruppen ein eigenes Wohnviertel bilden und daher wenig Interaktion zwischen den verschiedenen Kulturen stattfindet. Obwohl der Begriff der Multikulturalität den anerkennenden Umgang einer Gesellschaft mit der kulturellen Vielfalt beschreiben und ihn fordern kann, verfehlt er dabei die Möglichkeit, den individuellen Lernprozess aufzuzeigen, der von der Fremdheit und Eigenheit ausgeht. So bleibt der Weg zur Anerkennung unerklärt und vage.

Das Konzept der Multikulturalität kann zwar auf das friedliche Zusammenleben verschiedener Kulturen zielen, aber es schließt den Bildungsaspekt des Individuums nicht ein. Außerdem besteht hierbei die Gefahr, dass der Begriff der Multikulturalität ausschließlich auf die kulturellen Differenzen aufmerksam macht, die durch ethnisch und national unterschiedliche Gruppen entstehen, und dabei die Heterogenität völlig aus den Augen verliert, die innerhalb der jeweiligen Nationalkulturen existieren. Was beim Umgang mit den Differenzen – ob zwischen verschiedenen Kulturen oder innerhalb einer Kultur – in dem einzelnen Menschen vorgeht, wird hierbei kaum thematisiert. Die Multikulturalität kann daher das Phänomen des individuellen Lernens nicht beschreiben, denn sie beschreibt in erster Linie den sozialpolitischen Aspekt und wird so teilweise politisch instrumentalisiert. Speziell in der Bundesrepublik werden Begriffe der Multikulturalität, der kulturellen Identität und der Ethnizität überwiegend im Migrationskontext und im Zusammenhang mit dem Streit um die Einwanderungsgesellschaft diskutiert, so dass sie mit den jeweiligen politischen Interessen

[29] Vgl. Strub: Keine Kulturbewertung. S. 129.

verknüpft sind und auf die verengte Sicht der Wirklichkeit verweisen.[30] Neben einer solchen verengten Sicht gibt es auch „ein[en] vagen Pluralismus ohne kritische Reflexion des komplexen Gesamtzusammenhangs der Gesellschaft".[31] Aus diesen Gründen wird gegenwärtig der Begriff der Multikulturalität im pädagogischen Kontext kritisch betrachtet und selten verwendet. Gerade der Mangel an der pädagogischen Herausforderung verhindert von einem multikulturellen Lernprozess zu sprechen.

TRANSKULTURALITÄT

Im Gegensatz zum Konzept der Multikulturalität wird beim Konzept der Transkulturalität die kulturelle Identität des Menschen nicht hervorgehoben, sondern kritisch betrachtet und zwar mit der Begründung, dass die kulturelle Identität eine veraltete Vorstellung ist, die in den modernen Gesellschaften nicht mehr den alltäglichen Begebenheiten entspricht. Aus diesem Grund plädiert etwa Wolfgang Welsch für die Verabschiedung vom nicht mehr zeitgemäßen Begriff der Multikulturalität und setzt sich stattdessen für den Begriff der Transkulturalität ein. Seiner Kritik an Multikulturalität liegt die Annahme zugrunde, dass diese vom traditionellen `Kugelmodell´ der Kultur ausgeht, welches vor allem auf den Kulturphilosophen Johann Gottfried Herder[32] gegen Ende des 18. Jahrhunderts zurückgeht. Nach diesem Modell ist jede Kultur wie eine Kugel in sich so geschlossen, dass die verschiedenen Kulturen sich beim Annäherungsversuch lediglich stoßen würden.[33] Die Heterogenität zwischen den Kulturen führt also, seiner Ansicht nach, zur gegenseitigen Abgrenzung und Exklusion, so dass das Scheitern der interkulturellen Verständigung bereits absehbar ist. Nach Welsch gilt dieses Problem nicht nur für das Konzept der Multikulturalität, sondern genauso für das Konzept der Interkulturalität. Demzufolge können beide Konzepte zwar die Konflikte zwischen verschiedenen Kulturen als

---

30 Vgl. Neubert [u. a.]: Multikulturalismus – ein umstrittenes Konzept. S. 22.

31 Neubert [u. a.]: Multikulturalismus – ein umstrittenes Konzept. S. 22.

32 Siehe Herder, Johann Gottfried: Werke. Ideen zur Philosophie der Geschichte der Menschheit. Bd. 6. Hrsg. von Martin Bollacher. Frankfurt a. M., Deutscher Klassiker Verlag, 1989.

33 Vgl. Welsch, Wolfgang: Transkulturalität – die veränderte Verfassung heutiger Kulturen. In: *VIA REGIA – Blätter für internationale kulturelle Kommunikation.* Hrsg. vom Europäischen Kultur- und Informationszentrum in Thüringen, Heft 20, 1994, Erfurt, Zentrum. URL: <http://www.via-regia.org/bibliothek/pdf/heft20/welsch_transkulti.pdf> (Stand: 05.02.2011). S. 10.

logische Folge verständlich machen, jedoch sind sie nicht in der Lage, sie zu lösen.[34]

Im Gegensatz zu einer solchen traditionellen Kulturvorstellung geht das Konzept der Transkulturalität auf ein Kulturverständnis zurück, wonach die verschiedenen Kulturen ineinander durchdrungen sind und dadurch nicht als Kugeln oder Inseln, sondern als Geflecht aufzufassen sind. Dementsprechend sind alle Kulturen miteinander vernetzt und haben deshalb keine feststellbaren Grenzen. Dieses Geflecht-Modell der Kultur spiegelt sich in modernen Gesellschaften und Individuen wider, die Welsch als transkulturell charakterisiert. Das Konzept der Transkulturalität veranschaulicht daher, dass sowohl die Gesellschaft als auch das Individuum aufgrund der verstärkten globalen Durchdringungen im ökonomischen, technologischen, wissenschaftlichen und sozialen Bereich in sich kulturell vielfältiger geworden sind. Dementsprechend tragen die meisten Menschen innerlich und äußerlich auch so viele unterschiedlichen Kulturen, dass sie die eigene nationale oder ethnische Grenze überschreiten und *quer durch* eine solche nationale Identität eine Misch-Identität besitzen. Vor allem können die jüngeren Menschen nach Wolfgang Welsch als „kulturelle Mischlinge“[35] bezeichnet werden. Mit seiner Beschreibung der pluralen Durchdringung der Gegenwart legt er mit dem Begriff der Transkulturalität den Schwerpunkt auf global geprägte Lebensformen, die alle Menschen in modernen Gesellschaften teilen. Daher ersetzt die transkulturelle Identität, die er auch als „Patchwork-Identität“[36] bezeichnet, die national-ethnisch gebundene Identität; diese wird gleichzeitig ersetzt durch die kulturübergreifende, globale Lebensform.

Während Welschs Diagnose intuitiv zunächst plausibel erscheint, so vertritt er dennoch in mancherlei Hinsicht einige problematische Annahmen: Er beschreibt zwar den neuen Typus des modernen Individuums so, dass dessen Identität nicht mehr von einer nationalen Kultur, sondern von

---

34 Vgl. Welsch, Wolfgang: Was ist eigentlich Transkulturalität? In: Darowska, Lucyna; Lüttenberg, Thomas; Machold, Claudia (Hrsg.): Hochschule als transkultureller Raum? Kultur, Bildung und Differenz in der Universität, Bielefeld, transcript-Verlag, 2010, S. 49f.

35 Welsch, Wolfgang: Transkulturalität. Zur veränderten Verfassung heutiger Kulturen. In: Schneider, Irmela; Thomsen, Christian W.: Hybridkultur. Medien, Netze, Künste. Köln, Wienand, 1997, S. 72.

36 Welsch: Was ist eigentlich Transkulturalität? S. 46.

mehreren Kulturen geprägt ist. Gleichwohl bestätigt er die nationale Identität, indem er erklärt, dass die transkulturelle Identität die regionale oder nationale Identität nicht ausschließt, sondern eine solche lokal oder national geprägte Identität „sogar innerhalb der Transkulturalität weit verbreitet“[37] ist. Auf diese Weise beugt er Kritikern vor, die gerade dieses Fehlen von national-ethnisch geprägten Kulturräumen bestreiten. Faktisch bleibt aber weiterhin ein Spannungsfeld zwischen der Beziehung einer dominanten Nationalkultur und einer pluralistischen Gegenwartsgesellschaft bestehen. Schlechthin ist die Prägung der nationalen Identität in der Gegenwart immer noch weit und tief verbreitet, was von Welsch auch eingeräumt wird. Demnach muss Skepsis angebracht sein, ob der Begriff der Transkulturalität dennoch der zutreffende Begriff für die gegenwärtige Beziehung zwischen Kultur und Individuum ist.

Ein weiteres Problem besteht im Kulturverständnis von Welsch: Er kritisiert zwar die `Kugelvorstellung´ der Kultur, da sie veraltet und nicht zeitgenössisch ist. Jedoch verzichtet er darauf, ein eigenes Kulturverständnis zu entwickeln. Denn die Betonung der vernetzten Kulturen ist nicht mit einer Definition von Kultur gleichzusetzen. Anstatt einer Definition der Kultur stellt das Konzept der Transkulturalität nur die durch die Globalisierung vernetzte Welt dar. Außerdem gerät die Kritik von Welsch am traditionellen Kulturverständnis von Herder in den Widerspruch, indem er die nationale Identität des Menschen nicht abgelehnt hat. Denn sobald man von der nationalen Identität spricht, geht man mehr oder weniger von einem `Kugelverständnis´ der Kultur aus. Die Transkulturalität stellt zwar einen veränderten Teil der Gesellschaft und dessen Einfluss auf die Subjekte und deren Lebensstil verständlich dar, aber sie übersieht dabei, dass jede Kultur trotz der wirtschaftlichen und technischen Vernetzung weiterhin etwas Beständiges und Eigenes besitzt. So kann sie nicht erklären, warum die Menschen innerhalb eines Kulturkreises über eine gemeinsame Denk- und Handlungsweise verfügen und warum die Menschen aus einer bestimmten Kultur sich von den Menschen aus einer anderen Kultur unterscheiden. Die intrakulturellen Gemeinsamkeiten und die zwischenkulturellen Unterschiede sind daher nicht erklärbar. Die kulturanthropologische Bedeutung von Sprache

37 Welsch: Was ist eigentlich Transkulturalität? S. 61.

und Gebräuchen wird bei diesem Konzept mithin gar nicht berücksichtigt. Die Differenz ist nach Welsch jedoch nur noch individuell:

„Unterschiede gibt es also weiterhin, nur haben sie jetzt eine andere Form als zuvor. Es handelt sich nicht mehr um Unterschiede zwischen nebeneinander stehenden Monokulturen, sondern um Unterschiede von Individuum zu Individuum oder von Gruppe zu Gruppe bei insgesamt anwachsender Gemeinsamkeit. Und die neuen Unterschiede sind von den alten Problemen der separatistischen Differenz frei. Der nostalgische Lobpreis der alten kulturellen Diversität ist ja heuchlerisch: [...] Dagegen arbeitet Transkulturalität der Bildung einer Weltinnengesellschaft und einer friedlicheren Weltgesellschaft zu."[38]

Hierbei ist eine starke Sehnsucht nach einem Babel zu sehen, welche mit der Ignoranz der kulturellen Differenzen zusammenhängt. Zudem liegt die Befürchtung zugrunde, dass die Betonung der kulturellen Differenz die zwischenkulturellen Konflikte und Probleme verursachen und sogar sie verschärfen könnte. Insofern wird das Gegenteilige vorgeschlagen: über die Unterschiede zwischen verschiedenen Kulturen hinwegschauen und alles als individuelle Angelegenheit betrachten. Es ist daher eine logische Folge, dass die Fremdheit oder die Fremderfahrung des Menschen bei der Transkulturalität gar nicht erwähnt werden.

Andererseits fehlt bei der Transkulturalität ein kritischer Blick auf die Durchdringung der Kulturen, welche die betroffene Kultur nicht nur bereichern kann, sondern mit der auch die Gefahr des Verschwindens von Kulturen einhergeht und damit die kulturelle Vielfalt verringern kann. Die Homogenisierung der Kulturen durch die Massenkultur und kommerzielle Globalisierung bezeichnet Todorov als „ein Todesurteil für die Menschheit"[39] und weist damit auf die Bedeutsamkeit der kulturellen Vielfalt und deren bedrohte Situation in der Gegenwart hin. Da diese kulturelle Vielfalt und Differenz geradezu im pädagogischen Kontext äußerst wichtig sind, kann die Transkulturalität auf keinen konkreten pädagogischen Anspruch hinweisen sowie kein eindeutiges Lernziel formulieren.

Abgesehen von diesen Problemen liegt die Stärke des Konzepts der Transkulturalität allerdings darin, dass es auf die Gefahr der Blindheit für die Heterogenität innerhalb einer Kultur und für die Homogenität inner-

---

[38] Welsch: Was ist eigentlich Transkulturalität? S. 60f.

[39] Zitiert nachHagenbüchle: Von der Multi-Kulturalität zur Inter-Kulturalität. S. 148f.

halb der verschiedenen Kulturen hinweist. Außerdem beschreibt das Konzept der Transkulturalität die Identität des Individuums, welches von zwei oder mehreren Kulturen geprägt ist. Dazu tragen verschiedene Faktoren bei: zahlreiche Reisen, das Leben als Migrant, langfristiger Aufenthalt in einem fremden Kulturkreis oder auch intensive Kontakte mit Menschen, die eine andere Kultur in sich tragen.

Welsch betont, dass insbesondere die jüngeren Menschen bei der Identitätsbildung „eine Vielzahl von Elementen unterschiedlicher Herkunft aufgreifen und verbinden“[40], da sie mit den Menschen, die unterschiedliche kulturelle Hintergründe besitzen, mehr Kontakte erhalten. Jedoch muss man bedenken, ob die unvermeidliche Begegnung mit den kulturell Fremden ohne weiteres zu einer transkulturellen Identität führt. Übersehen wird hierbei, dass ein bestimmter kultureller Wert mit einem anderen gegebenenfalls nicht in Einklang gebracht werden kann. In einer solchen Situation kann es passieren, dass die Schüler sich gegenüber dem kulturell Anderen verschließen oder mit ihm in Konflikt geraten. Die Schlussfolgerung, dass die gestiegene Anzahl der Kontakte mit der intra- und interkulturellen Vielfalt direkt zur transkulturellen, d. h. zur kosmopolitischen Identität führt, lässt sich mithilfe von Fallbeispielen von Barbara Whitmer kritisieren, welche zeigen, dass sogar bei Annäherungsversuchen gegenseitige Abneigung entstehen kann.[41]

Die Stärke des Konzepts der Transkulturalität liegt wiederum darin, dass die Betonung der intrakulturellen Differenzen die vorschnelle Reduktion des Menschen auf dessen Herkunft und dessen Kultur verhindert. Die Lebensformen der Menschen sind nicht nur national geprägt, sondern vielmehr kulturübergreifend, so dass sie unabhängig von der Nationalkultur über viele Gemeinsamkeiten verfügen. Durch die Globalisierung und die ökonomische sowie technische Vernetzung in der ganzen Welt sieht die äußerliche Lebensart der Menschen daher ähnlich aus: Viele Leute trinken z. B. Kaffee in einer der vielen Filialen eines weltweit operierenden Unternehmens, kaufen die gleichen Möbel in einem global erfolgreichen Möbelgeschäft und shoppen bei den gleichen Modemarken und auch Kinder

40 Welsch: Was ist eigentlich Transkulturalität? S. 46.

41 Vgl. Hagenbüchle: Von der Multi-Kulturalität zur Inter-Kulturalität. S. 148. Siehe Whitmer, Barbara: The Violence Mythos, Albany, New York, State Univ. of New York Press, 1997.

gucken überall in der Welt identische Zeichentrickfilme, man denke nur an die Schlümpfe.[42] So haben die Menschen kulturunabhängig ebenso einen gemeinsamen Teil der Kindheitserinnerungen. In jeder großen Stadt findet man außer Sushi und Pizza auch unzählige verschiedene Gerichte aus der ganzen Welt, sogar von Fusion Food ist die Rede, worunter die Verschmelzung von Aromen und Einflüssen aus verschiedenen Teilen der Welt zu verstehen ist. Dieses neu entstandene Wort weist drauf hin, wie transkulturell auch die kulinarische Szene tatsächlich geworden ist. Der Geschmack des Menschen ändert sich auch und überschreitet dadurch die Grenze des eigenen Kulturkreises.

Im Gegensatz zu einer solchen positiven Beschreibung der globalen Veränderung mit Hilfe von Transkulturalität bezeichnete Hagenbüchle bereits in seinem 2002 erschienenen Buch *Von der Multi-Kulturalität zur Inter-Kulturalität* die kulturelle Globalisierung als Kernproblem des 21. Jahrhunderts.[43] Er befürchtete eine größere kulturelle Gleichheit und den Zuwachs der globalen Ungleichheit[44] und warnt vor einer vorschnellen und kritiklosen Begeisterung für die neue Veränderung: „Es ist deshalb gleichermassen naiv, diesen Vorgang als postmodernistische oder postkoloniale Utopie enthusiastisch zu begrüssen“.[45] Hierbei wird klar, dass Hagenbüchle die Euphorie, die dem Konzept der Transkulturalität innewohnt, erkannt hat.

Welsch zufolge ist die Verflechtung der Kulturen daher nicht nur in der Konsumkultur zu beobachten, sondern gerade in den gesamten kulturellen Dimensionen, so dass beispielsweise auch die Medizin ebenfalls zunehmend transkulturell wird: „In den asiatischen Ländern dringt die westliche Medizin vor, und im Westen greift man zunehmend zu Akupunktur, Qui Gong und Ayurveda. Oder in der Popkultur ist eine nationale Zuordnung der Stars längst anachronistisch geworden. [. . .] Oder man denke an die großen Fußballclubs: Vor dreißig Jahren wäre es undenkbar gewesen, dass die Spieler überwiegend aus anderen Ländern, ja von anderen Kontinenten

42 Allerdings variiert das deutsche Wort „Schlümpfe“ in den anderen Sprachen, so heißt es im belgischen Original: Les Schtroumpfs, im Italienischen: I Puffi, im Tschechischen: Šmoulové, im Englischen: Smurfs, im Koreanischen: 스머프 [smɔP] .

43 Vgl. Hagenbüchle: Von der Multi-Kulturalität zur Inter-Kulturalität. S. 111.

44 Vgl. Hagenbüchle: Von der Multi-Kulturalität zur Inter-Kulturalität. S. 111.

45 Hagenbüchle: Von der Multi-Kulturalität zur Inter-Kulturalität. S. 111

kommen; heute ist das an der Tagesordnung".[46] Seine Beispiele beleuchten die Absicht, den herkömmlichen Kulturbegriff als veraltet zu bewerten und stattdessen eine neue moderne Kulturvorstellung, d. h. eine globale Kultur vor Augen zu führen. Nun scheint die heutige Welt längst die nationalen Grenzen überschreitet zu haben, so dass „eine transnationale Kultur"[47], d. h. eine neue Lebensweise erfolgt.

Bei sämtlichen Beispielen sind jedoch die ökonomischen Hintergründe nicht zu übersehen. Zudem verdeutlichen die Beispiele, dass die kulturelle Pluralität an der Oberfläche bleibt. Das Paradox des Konzepts der Transkulturalität besteht weiterhin darin, dass es von Anfang an von der Differenz ausgeht, die zwischen verschiedenen ethno-nationalen Kulturen besteht, obwohl es die innere Homogenität einer Kultur bestreitet. So benutzt Welsch für die Beschreibung der Transkulturalität selbst die Wörter wie *international* oder *national*, welche eng mit dem `Kugelverständnis´ der Kultur verwoben sind:

„Viele Formen des Alltags sind heute international geprägt: Deutsche Studierende duzen einander, während früher das förmliche ‚Sie' angezeigt war; nicht nur die Restaurantszene, auch die häuslichen Speisezettel sind inzwischen international geworden; und bei technischen Innovationen sind nationale Unterschiede schon lange irrelevant geworden."[48]

Neben den Begriffen wie *international* oder *national* verwendet Welsch auch den Begriff der Multikulturalität, um die Idee der Transkulturalität darzustellen. Da Welsch das Konzept der Multikulturalität wegen des veralteten Kulturverständnisses ablehnt, verdeutlicht die folgende Beschreibung einen Mangel an inhaltlicher Einstimmigkeit:

„Moderne Gesellschaften sind multikulturell in sich. Sie umfassen unterschiedliche Lebensformen und Kulturen. Und das nicht etwas erst aufgrund von Immigrationsprozessen, sondern zuvor schon infolge eigenproduzierter Differenzierungen und Autonomisierungen. Die ethnische Multikulturalität – von der man in Sachen Multikulturalität meist zu ausschließlich spricht – macht nur einen Teil der fakti-

46 Welsch, Wolfgang: Was ist eigentlich Transkulturalität? In: Darowska, Lucyna; Lüttenberg, Thomas; Machold, Claudia (Hrsg.): Hochschule als transkultureller Raum? Kultur, Bildung und Differenz in der Universität, Bielefeld, transcript-Verlag, 2010, S. 44.

47 Hagenbüchle: Von der Multi-Kulturalität zur Inter-Kulturalität. S. 113

48 Welsch: Was ist eigentlich Transkulturalität? S. 44f.

schen Multikulturalität moderner Gesellschaften aus. Fürs erste scheitert der traditionelle Kulturbegriff also schon einmal an der inneren Komplexität der modernen Kulturen – angesichts ihrer erweist er sich als bloß noch ideologisch."[49]

Mit der Transkulturalität widmet Welsch die Aufmerksamkeit der Heterogenität innerhalb einer Kultur und den Gemeinsamkeiten der vielen Kulturen aufgrund deren Verflechtung. Wenn man das Konzept von Welsch verstanden hat, erhält man schließlich den Eindruck, dass der Begriff der Transkulturalität ein anders Wort für die globalisierte Lebensform und Identität ist. Synonym für Transkulturalität kann daher einfach von globaler Kultur gesprochen werden. Neben der deskriptiven Ebene offenbart das Konzept der Transkulturalität auch einen normativen Gehalt, denn implizit ist eine Sehnsucht nach einer Welt beobachtbar, in der alle Weltbürger aufgrund ihrer kosmopolitischen Identität ohne jegliche Grenze des Verstehens und somit ohne jegliche Konflikte miteinander friedlich leben.

So verstanden kann die Transkulturalität als regulatives Ideal auf eine utopische Welt hinweisen, die es anzustreben gilt. Aber wenn man die Lebensart des Menschen nicht nur an der Oberfläche beobachtet, findet man schnell heraus, dass das Konzept der Transkulturalität auch auf der normativen Ebene keine hinreichende Lösung darstellt. So ist das Konzept der Transkulturalität nicht in der Lage, auf folgende Fragen zu antworten: Warum bekommen viele Menschen in einem fremden Land Heimweh, obwohl die Lebensform und die Identität des Menschen nicht mehr monokulturell, sondern transkulturell geworden sind? Warum bilden die Gruppen gleicher Ethnien in einer multikulturellen Gesellschaft untereinander oftmals so enge Formen der Gemeinschaft, dass verschiedene ethnische Inseln wie Chinatown in einer Stadt entstehen? Warum gibt es trotz der Globalisierung immer noch große Unterschiede der Unternehmungskultur zwischen verschiedenen Nationen? Dass kulturspezifische Rituale und Denkweise trotz der globalen Vernetzung und Veränderung weiterhin Bestand haben, zeigt beispielsweise der Kommentar einer Professorin für Japanologie in der Zeitung *Die Zeit*:

„Die sozialen Spielregeln werden in der Schule gelernt und sind an die Familie angelehnt. Gruppenorientierung, Hierarchie, Senioritäts-prinzip mit abgeflachter Leistungslinie. Das entspricht nicht mehr der modernen Arbeitswelt mit ihren Glo-

[49] Welsch: Transkulturalität – die veränderte Verfassung heutiger Kulturen. S. 4.

balisierungszwängen. Toyota entlohnt heute meist nach Leistungskriterien. Aber der Vorgesetzte kommt noch zur Hochzeit des Beschäftigten, und wenn ein Unternehmen es sich leisten kann, gibt es finanzielle Unterstützung, wenn ein Familienmitglied stirbt."[50]

Das Beispiel zeigt, dass trotz der Einflüsse der Globalisierung und deren Folge viele kulturspezifische Elemente unberührt bestehen bleiben. Wenn man von einer transkulturellen Identität als Gegenwartsbeschreibung ausgeht, bleibt die Frage ebenfalls unbeantwortet, warum immer noch darüber diskutiert wird, ob der Islam zu Deutschland gehört oder nicht. Eine solche Fragestellung macht anschaulich, dass die kulturell pluralistische Gesellschaft nicht unmittelbar zu einem konfliktlosen transkulturellen Leben führt, sondern oft zur Ausgrenzung tendiert. Beim Konzept der Transkulturalität sind aber Themen wie Zugehörigkeit oder Grenzziehung aufgrund der unterschiedlichen kulturellen Identität beinahe ausgeschlossen. Denn die Menschen in der modernen Gesellschaft besitzen demnach nicht mehr eine nationale Identität, sondern eine kulturell vielfältige Identität. Demzufolge akzeptieren die kulturellen Mischlinge sich gegenseitig, ohne sich voneinander abzugrenzen. Das Konzept übersieht jedoch die gegenwärtigen Konflikte, die durch die Unterschiede in Religion, Sprache, Werten und Normen verursacht werden, welche wiederum eng mit der Vorstellung von Nationen und Ethnien verbunden sind.

Betrachtet man allein den Aspekt der Sprache, erkennt man die Machtverhältnisse und Missverständnisse, die zwischen Muttersprachler und Nicht-Muttersprachler entstehen. Wer z. B. Englisch spricht, aber in Deutschland kaum Deutsch spricht, stößt oft auf die Schwierigkeiten im Alltag, und zwar nicht nur beim Einkaufen oder beim Lesen der Speisekarte, sondern vielmehr bei der Kommunikation und bei der Verständigung mit den Einheimischen. Dabei erfährt diejenige, die die Landessprache mangelhaft beherrscht, oft das Gefühl der Exklusion oder der Abgrenzung, wobei dieses Gefühl noch verstärkt werden kann, wenn die Sprache auch als Instrument der Machtausübung erfahren wird. Die Transkulturalität kann einerseits die kulturelle Vermischung als ein Teil des veränderten Zustan-

50 „Japaner trauern anders – Wer in der Katastrophe lächelt, ist gefühlskalt. Oder? Ein Gespräch mit der Soziologin Gesine Foljanty-Jost über kulturelle Unterschiede und deutsche Vorurteile. Kommentar." In: *Die Zeit*, 24. März 2011, Nr. 13, S. 51.

des der modernen Gesellschaft zwar gut darstellen, andererseits blendet sie aber aus, dass jede Kultur einen gemeinsamen Orientierungsrahmen hat, welcher sich von den anderen Kulturen unterscheidet. Außerdem bleibt der kulturanthropologische Aspekt gänzlich unbeachtet, da der enge Zusammenhang von Kultur, Sprache und Denken sowie die kulturelle Prägung des Individuums außen vor bleiben.

Durch die erhöhte Mobilität sammeln in der heutigen Welt viele Menschen persönliche Erfahrungen mit verschiedenen Kulturen und Menschen und so sind sie davon geprägt. Jedoch sucht das Konzept der Transkulturalität den Grund für die transkulturelle Identität des Individuums nicht in dessen biographischen Erfahrungen, sondern allein in der kulturellen Pluralität moderner Gesellschaften und in den äußerlichen Lebensarten. Unterstellt ist hierbei, dass die Menschen allein aufgrund der kulturellen Heterogenität innerhalb einer Gesellschaft bereits ohne eine reflexive Auseinandersetzung mit den unvertrauten Lebensformen unmittelbar kulturelle Mischlinge werden können.

Beim Konzept von Welsch ist eine Art Eklektizismus zu sehen, was man sich bildlich so vorstellen kann, als ob eine Person mit einer Kredit-Karte in einen Kultur-Markt hineintritt und verschiedene Kulturen erwerben kann. So wird klar, warum der Lern- und Bildungsprozess bei Welsch kaum thematisiert wird. Denn die negative Erfahrung des Menschen wie z. B. Widerfahrnisse oder Ekel, die unausweichlich mit der Leiblichkeit zusammenhängen, lässt sich mit dem Konzept der Transkulturalität nur schwerlich erklären. Das Konzept der Transkulturalität kann also den inneren Reflexionsprozess des Subjekts nicht beleuchten, der von der Erfahrung von Fremdheit veranlasst wird. Diesem Konzept zufolge „gebe [es] nicht nur kein strikt Eigenes, sondern auch kein strikt Fremdes mehr.“[51] Daher kann man nicht vom transkulturellen Lernen sprechen.

Transkulturalität verdeutlicht die in sich ausdifferenzierten modernen Gesellschaften und die Identität des Individuums, die die Grenze der Nationalkulturen überschreitet und somit kulturell vermischt ist. Jedoch spie-

---

[51] Göhlich, Michael; Liebau, Eckart; Leonhard, Hans-Walter; Zirfas, Jörg: Transkulturalität und Pädagogik. Thesen zur Einführung. In: Göhlich, Michael (Hrsg.): Transkulturalität und Pädagogik. Interdisziplinäre Annäherungen an ein kulturwissenschaftliches Konzept und seine pädagogische Relevanz. Weinheim und München, Juventa, 2006, S. 22.

gelt eine solche „Patchwork-Identität"[52] keine Realität wider, sondern sie ist sogar „ein Konstrukt westlicher akademischer Theorie"[53], wie sie vor allem von den Postmodernisten vertreten wird.[54] Die transkulturelle Identität des modernen Menschen erweist sich schließlich als ein idealistisches Bild, wenn man beispielsweise beim Festlegen der einheitlichen Menschenrechte große Schwierigkeit für die Einigung von verschiedenen Kulturen erkennt. So übersieht die postmodernistische Identitätsvorstellung die Konflikte, die zwischen unterschiedlichen Werten und Normen entstehen. Daher sollte die Subjektivität in einer modernen Gesellschaft anstatt als idealisierte Multisubjektivität als „eine dialogisch-intersubjektive Subjektivität"[55] verstanden werden, welche die Fähigkeit, sich in den Anderen hineinzuversetzen, mit einschließt.[56]

Wenn man der transkulturellen Erziehung allerdings eine derartige kosmopolitische Erziehung unterstellt und die Überwindung der Selbstverständlichkeiten der eigenen Kultur als notwendig für diese betrachtet,[57] geht man bereits davon aus, dass der Mensch von der eigenen Kultur geprägt und blind für die eigene Kultur und deren Prägung ist. Um für diese unsichtbare Nähe und Abhängigkeit zur eigenen Kultur eine kritische Distanz gewähren zu können, sind die kulturelle Differenz und die daraus erfolgende Fremdheit unabdingbar.

Nach der bisherigen Analyse erweisen sich die beiden Konzepte der Multi- und Transkulturalität als ungeeignet für die Darstellung des pädagogischen Anspruchs, welcher mit dem von der Fremderfahrung ausgehenden Lern- und Bildungsprozess verwoben ist. Im Folgenden sollen daher ein alternatives Konzept, nämlich das der Interkulturalität, und deren pädagogischer Anspruch aufgezeigt werden.

---

52 Welsch: Was ist eigentlich Transkulturalität? S. 46.
Wobei Welsch mit der Patchwork-Identität des heutigen Individuums die transkulturelle Identität beschreibt und nicht wie hier die multikulturelle.

53 Hagenbüchle: Von der Multi-Kulturalität zur Inter-Kulturalität. S. 151.

54 Vgl. Hagenbüchle: Von der Multi-Kulturalität zur Inter-Kulturalität. S. 151.

55 Hagenbüchle: Von der Multi-Kulturalität zur Inter-Kulturalität. S. 152.

56 Vgl. Hagenbüchle: Von der Multi-Kulturalität zur Inter-Kulturalität. S. 152.

57 Vgl. Göhlich [u.a.]: Transkulturalität und Pädagogik. S. 20f.

INTERKULTURALITÄT

Durch die Auseinandersetzung mit Multi- und Transkulturalität ist klar geworden, dass die beiden Theorien nicht imstande sind, das pädagogisch bedeutsame Phänomen der Fremdheit zu beschreiben. Dies bedeutet zugleich, dass sie das pädagogische Potential, welches sich für den Einzelnen beim Umgang mit den fremden Kulturen ergeben, kaum darstellen können. Die Multikulturalisten plädieren für die Anerkennung der Authentizität der jeweiligen Kultur und dafür, dass jede Kultur und derer Träger danach streben sollen, möglichst von anderen Kulturen unberührt und unvoreingenommen ihre eigene Identität aufzubewahren. Aus dieser Sicht heraus gibt es kaum motivierende Gründe, die dafür sprechen, Kontakte und Kommunikation zwischen den verschiedenen Kulturen zu suchen. Zudem entsteht kein Anlass, von der kulturellen Differenz inspiriert zu werden und dadurch seinen eigenen Horizont zu erweitern. Der kulturrelativistische Ansatz des Multikulturalismus weist deshalb nicht auf den richtigen Umgang des Individuums mit dem Fremden hin. Weil das Werturteil einer anderen Kultur als inkommensurabel mit den eigenen Wertvorstellungen erachtet und die Toleranz als oberstes Ziel gesetzt wird, bleibt die Auseinandersetzung mit dem Fremden im multikulturellen Diskurs außen vor.

Das Phänomen der Fremdheit löst sich ebenso beim Konzept der Transkulturalität auf, da die einzelne Nationalkultur in der kulturell verwobenen modernen Welt nicht mehr homogen ist und damit für das Individuum kaum eine Rolle mehr spielt. Die Menschen, insbesondere junge Generationen wachsen aufgrund der kulturellen Globalisierung in einem Lebensumfeld auf, das sich aus verschiedenen kulturellen Lebensformen zusammensetzt. Von dieser Prämisse ausgehend ist das Phänomen der Vertrautheit und Fremdheit eine bloße Konstruktion. Daraus ergibt sich eine idealisierte Vorstellung von der kulturell vernetzten modernen Welt. Außerdem besteht der Widerspruch dieses Konzepts darin, dass es das Kulturbild der Multikulturalität verneint und versucht, den Kulturbegriff allgemein aufzulösen, wobei jedoch das Konzept der Transkulturalität selbst von diesem Kulturbegriff ausgeht, wenn von der Verflechtung der Kultur oder von der Transkulturalität die Rede ist. Das Konzept der Transkulturalität verfügt deshalb über keine klare Definition der Kultur, stattdessen macht es ausschließlich auf die Phänomene der kulturellen Verflechtung aufmerksam. Aus diesem Grund ist es auch nicht in der Lage, die Fremderfahrung zu erklären und darin die pädagogischen Grundlagen des interkulturellen Lernens zu sehen. Da das Phänomen der Fremdheit auf der kulturellen Einverleibung des Menschen basiert, fehlt bei der Transkulturalität ebenfallseine Erklärung für den leiblichen Aspekt der Kultur. Die fehlende Erklärung der Fremdheit von beiden Konzepten bedeutet aber auch, dass sie nicht auf die Frage antworten können, warum Menschen überhaupt mit bestimmten Denk- und Handlungsweisen vertraut sind und sich damit sicher fühlen. Da die beiden Konzepten die Fremderfahrung des Menschen außer Acht lassen, können sie ferner auch die Möglichkeit des Perspektivenwechsels nicht begründen.

Das Konzept der Interkulturalität kann dagegen dem Einzelnen eine pädagogische Herausforderung stellen, indem es die Möglichkeit des Perspektivenwechsels aufzeigt. Anstatt mit einem bloßen Plädoyer für die Toleranz oder mit einer naiven Absage der Eigen-Fremd-Differenz auf die Lösung interkultureller Probleme zu hoffen,[58] entdeckt die Interkulturalität das Potenzial und die Herausforderung der fremden Kultur für den Lernprozess des Subjekts. Der Grund liegt darin, dass die Multi- und Transkulturalität ausschließlich einen Blick von außen aufwerfen, während die Interkulturalität von der Innenperspektive des Subjekts ausgeht.

Das Konzept der Interkulturalität schließt dabei weder die multikulturelle Aufforderung nach Toleranz und Offenheit, noch den transkulturellen Aspekt der wirtschaftlichen und kulturellen Verflechtung der modernen Gesellschaft aus. Diese beiden Aspekte sind jedoch nicht ausreichend, um die individuelle Erfahrung zu veranschaulichen, die in der Begegnung mit einem fremden Handlungsmuster oder mit einem fremden Wert fremder Kultur erfolgt. So steht beim Konzept der Interkulturalität vor allem die Erfahrung des Einzelnen im Zentrum, welche in der kulturell pluralistischen Gesellschaft durch die Berührung mit fremden Kulturen vorkommt. Die Fremderfahrung ist also der Ausgangspunkt für das interkulturelle Ler-

---

[58] Vgl. Breinig, Helmbrecht: Transkulturalität und Transdifferenz: Indianische Subjektkonstruktionen. In: Göhlich, Michael (Hrsg.): Transkulturalität und Pädagogik. Interdisziplinäre Annäherungen an ein kulturwissenschaftliches Konzept und seine pädagogische Relevanz. Weinheim, Juventa, 2006, S. 70.
Auch Bernhard Waldenfels kritisiert den Versuch der Multikulturalität, mit der Anschließung an das Konzept der Transkulturalität „die Grenze der jeweiligen Kultur auszuschalten, sei es, dass man die Einzelkulturen als Teile einer Gesamtkultur begreift, sei es, dass man sie transkulturellen Maßstäben unterwirft." Waldenfels, Bernhard: Grundmotive einer Phänomenologie des Fremden. Frankfurt a. M., Suhrkamp, 2006, S. 110.

nen. Dadurch ergibt sich der pädagogische Anspruch des Fremden und der Fremderfahrung. Aber das Konzept der Interkulturalität weist nicht nur auf die Herausforderung für die Subjekte hin, sondern beschreibt sowohl die Konflikte, die durch den kulturellen Unterschied zwischen der menschlichen Beziehung entstehen, als auch die veränderte Lebenswelt durch die wirtschaftliche und kulturelle Globalisierung.

Auf der Mikroebene beschreibt die Interkulturalität sowohl die Gemeinsamkeit kultureller Identität innerhalb einer Nationalkultur als auch die Unterschiedlichkeit der individuellen Identität, die von Subkulturen und vom jeweiligen Umfeld geprägt ist. Denn das Kulturverständnis geht hierbei weder von einem `Kugelbild´ noch von einem Geflecht-Modell aus, welches den Kulturbegriff zu einem inhaltsleeren Begriff macht. Die Definition der Kultur bei der Interkulturalität liefert den Hintergrund für das Verständnis dafür, warum die kulturelle Differenz für den pädagogischen Kontext eine entscheidende Bedeutung aufweist und vor allem einen pädagogischen Anspruch darstellt. Daher soll im Folgenden zunächst das Kulturverständnis der Interkulturalität ausführlich erörtert werden. Demnach lässt sich begründen, warum in der modernen Welt trotz der kulturellen Durchdringung und der gemeinsam geteilten Lebensweise immer noch die einzelne Kultur und deren Prägung des Einzelnen repräsentativ sind und warum die beträchtlichen Unterschiede zwischen zahlreichen Kulturen bestehen.

Neben der Veranschaulichung des pädagogischen Anspruchs ermöglicht die Konzeption der Interkulturalität ebenfalls die bestehenden kulturbedingten Konflikte besser zu verstehen und Lösungsvorschläge zu machen, die sowohl für das Individuum und als auch für die Gesellschaft eine Herausforderung für die eigene Entwicklung bedeuten. Ferner zeigt sich, dass die Interkulturalität das in sich stabile und abgeschlossene `Kugel- oder Inselmodell´ der Kultur verneint, so dass sie in der Lage ist, zu beleuchten, dass die Ordnungen innerhalb einer Kultur in sich sogar brüchig sind.

1.2 DIE KULTURANTHROPOLOGISCHE GRUNDLAGE DES INTERKULTURELLEN LERNENS

1.2.1 DIE KULTURELLE DIMENSION DES KINDLICHEN SPRACHERWERBS

Wie sich die kulturelle Prägung des Menschen vollzieht und wie sie im alltäglichen Handeln zu beobachten ist, soll im Folgenden durch die Beschreibung der Grundzüge der Sprachphilosophie des späten Wittgensteins deutlich werden. Das Besondere von dessen Ansatz ist es, dass er den kulturellen Aspekt des kindlichen Spracherwerbs verständlich macht. Dieser Aspekt soll insbesondere den Entstehungshintergrund für die Vertrautheit und Geborgenheit der eigenen Kultur beleuchten, die für das Verständnis der Fremdheit unabdingbar sind. In seinem zweiten Hauptwerk *Philosophische Untersuchungen* veranschaulicht der Philosoph Ludwig Wittgenstein, dass das Kind beim Erlernen der Muttersprache nicht nur Wörter und deren Bedeutungen lernt, sondern damit vor allem damit verknüpfte Handlungsweisen verinnerlicht. Das entscheidende Charakteristikum seiner Theorie besteht in der Erkenntnis, dass eine Sprache lernen weit über das Lernen neuer Wörter hinausgeht.[59]

Quasi als Gegenfolie, die dazu dient ein mangelhaftes Verständnis des Spracherwerbes zu beleuchten, bezieht sich Wittgenstein zunächst auf Augustinus, der aus biographischer Perspektive ein spezifisches Bild vom Lernen der Sprache vermittelt. Als essentiell erweist sich hierbei die Annahme, dass jedem Gegenstand eine Bedeutung durch einen Begriff zugeordnet wird.[60] Die Menschen benennen mit den Wörtern die Gegenstände und erst durch diese Benennung erhalten die Dinge ihre Bedeutungen. Nach dieser Annahme soll das Kind ein Wort lernen, welches der Erwachsene beim Zeigen auf den Gegenstand ausspricht. Das wahrgenommene Wort verursacht dann unmittelbar ein Bild vom Gegenstand beim Kind. Jedoch verwirft Wittgenstein dieses intuitiv plausible Konzept der Sprache, da es seiner Ansicht nach nur in den „primitiven Formen der Sprache"[61] behei-

[59] Vgl. Cavell, Stanley: Der Anspruch der Vernunft. Wittgenstein, Skeptizismus, Moral und Tragödie. Frankfurt a. M., Suhrkamp, 2006, S. 296.

[60] Vgl. Wittgenstein, Ludwig: Philosophische Untersuchungen. Werkausgabe, Bd. 1, Frankfurt a. M., Suhrkamp, 1984, § 1.

[61] Wittgenstein: Philosophische Untersuchungen. § 5.

matet ist und somit seine Gültigkeit nur für ein eng umrissenes System der Sprache beanspruchen kann.

> „Es ist, als erkläre jemand: „Spielen besteht darin, dass man Dinge, gewissen Regeln gemäß, auf einer Fläche verschiebt ... „ – und wir ihm antworten: Du scheinst an die Brettspiele zu denken; aber das sind nicht alle Spiele. Du kannst deine Erklärung richtig stellen, indem du sie ausdrücklich auf diese Spiele einschränkst.“ [62]

Wittgenstein stellt mit dem folgenden Beispiel eine primitive Form der Sprache dar, in der nur solche Wörter, die einen Gegenstand bezeichnen, zur Verfügung stehen: Bei der Ausführung eines Baus verständigt sich ein Bauender A mittels der Sprache mit einem Gehilfen B. Dabei stehen ihm Bausteine wie Würfel, Säulen, Platten und Balken zur Verfügung. B soll A die Bausteine in der Reihenfolge geben, wie A sie braucht. Zu diesem Zweck wird eine Sprache verwendet, die aus den Wörtern wie Würfel, Säulen, Platten und Balken besteht. A ruft die Wörter aus und darauf folgend holt B den entsprechenden Baustein.[63]

Hierbei scheint die Sprache bei der Verständigung zwischen A und B zu helfen, indem der Gehilfe B den genannten Baustein dem Bauenden A zureicht. So lässt sich der anfängliche Spracherwerb des Kindes verstehen: Das Kind lernt den Namen des Gegenstandes und die Bedeutung des Wortes dadurch, dass ein Erwachsener es auf den Gegenstand hinweist und dabei den entsprechenden Namen nennt. Hierbei wird angenommen, dass das Kind sowohl die Bedeutung des Wortes als auch die Gegenstände, wofür das Wort steht, erfährt, wenn es das Wort lernt. Ein solches Verständnis entspricht der geläufigen Vorstellung, wonach der Mensch durch hinweisende Definitionen die Wörter lernt und lehrt.[64] Im Gegensatz zu den Erwachsenen jedoch, die bereits eine Sprache beherrschen, verfügt das Kind, das erst anfängt, eine solche zu erwerben, weder über das Verständnis der Bedeutung des Wortes noch über das Wissen, was ein Gegenstand ist.[65] Denn das Wissen über die Bedeutung des Wortes setzt ein praktisches Wissen über das Tun voraus, nach einer Bedeutung des Wortes zu fragen. Um nach dem Namen eines Gegenstandes zu fragen, muss das Kind das Han-

62 Wittgenstein: Philosophische Untersuchungen. § 3.
63 Vgl. Wittgenstein: Philosophische Untersuchungen. § 2.
64 Vgl. Cavell: Der Anspruch der Vernunft. S. 291f, 296.
65 Vgl. Cavell: Der Anspruch der Vernunft. S. 291.

deln des Fragens von den Erwachsenen bereits gelernt haben. Um beim Zeigen auf einen Gegenstand dessen Namen zu sagen, muss das Kind die Handlung des Antwortens gelernt haben. Dies lässt sich aus der besonderen Fähigkeit von Kindern logisch erklären, die Augustinus[66] erkannt hat. Bei der Teilnahme am Sprachspiel zeigen die Kinder das Vermögen, beim Beobachten der Handlungen anderer Menschen deren Absichten bzw. deren Ziel zu erfassen. Zugleich versuchen sie, zu verstehen, welches Verhalten als mögliche Mittel für die Zielerreichung von ihnen verlangt wird. Die Unterscheidungsfähigkeit zwischen Ziel und Mittel zeichnet sich als ein grundlegendes Merkmal von Kindern aus, welches etwa bei Menschenaffen fehlt.[67]

Daraus ergibt sich die entscheidende Erkenntnis, dass die Sprache mit einer bestimmten Handlung verwoben ist. So ist beim letzten Beispiel festzustellen, dass der Gehilfe B dem Ausrufe der Wörter folgend die entsprechenden Gegenstände dem Bauenden A zuliefert. Der Gehilfe B handelt also auf eine bestimmte Art. Die Bedeutung der Wörter spielt jedoch in diesem Beispiel keine entscheidende Rolle. Stattdessen gewinnt vielmehr die Art und Weise an erheblicher Relevanz, wie die Wörter von den Akteuren gebraucht werden. Das Wort erhält seine Bedeutung und seinen Sinn in seiner Verwendung bzw. in seinem Gebrauch.[68] Die ontologische Frage über den Gegenstand spielt hierbei keine wichtige Rolle, da die Dinge nach Wittgenstein keinen Wesenskern haben und erst durch sprachliche und nichtsprachliche Tätigkeiten Sinn erhalten.[69]

So lässt sich das Ganze der Sprache und der Tätigkeiten, mit denen die Sprache verwoben ist, als Sprachspiel zu bezeichnen.[70] Die Sprach-

---

66 Siehe Augustinus, Aurelius: Bekenntnisse. Confessiones. Frankfurt am Main [u.a.], Verl. der Weltreligionen, 2007.

67 Vgl. Tomasello, Michael: Die kulturelle Entwicklung des menschlichen Denkens. Zur Evolution der Kognition. Frankfurt a. M., Suhrkamp, 2002, S. 42. Siehe auch Gebauer, Gunter: Wittgensteins Anthropologisches Denken. München, C. H. Beck, 2009, S. 119.

68 Vgl. Wittgenstein: Philosophische Untersuchungen. § 43.

69 Vgl. Platzer, Barbara: Sprechen und Lernen. Untersuchungen zum Begriff des Lernens im Anschluß an Ludwig Wittgenstein, Königshausen & Neumann, Würzburg, 2006, S. 39, 42.

70 Vgl. Wittgenstein: Philosophische Untersuchungen, § 7.
Auch Humboldt hat die Verwobenheit der Sprache mit der Tätigkeit betont: „Die Sprache ist das bildende Organ des Gedanken. Die intellectuelleThätigkeit, durchaus geistig, durchaus innerlich und gewissermaßen spurlos vorübergehend, wird durch den Laut in

spieltheorie besagt, dass die Bedeutung von sprachlichen Ausdrücken sich aus ihrer Verwendung in Sprachspielen generiert, oder radikaler formuliert, dass der Sinn von Sätzen nur durch den Gebrauch innerhalb eines Sprachspiels bestimmbar ist und diese Sätze zugleich außerhalb von Sprachspielen sinnlos sind.[71] Man lernt eine Sprache, indem man sie in einer Situation gebraucht. Daher lässt sich die Sprache von der Tätigkeit nicht trennen. So tritt Sprache nicht in Reinform auf, sondern immer in der Verknüpfung mit Situationen.[72] „Es geht also letztlich nicht mehr generell um Sprache, sondern um das, was gesprochen wird. Dieses Verständnis umfasst neben verbalem Sprechen auch ein Sprechen zum Beispiel mit Blicken, Haltungen und Gesten."[73]

Aus diesem Grund wird die Sprache den Kindern nicht durch das Erklären, sondern vor allem durch Abrichten beigebracht. Die Kinder lernen neben den Begriffen wie z. B. Würfel, Platte usw. gleichfalls, wie diese Wörter in der jeweiligen Situation zu gebrauchen sind, um so auf die Worte des Anderen reagieren zu können.[74] Kinder sind also so abgerichtet, dass sie das Sprachspiel beherrschen. Unter dem Sprachspiel wird also das Sprechen der Sprache verstanden, welches einen Teil einer Lebensform darstellt.[75] Dementsprechend gibt es eine Vielzahl von möglichen Sprachspielen. Der Vorgang des Benennens der Bausteine, welche vorhin als primitive Sprache bezeichnet wurde, gehört genauso zu einem Sprachspiel, wie auch der Unterrichtsablauf, in dem das Kind die Wörter, welche der Lehrer ausspricht, nachsagt. Die Vielfalt von Sprachspielen verdeutlicht jedoch zugleich die Schwierigkeiten, Sprachspiele als solche genauer zu bestimmen. Eike von

der Rede äußerlich und wahrnehmbar für die Sinne. Sie und die Sprache sind daher Eins und unzertrennlich von einander". Humboldt, Wilhelm von: Natur und Beschaffenheit der Sprache überhaupt. In: Ders.: Bildung und Sprache. Paderborn, Ferdinand Schöningh, [5]1997, S. 90.

71 Vgl. Savigny, Eike von: Sprachspiele und Lebensformen. Woher kommt die Bedeutung. In: Ders. (Hrsg.): Ludwig Wittgenstein. Philosophische Untersuchungen, Berlin, Akademie (Klassiker Auslegen), 1998, S. 9f. Auch vgl. Gebauer, Gunter: Wittgensteins Anthropologisches Denken. München, C. H. Beck, 2009, S. 31.

72 Vgl. Platzer: Sprechen und Lernen. S. 43.

73 Platzer: Sprechen und Lernen. S. 43.

74 Vgl. Wittgenstein: Philosophische Untersuchungen. § 1, 2, 5, 6.

75 Vgl. Wittgenstein: Philosophische Untersuchungen. § 23.

Savigny versucht daher eine formale Bestimmung von Sprachspielen aufzuzeigen:

> „Für alle davon in den PU genannten Exemplare gilt zweierlei: Erstens können sie mehr als einmal gespielt werden, und trotz Unterschieden zwischen den Durchführungen wird beide Male dasselbe Sprachspiel gespielt. Zweitens müssen Äußerungen und nichtsprachliche Tätigkeiten miteinander ‚verwoben' sein, ein bildhafter Ausdruck dafür, dass Tätigkeiten und Äußerungen in genauer anzugebender Weise regelmäßig miteinander zusammen-hängen."[76]

Paradigmatisch für ein Sprachspiel sind demnach insbesondere die Wiederholbarkeit und Regelmäßigkeit sowie die Verschränkung zwischen Sprachgebrauch und Handlungen. Erst durch das Verstehen des Sprachspiels kann man „den Zweck und das Funktionieren der Wörter"[77] erkennen, da der Zweck der Wörter nicht darin liegt, Vorstellungen oder Bilder zu erwecken, sondern darin, bestimmte Handlungen zu verursachen.[78] Das Sprachspiel ist so selbstverständlich, dass „befehlen, fragen, erzählen, plauschen [...] zu unserer Naturgeschichte [gehören] so wie gehen, essen, trinken, spielen."[79] Die Verwendung der Sprache setzt also keine deliberativen Begleitvorgänge voraus, denn sie ist keine Übertragung des innerlichen Bildes nach außen.[80] Der Sprachgebrauch macht den Sinn aus, und nicht der Satz oder das Wort. So bleibt die Bedeutung des Satzes gleich, obwohl man z. B. in Russland statt den Satz „Stein ist rot" „Stein rot" spricht. Dieses Beispiel zeigt die verschiedenen Ausdrucksmöglichkeiten des Satzes für den gleichen Sinn.[81]

Da ein Sprachspiel mit einer bestimmten Lebensform eng verwoben ist, beruht die Tatsache, dass neue Typen der Sprache entstehen und zugleich manche bestehende Sprache veralten und vergessen werden,[82] dementsprechend auf der Veränderung der jeweiligen Lebensform. Beispielsweise wird der Befehl erst durch Autoritäts-verhältnisse in einer Gesellschaft möglich, wie auch das Schenken erst unter der Bedingung möglich ist, dass

[76] Savigny: Sprachspiele und Lebensformen. S. 9.
[77] Wittgenstein: Philosophische Untersuchungen. § 5.
[78] Vgl. Wittgenstein: Philosophische Untersuchungen. § 6, 7.
[79] Wittgenstein: Philosophische Untersuchungen. § 25.
[80] Vgl. Savigny: Sprachspiele und Lebensformen. S. 31.
[81] Vgl. Wittgenstein: Philosophische Untersuchungen. § 20.
[82] Wittgenstein, Philosophische Untersuchungen. § 23.

das Eigentum institutionalisiert wird.[83] Der Unterschied der Lebensform bestimmt daher den Unterschied der Sprache. Durch die Theorie der Lebensform wird daher die Vielfalt der Kulturen deutlich. Die Lebensform und Sprache stehen in einem interdependenten Verhältnis und beeinflussen sich gegenseitig. Entsprechend der Vielfalt der Lebensformen in der Welt und deren ständigen Wandel gibt es zahlreiche Sprachen, die in die jeweilige Lebensform eingebettet sind und die sich auch stets im Prozess der Veränderung befinden.

Die Sprachspieltheorie veranschaulicht implizit den pädagogischen Anspruch des interkulturellen Lernens. Diese Schwierigkeit ist vor allem darin verankert, dass ein Satz seine spezifische Bedeutung nur innerhalb eines bestimmten Sprachspiels erhält, diese Bedeutung aber nicht für andere Sprachspiele beanspruchen kann. Das hat zur Folge, dass zwischen den verschiedenen Lebensformen bereits ein gemeinsames Verständnis über die Verwendung eines Begriffs existieren müsste, um den kulturell Fremden zu verstehen.[84] Beim Versuch, den kulturell Fremden zu verstehen, wird der Fremde dadurch zwangsläufig wieder zum Eigenen. Dies verdeutlicht Wittgenstein anhand einer Bemerkungen, die er über die Reiseaufzeichnungen des Anthropologen Frazer macht: „Welche Enge des seelischen Lebens bei Frazer! Welche Unmöglichkeit, ein anderes Leben zu begreifen, als das englische seiner Zeit. Frazer kann sich keinen Priester vorstellen, der nicht im Grunde ein englischer Parson unserer Zeit ist, mit seiner ganzen Dummheit und Flauheit."[85] Die Problematik des Verstehens offenbart uns zugleich das Phänomen kultureller Blindheit. Wie sich dieses Phänomen begründen lässt, verdeutlicht Wittgenstein durch seine Konzeption der Regelfolgen.

---

83 Vgl. Savigny: Sprachspiele und Lebensformen. S. 34.

84 Vgl. Kambartel, Friedrich: Versuch über das Verstehen. In: „Der Löwe spricht … und wir können ihn nicht verstehen„. Ein Symposium an der Universität Frankfurt anlässlich des hundertsten Geburtstags von Ludwig Wittgenstein. Frankfurt a.M., Suhrkamp, 1991, S. 130ff.

85 Wittgenstein, Ludwig: Bemerkungen über Frazers *The Golden Bough*. In: Ders.: Vortrag über Ethik und andere kleine Schriften. Hrsg. von Joachim Schulte. Frankfurt a. M., Suhrkamp, 1989, S. 33.

1.2.2 Blindheit der eigenen Kultur durch die Gepflogenheiten

Einer Regel folgen als Gepflogenheit

Dem Konzept des Regelfolgens misst Wittgenstein in den Philosophischen Untersuchungen immense Bedeutung bei. Beispiele für regelfolgende Aktivitäten sind das Sprechen einer Sprache, Rechnen oder in einem Restaurant essen usw. Doch bleibt zunächst zu klären, was Wittgenstein genau unter einer Regel versteht. Dabei erarbeitet sich Wittgenstein seinen Regelbegriff in kritischer Auseinandersetzung mit der Auffassung, dass die Regeln unabhängige, abstrakte Entitäten sind, die bereits vor ihrer Anwendung bestimmen, „was als ihre korrekte oder inkorrekte Befolgung gilt. [...] Da Regeln autonom existieren, sind sie nur mit Hilfe ihres Ausdrucks oder ihrer Repräsentation für uns zugänglich, weil Regeln als solche kaum „ins Bewusstsein treten" können, sondern eben nur durch Vermittlung ihrer Repräsentationen, d.h. ihrer Formulierungen."[86] Auf die Frage nach dem Wesen von Regeln antwortet Wittgenstein jedoch nicht explizit, sondern er interessiert sich stattdessen dafür, wann wir vom Regelfolgen sprechen.

Wie das regelfolgende Verhalten zustande kommt, zeigt Wittgenstein anhand des Beispiels eines Schülers im Unterricht. Einem Schüler wird erst die Grundzahlreihe beigebracht, indem er die vorgeschriebenen Zahlen nachschreibt. Der Schüler beherrscht jetzt die Grundzahlenreihe und bekommt als nächsten Schritt die Anweisung, dass er die Zahlen von 0 bis 1000 in der Form „+ n" wie 0, n, 2n, 3n, etc. anschreiben soll. Nach dem Befehl „+ 1" soll er erneut die Grundzahlenreihe schreiben. Nach dieser Übung wird ihm gesagt, dass er eine Reihe nach der Form „+ 2" über 1000 hinaus fortsetzen soll. Aber er schreibt die weiteren Zahlen in der falschen Reihe: 1000, 1004, 1008, 1012 usw. Man gibt ihm den Hinweis, dass etwas nicht stimmt. Aber er ist von seinem Verständnis so überzeugt, dass er seinen Fehler nicht wahrnehmen kann.[87] Dieses Beispiel verdeutlicht, dass sein Denken bereits vor der Anweisung bestimmt war. „Dieser Mensch versteht von Natur aus jenen Befehl, auf unsre Erklärungen hin, so, wie wir den Befehl: „Addiere bis 1000 immer 2, bis 2000 4, bis 3000 6 etc."[88] Wittgen-

---

86 Puhl, Klaus: Regelfolgen. In: Savigny, Eike von (Hrsg.): Ludwig Wittgenstein. Philosophische Untersuchungen. Berlin, Akademie (Klassiker Auslegen), 1998, S. 120.

87 Vgl. Wittgenstein: Philosophische Untersuchungen. § 185.

88 Wittgenstein: Philosophische Untersuchungen. § 143, 185.

stein erklärt, „dass Menschen durch Erziehung(Abrichtung) dahin gebracht werden, die Formel $y = x^2$ so zu verwenden, dass Alle, wenn sie die gleiche Zahl für x einsetzen, immer die gleiche Zahl y herausrechnen".[89] Der Grund für ein solches Verstehen ist also „die Art und Weise, wie wir sie ständig gebrauchen, wie uns gelehrt wurde, sie zu gebrauchen."[90] Aus diesem Beispiel wird deutlich, dass das regelfolgende Verhalten im Gebrauch bzw. in der Erziehung des richtigen Gebrauchs erlernt wird.

Ein anderes Beispiel von Wittgenstein verdeutlicht die bestimmte Art und Weise, wie wir die Dinge bzw. deren Zeichen gebrauchen. Unser Selbstverständnis für die Bewegungsweise einer Maschine eignen wir uns im Gebrauch an. Dabei nehmen wir andere Möglichkeiten der Maschinen bzw. des Bildes der Maschinen nicht wahr, obwohl die Maschine schmelzen, abbrechen oder sich biegen könnte. Wir lernen in der Verwendung des Wortes *Maschine* die damit verbundene Bewegungsweise der Maschine.[91] Wittgenstein sieht beispielsweise „die Verbindung zwischen dem Sinn der Worte „Spielen wir eine Partie Schach!" und allen Regeln des Spiels [...] im Regelverzeichnis des Spiels, im Schachunterricht, in der täglichen Praxis des Spielens."[92] Der Grund dafür, dass wir die Formel so deuten und uns unter dem Wort der Maschine eine bestimmte Bewegungsweise vorstellen sowie nach einem Satz den Verhaltenshinweis erkennen, liegt im Abrichten, denn „ich bin zu einem bestimmten Reagieren auf dieses Zeichen abgerichtet worden, und so reagiere ich nun."[93]

Kennzeichnend für das Regelfolgen ist jedoch nicht nur dieses Abrichten als kausaler Zusammenhang zwischen dem bestimmten Reagieren und dem Zeichen, sondern auch die Gepflogenheit ist ein notwendiges Element regelfolgenden Verhaltens. Das heißt, dass ein einmaliges Verhalten eines einzigen Menschen noch kein regelfolgendes Verhalten bedeutet,[94] da hierbei der kollektive Charakter des Regelfolgens fehlt. In PU §202 betont Wittgenstein, dass man einer Regel nicht ‚privatim' folgen kann, da dies nur ein Glauben daran wäre, aber nicht eine Praxis. Weil „der Regel folgen" eine

89 Wittgenstein: Philosophische Untersuchungen. § 189.

90 Wittgenstein: Philosophische Untersuchungen. § 190.

91 Vgl. Wittgenstein: Philosophische Untersuchungen. § 193.

92 Wittgenstein: Philosophische Untersuchungen. § 197.

93 Wittgenstein: Philosophische Untersuchungen. § 198.

94 Vgl. Wittgenstein: Philosophische Untersuchungen. § 198f.

Praxis ist, gelten private Überzeugungen nicht als regelfolgendes Verhalten.[95] „Einer Regel folgen, eine Mitteilung machen, einen Befehl geben, eine Schachpartie spielen sind Gepflogenheiten(Gebräuche, Institutionen).“[96] Das Regelfolgen charakterisiert sich also durch Sozialität und Konventionalität. Um vom Regelfolgen zu sprechen, muss der Gebrauch nicht einmalig, sondern regelmäßig von der Mehrheit einer Sprachspielgemeinschaft gepflegt worden sein.[97]

Diese spezifische Eigenschaft des Regelfolgens veranschaulicht wiederum den kulturanthropologischen Aspekt des Menschen: Der Mensch wächst in einer Sprachgemeinschaft auf und erlernt bereits als Kind die dort geltenden bestimmten Verhaltensweisen und Reaktionen, so dass er sich regelfolgend verhält und von der Sprache Gebrauch macht. Der Mensch wird als soziales Wesen betrachtet, das „einen konstitutiven Beitrag zur Festlegung von Regeln, zu ihrer Geltung und zu ihrer Kenntnis leiste[t].“[98] Zu betrachten gilt es jedoch, wie sich die Beziehung zwischen Befehl und Regelbefolgung praktisch ausdrückt.

SELBSTVERSTÄNDLICHKEIT UND NORMALITÄT DES REGELFOLGENS

Wittgenstein konstatiert, dass das Regelfolgen ein unreflektierter Prozess ist: „Wenn ich der Regel folge, wähle ich nicht. Ich folge der Regel blind.“[99] In PU §82 beschreibt er zudem den Praxischarakter des Regelfolgens und versucht dabei auf die Frage zu antworten, „Was nenne ich ‹die Regel, nach der er vorgeht›?“[100] Das Regelfolgen setzt allerdings dessen Verstehen oder ein theoretisches Wissen von derselben nicht voraus. Daher soll das Missverständnis ausgeräumt werden, dass das Ausdrücken oder eine mentale Repräsentation der Regel für das Lernen, Verstehen, Meinen und Befolgen einer Regel notwendig ist. Nicht das Bewusstsein für die Regeln und deren Folgen ist notwendig und bedeutend, sondern das von den Regeln geleitete Verhalten selbst erweist sich als entscheidend. Solange jemand einer Regel folgt, lässt sich von einem Regelfolgen sprechen.[101]

---

95 Vgl. Wittgenstein: Philosophische Untersuchungen. § 202.

96 Wittgenstein: Philosophische Untersuchungen. § 199.

97 Vgl. Puhl: Regelfolgen. S. 140.

98 Puhl: Regelfolgen. S. 141f.

99 Wittgenstein: Philosophische Untersuchungen. § 219.

100 Wittgenstein: Philosophische Untersuchungen. § 82.

101 Vgl. Puhl: Regelfolgen. S. 123ff.

Dies widerlegt die Annahme, dass die Regeln, denen die Menschen der Sprachgemeinschaft in ihrem Verhalten folgen, ihnen schon vor ihrer Verwendung bekannt sein müssen. Das veranschaulicht Wittgenstein am Beispiel des Ballspielens in PU §83. Im beschriebenen Ballspiel ändern die Menschen die Regeln von einem zum anderen Spiel. Die Spieler kannten die Regeln nicht im Voraus. Trotzdem sind sie irgendeiner Regel gefolgt, so dass sich ihr Verhalten als ein regelfolgendes bezeichnen lässt. Klaus Puhl interpretiert *bestimmte Regeln* nicht als „im Voraus festgelegte Regeln“, sondern sieht in ihnen nur „irgendwelche Regeln“. An diesem Beispiel lässt sich feststellen, dass das Regelfolgen im Vollzug des Verhaltens angeeignet wird.[102] Der Mensch ereignet sich in verschiedenen Alltagssituationen die damit verbundenen Regeln an, indem er sich auf einer bestimmten Weise verhält, die regelfolgend und somit als richtig gilt, ohne aber solche Regeln ausformulieren zu müssen.[103]

So sind beispielsweise die Regeln der Bestellung und der Bezahlung in Restaurants in Deutschland in den meisten Fällen gleich und selbstverständlich: Die Gäste bestellen etwas zum Trinken und zum Essen, wenn die Bedienung kommt. Nach dem Essen sagen sie der Bedienung Bescheid, dass sie gerne zahlen möchten. Dann kommt die Bedienung mit einem Rechnungszettel hin und fragt, ob die Gäste getrennt oder zusammen zahlen möchten. Das Geben von Trinkgeld gehört dabei ebenso zur Selbstverständlichkeit. Solche Verhaltens- und Sprachregeln sind dem Bewohner in Deutschland so vertraut und selbstverständlich, dass sie unüberlegt und automatisiert erfolgen. Jedoch gilt dieses automatisierte Regelfolgen nicht für einen Menschen, der frisch aus einem anderen Land kommt und diese Regeln nicht kennt. Kommt jemand beispielsweise aus Südkorea, dann verhält er sich wie folgt, wenn er zum Essen ins Restaurant geht: Er ruft die Bedienung oder gibt ein Zeichen, wenn er etwas bestellen will. Die Bedienung kommt und markiert das bestellte Essen und Getränk auf dem Rechnungszettel und legt ihn auf den Tisch beiseite. Das kostenlose Wasser ist serviert. Nach dem Essen nehmen die Gäste den auf dem Tisch liegenden Rechnungszettel mit und gehen zur Kasse, dann geben sie ihn ab und zahlen. Da das gegenseitige Einladen in Korea geläufig ist, wird auf die

102 Vgl. Puhl: Regelfolgen. S. 125f.
103 Vgl. Puhl: Regelfolgen. S. 127.

Frage verzichtet, ob man getrennt oder zusammen zahlen will. Wenn mehrere Leute getrennt zahlen wollen, regeln sie es untereinander, bevor sie zur Kasse gehen und einer davon zahlt. Trinkgeld gehört hier zum Fremdwort.

Diese Selbstverständlichkeit und Normalität des Regelfolgens innerhalb einer Sprachgemeinschaft wird in dem bereits erwähnten Zitat aus PU §198 verdeutlicht: „ich bin zu einem bestimmten Reagieren auf dieses Zeichen abgerichtet worden, und so reagiere ich nun."[104] Insbesondere der Ausdruck *so reagiere ich nun* zeigt die Unsichtbarkeit von anderen Gebrauchsmöglichkeiten, also deren Kontingenz, aufgrund der Selbstverständlichkeit von Handlungen. Daher erscheint ein Satz seltsam, „wenn man sich zu ihm ein anderes Sprachspiel vorstellt als das, worin wir ihn tatsächlich verwenden."[105] Hierbei wird eine Form kultureller Blindheit sichtbar, die aus der fehlenden Reflexion über das eigene regelfolgende Verhalten resultiert. Das heißt, dass eine alternative Lebensform, die der eigenen Lebensform nicht entspricht, einem als seltsam und ungewohnt vorkommt. So veranschaulicht das genannte Vergleichsbeispiel des Regelfolgens in deutschen und koreanischen Restaurants, warum einfache und gewohnte Regeln für die Einheimischen dem Fremden seltsam erscheinen können. Die Regeln, denen wir unbewusst folgen, sind in der Lebensform verankert. Daraus resultiert, dass der Unterschied der Regeln mit dem Unterschied der Lebensform zusammenhängt. Wenn Lebensform als Kultur betrachtet wird, spiegelt sich die Vielfalt des regelfolgenden Verhaltens in den unterschiedlichen Kulturen wider:

> „Wenn man das Leben und Benehmen der Menschen auf der Erde betrachtet, so sieht man, dass sie [...] solche ausführen, die einen eigentümlichen Charakter tragen und die man rituelle Handlungen nennen könnte. [...] Vielmehr ist das Charakteristische der rituellen Handlung gar keine Ansicht, Meinung, ob sie nun richtig oder falsch ist, obgleich eine Meinung – ein Glaube – selbst auch rituell sein kann, zum Ritus gehören kann."[106]

Die rituellen Handlungen, die mit dem regelfolgenden Verhalten gleichzusetzen sind, geschehen also, ohne dass sie gerechtfertigt werden.

---

[104] Wittgenstein: Philosophische Untersuchungen. § 198.

[105] Wittgenstein: Philosophische Untersuchungen. § 195.

[106] Wittgenstein: Bemerkungen über Frazers *The Golden Bough*. S. 35.

EINVERLEIBTE REGELN

Das fehlende Bewusstsein für das Regelfolgen lässt sich vor allem darauf zurückführen, dass es sich beim Regelfolgen nicht um einen rein kognitiven Vorgang handelt. Dies lässt sich durch Bezugnahme auf die Schriften Pierre Bourdieus erkennen. Bourdieu geht davon aus, dass sich im Subjekt ein praktischer Sinn bildet, der Entscheidungen zwar nicht überlegt, aber systematisch leitet. „Als besonders exemplarische Form des praktischen Sinns als vorweggenommener Anpassung an die Erfordernisse eines Feldes vermittelt das, was in der Sprache des Sports als „Sinn für das Spiel" [...] bezeichnet wird, eine recht genaue Vorstellung von dem fast wundersamen Zusammentreffen von Habitus und Feld, von einverleibter und objektivierter Geschichte, das die fast perfekte *Vorwegnahme* der Zukunft in allen konkreten Spielsituationen ermöglicht."[107] Dieser Sinn ergibt sich aus der praktischen Erfahrung, die dem Subjekt Bedeutung[108] und Orientierung stiftet und zur praktischen Beherrschung von Spielregeln beiträgt. Da diese Praktiken innerhalb eines Feldes allgemeine Gültigkeit beanspruchen und innerhalb desselben Feldes auf andere Praktiken verweisen, erlangen sie zugleich auch objektiven Charakter. Allerdings betont Bourdieu, dass man sich diesen Sinn nicht durch Selektion aneignet, sondern dadurch, dass man zu einer bestimmten Zeit in eine bestimmte Kultur geboren wurde.[109]

„Dagegen entscheidet man sich in sozialen Feldern, die im Ergebnis eines langwierigen und langsamen Verselbständigungsprozesses sozusagen Spiele an sich und nicht länger Spiele für sich selbst sind, nicht bewusst zur Teilnahme, sondern wird in das Spiel hineingeboren, mit dem Spiel geboren, und ist das Verhältnis des Glaubens, der *illusio*, des Einsatzes umso totaler und bedingungsloser, je weniger es als solches erkannt wird."[110]

---

107 Bourdieu, Pierre: Sozialer Sinn. Kritik der theoretischen Vernunft, Frankfurt a. M., Suhrkamp, 1987, S. 122.

108 „Die wirksamsten Strategien [...] sind diejenigen, die als Produkte von Dispositionen die von den immanenten Erfordernissen des Feldes geformt wurden, sich diesen spontan, ohne ausdrückliche Absicht oder Berechnung, anzupassen tendieren. Demzufolge ist der Akteur nie ganz Subjekt seiner Praxis: Durch die Dispositionen und den Glauben, die der Beteiligung am Spiel zugrunde liegen, schleichen sich alle für die praktische Axiomatik des Feldes (die epistemische *doxa* zum Beispiel) konstitutiven Voraussetzungen noch in die scheinbar luzidesten Intentionen ein."Bourdieu, Pierre: Meditationen. Zur Kritik der scholastischen Vernunft, Frankfurt a. M., Suhrkamp, 2001, S. 178.

109 Vgl. Bourdieu: Sozialer Sinn. S. 123.

In dem Zitat wird neben dem deterministischen Charakter, mit der eine Kultur ihre Wertanschauungen und Praktiken aufdrängt, auch sichtbar, dass durch Aufdeckung dieser Praktiken ein zumindest teilweise gebrochenes Verhältnis zur eigenen Kultur gebildet werden kann, wodurch die Spielregeln ihren unmittelbaren Charakter verlieren können.

Ähnlich wie Wittgenstein geht Bourdieu von einer engen Verwobenheit von Sprache und Praxis aus, betont dabei aber den Riss, der zwischen Erstsprache und Fremdsprache herrscht. Während man die Erstsprache durch sprechen lernt, lernt man zugleich in dieser Sprache zu denken, wodurch die Erstsprache in Opposition zur Fremdsprache steht, die als ein willkürliches, in Form von grammatikalischen Regeln verfasstes Spiel wahrgenommen wird. Die Erstsprache ist damit dem Sprecher einverleibt, während das Erlernen von Fremdsprachen vorrangig ein kognitiver Prozess ist.[111] „Was der Leib gelernt hat, das besitzt man nicht wie ein wiederbetrachtbares Wissen, sondern das ist man."[112] So gesehen sind dafür keine besonderen Bemühungen erforderlich, um innerhalb des Umfeldes, in welches man hineingeboren wurde, die einverleibte Sprache zu sprechen und damit einhergehend zu handeln.

Aber woran erkennt man, dass einer in einem fremden Kulturkreis auf einen Befehl richtig reagiert hat? Kommt jemand als Forscher in ein fremdes Land und beherrscht die Landessprache gar nicht, so wird er trotzdem an den gemeinsamen menschlichen Handlungsweisen erkennen, dass die Einheimischen sich Befehle geben, Befehle verstehen, befolgen und sich gegen sie auflehnen.[113] Da Befolgen von Befehlen mit dem Regelfolgen in diesem Fall gleichzusetzen ist,[114] lässt sich so schlussfolgern, dass der

---

110 Bourdieu: Sozialer Sinn. S. 123.

111 Allerdings kann es einige Ausnahmefälle geben, wo die Fremdsprache auch bis zu einem gewissen Grad oder fast wie die Muttersprache einverleibt wird, weil eine Person einerseits diese Fremdsprache über mehrere Jahren in einem Land spricht, wo sie als Muttersprache gesprochen wird, und sich die mit der Sprache verwobene Denkordnung angeeignet hat. Andererseits kann jemand im Kindesalter durch die Immigration in ein fremdes Land mit der Fremdsprache in Kontakt gekommen und damit aufgewachsen sein, so dass die Fremdsprache früh einverleibt worden ist.

112 Bourdieu: Sozialer Sinn. S. 135.Auf die Leiblichkeit wird noch genauer im zweiten Kapitel eingegangen, da sie für das Verständnis der Fremderfahrung unabdingbar erscheint.

113 Vgl. Wittgenstein: Philosophische Untersuchungen. § 206.

114 Vgl. Wittgenstein: Philosophische Untersuchungen. § 206.

Forscher trotz fehlender Sprachkenntnisse in dem fremden Land das regelfolgende Verhalten des Einheimischen erkannt hat. Die Möglichkeit, in den gemeinsamen Handlungsweisen die herrschenden Regeln zu erkennen, impliziert wiederum die Tatsache, dass die Regel mit der Übereinstimmung der Menschen zusammenhängt. Was darunter zu verstehen ist, verdeutlicht Wittgenstein folgendermaßen: „Das Wort „Übereinstimmung“ und das Wort „Regel“ sind miteinander *verwandt*, sie sind Vettern. Lehre ich Einen den Gebrauch des einen Wortes, so lernt er damit auch den Gebrauch des anderen.“[115] Wenn jemand die Regeln, also den richtigen Gebrauch von Wörtern beherrscht, dann wird er gleichzeitig Teil dieser Sprachgemeinschaft. Der Mensch ist in diese Lebensform integriert.

Aus Wittgensteins Konzeption des Sprachspiels und der Lebensform lässt sich zusammenfassend konstatieren, dass *von einer Sprache Gebrauch machen* nicht nur sprechen heißt, sondern dass die Sprache immer Handeln und die Situation mit einbezieht. Dadurch kann die Gesamtheit der Sprache und der Tätigkeiten als Lebensform bezeichnet werden, welche wiederum integral für unser Verständnis von Kultur ist. Denn das Sprachspiel und das regelfolgende Verhalten stellen die kulturabhängige Lebensweise dar und erläutern den Vorgang, wie man sich in der sozialen Praxis die Lebensform verinnerlicht. Die Inkorporierung einer Kultur im Kindesalter offenbart zugleich die Grenzen des Verstehens anderer Kulturen, denn unsere Handlungs- und Denkmuster sind immer schon durch die Kultur, in der wir aufgewachsen sind, vorgezeichnet.

1.2.3 SPRACHE UND WELTBILD

Aber die Sprache ist nicht nur mit bestimmten Handlungen eng verbunden, sondern auch mit einer bestimmten Weltansicht. Um diesen Aspekt noch genauer erfassen zu können, lohnt es sich, auf den Begriff des Weltbilds einzugehen, der in Wittgensteins letzter Schrift Wittgensteins *Über Gewissheit* ausführlich dargestellt wird. Joachim Schulte hat sich in seinem Buch *Chor und Gesetz* mit den Begriffen des Weltbilds und der Mythologie Wittgensteins beschäftigt. Damit es ihm gelingt, diese beiden Zentralbegriffe aus Wittgensteins Spätschrift zu veranschaulichen, zitiert er zunächst eine

---

[115] Wittgenstein: Philosophische Untersuchungen. § 224.

Stelle aus einem Brief von Kleist[116], die sowohl Übereinstimmungen als auch Abweichungen von Wittgensteins Auffassung aufweist und somit äußerst dienlich dabei ist, die Konturen des Weltbildbegriffs darzustellen.[117] Kleist beschreibt in seinem Brief, ausgehend von der Kantischen Philosophie, seine neue Erkenntnis über die Ungewissheit der Wahrhaftigkeit von dem, was wir Wahrheit nennen. Aus der Annahme, dass alle Gegenstände für die Menschen als grün erscheinen würden, wenn die Leute statt Augen grüne Gläser hätten, schlussfolgert er, dass dieses Prinzip auch für den Verstand des Menschen gilt. Nach Kleist sind wir nicht in der Lage zu entscheiden, ob die Dinge, die wir als wahr bezeichnen, wirklich der Wahrheit entsprechen, oder ob sie uns nur als solche erscheinen.[118]

Zwischen dem Inhalt von Kleists Brief und der Auffassung Wittgensteins existiert nach Schulte eine Ähnlichkeit, und zwar in der Unmöglichkeit des Menschen, sich frei ein Weltbild zu wählen.[119] Dies verdeutlicht das folgende Zitat von Wittgenstein: „Aber mein Weltbild habe ich nicht, weil ich mich von seiner Richtigkeit überzeugt habe; auch nicht, weil ich von seiner Richtigkeit überzeugt bin. Sondern es ist der überkommene Hintergrund, auf welchem ich zwischen wahr und falsch unterscheide."[120]

Warum wir unser Weltbild trotz der fehlenden Sicherheit um dessen Adäquatheit als Richtlinie für unsere Überzeugungen besitzen können, beschreibt Wittgenstein so: „Denk an chemische Untersuchungen. Lavoisier macht Experimente mit Stoffen in seinem Laboratorium und schließt nun, dass es bei der Verbrennung dies und jenes geschehe. Er sagt nicht, dass es ja ein andermal anders zugehen könne. Er ergreift ein bestimmtes Weltbild, ja, er hat es natürlich nicht erfunden, sondern als Kind gelernt. Ich sage Weltbild und nicht Hypothese, weil es die selbstverständliche Grundlage seiner Forschung ist und als solche auch nicht ausgesprochen wird."[121] Schulte erkennt in der Aussage *die selbstverständliche Grundlage*, dass

[116] Vgl. Semdner, Helmut: Heinrich von Kleist. Geschichte meiner Seele. Frankfurt a. M., Insel, 1977, S. 174ff.

[117] Vgl. Schulte, Joachim: Weltbild und Mythologie. In: Ders.: Chor und Gesetz. Wittgenstein im Kontext. Frankfurt a. M., Suhrkamp, 1990, S. 113.

[118] Vgl. Schulte: Weltbild und Mythologie. S. 113.

[119] Vgl. Schulte: Weltbild und Mythologie. S. 114.

[120] Wittgenstein, Ludwig: Über Gewissheit. Werkausgabe, Bd. 8, Suhrkamp, Frankfurt a.M., 1989, § 94.

[121] Wittgenstein: Über Gewissheit, § 167.

wir die Basis unseres Handelns nicht in Frage stellen und uns außerdem die Grundsätze, die dem Weltbild innewohnen, uns höchst einleuchtend erscheinen.[122] Diese plausible Erscheinung der eigenen Weltanschauung verdankt sich gerade dem Symbol und vor allem der Sprache, die konstitutiv für die Ordnung des Weltbildes eines Menschen ist. Das Wort *Erscheinung* besagt schon, dass der unmittelbare Zugang zur Welt nicht möglich ist. Der Mensch kann die Welt nur mithilfe der Symbole wie Sprache, Kunst, Religion usw. auf eine bestimmte Art und Weise interpretieren und die Welt wird ihm folglich verständlich und zugänglich. So ist die Weltansicht bereits im Kindesalter durch den Spracherwerb strukturiert.[123] „Sprache ordnet und strukturiert auf grundlegende Weise und a priori menschliche Wirklichkeit nach ihren jeweiligen Kriterien und Kategorien."[124]

Jedoch gibt es nach Schulte eine Möglichkeit, der Blindheit des eigenen Weltbilds zu entkommen. Diese Möglichkeit besteht dann, wenn die Grundsätze des Weltbildes „durch ein unvorhergesehenes Hindernis etwa geweckt werden oder durch die Begegnung mit einem fremden Weltbild"[125] fragwürdig erscheinen.[126] Dies stellt einen engen Bezug zum interkulturellen Lernen her, weil „die Begegnung mit einem fremden Weltbild"[127] ein konstitutives Moment für Bildungsprozesse darstellt. Der pädagogische Anspruch des interkulturellen Lernens besteht dementsprechend in der Erfahrung des Fremden und somit in der Überwindung der Blindheit der eigenen Weltanschauung. Die Selbstverständlichkeit des eigenen Weltbilds, das in Zusammenhang mit der eigenen Lebensform steht, wird durch die Auseinandersetzung mit Menschen, die ein anderes Weltbild besitzen, in Frage gestellt.

Nachdem uns die Zufälligkeit, Selbstverständlichkeit und Selbstevidenz des Weltbilds klar geworden ist, lässt sich eine weitere Ähnlichkeit zwischen dem Gleichnis Kleists und Wittgensteins Begriff des Weltbilds herausstellen, und zwar, dass es außerhalb der verschiedenen Weltbilder

---

122 Vgl. Schulte: Weltbild und Mythologie. S. 114

123 Vgl. Nießeler, Andreas: Erinnerungsräume und Bildungsorte. Theorie und Relevanz des kulturellen Lernens. In: *Vierteljahrsschrift für wissenschaftliche Pädagogik*83, Heft 2, 2007, S. 129f.

124 Nießeler: Erinnerungsräume und Bildungsorte. S. 129 .

125 Schulte: Weltbild und Mythologie. S. 114.

126 Vgl. Schulte: Weltbild und Mythologie. S. 114.

127 Schulte: Weltbild und Mythologie, S. 114.

keine Allgemeingültigkeit gibt. Kein Weltbild spiegelt also die Wirklichkeit wider, da keine absolute Wahrheit existiert. Es ist nämlich unmöglich, eine vertikale Werthierarchie der verschiedenen Weltbilder herzustellen.[128] „Es gibt keine bewußte Wahrnehmung, die bloßes »Datum«, die ein lediglich Gegebenes und in dieser Gegebenheit Abzuspiegelndes wäre; sondern jede Wahrnehmung schließt einen bestimmten Richtungscharakter, in sich, mittels dessen sie über ihr Hier und Jetzt hinausweist."[129] Aus dieser Feststellung ergibt sich allerdings eine Form von Relativismus. Unter dem Relativismus versteht Schulte die Unmöglichkeit, „bestimmte Auseinandersetzungen zwischen den Vertretern verschiedener Weltbilder (oder zwischen Leuten, die die Dinge grundverschieden sehen) in neutraler Weise beizulegen, d. h. darüber zu befinden, ohne sich wirklich den einen oder anderen Standpunkt eigen zu machen."[130] Die Position des Relativismus vertritt die Ansicht, dass das Verstehen der anderen Weltbilder aufgrund der Gefangenheit im eigenen Weltbild unmöglich ist. Jedoch sind im vorherigen Abschnitt dieser Arbeit – in der Analyse des Multikulturalismus, insbesondere unter Rückgriff auf Appiah – die Schwächen und Gefahren des Kulturrelativismus beleuchtet worden. Der pädagogische Anspruch des interkulturellen Lernens ergibt sich daher nicht allein aus der Notwendigkeit der kulturrelativistischen Haltung, sondern vorwiegend aus der Notwendigkeit, der Blindheit der eigenen Weltansicht zu entkommen. Erst dadurch lässt sich eine gewisse Distanz zum eigenen Standpunkt gewinnen.

Neben den beiden Parallelen zwischen den Gedanken von Kleist und Wittgenstein kristallisieren sich allerdings auch Abweichungen heraus. Schulte nennt hierbei zwei Merkmale vom Begriff des Weltbilds Wittgensteins, die in Kleists Brief nicht vorkommen. So weist er erstens auf die Möglichkeit allmählicher Veränderungen des Weltbildes im Laufe der Zeit hin. Wittgenstein führt hier eine metaphorische Beschreibung an.[131] „Doch ebenso wie sich das Bett eines Flusses im Laufe der Zeit verändern kann, so kann sich auch das Weltbild einer Gemeinschaft je nach der Entwicklung ihrer Bedürfnisse, Theorien oder Phantasievorstellungen wandeln."[132]

---

[128] Vgl. Schulte: Weltbild und Mythologie. S. 114f.

[129] Cassirer, Ernst: Philosophie der symbolischen Formen. Dritter Teil: Phänomenologie der Erkenntnis. Berlin, Bruno Cassirer Verlag, 1929, S. 235.

[130] Schulte: Weltbild und Mythologie. S. 115.

[131] Vgl. Schulte: Weltbild und Mythologie. S. 115f.

Diesen ständigen Transformationsprozess des Weltbilds kann man aus den Sätzen herauslesen, die das Weltbild beschreiben. Hierbei ist es jedoch notwendig zu verstehen, dass die Sprache einfache, aber höchst überzeugende Modelle beinhaltet, die bei der Orientierung in der Welt helfen. Durch diese Modelle erhält die Welt zugleich eine bestimmte Struktur. Dies bedeutet, dass die Menschen durch das Hineingeborensein in die symbolische Welt bereits über eine bestimmte vorgeformte Weltorientierung verfügen.[133] Wir können aber nicht nur ein gewisses Muster der Sprache anwenden, sondern auch neue Modelle erfinden, um die Darstellungsmittel und die dargestellten Gegenstände oder Sachverhalte besser verstehen zu können. So gab es früher z. B. kein Farbwort, das dem Wort Orange entspricht. Erst durch den zunehmenden Verbrauch von Apfelsinen wurde es eingeführt, so dass die frühere Struktur schrittweise nicht mehr gebraucht wurde, dafür aber der Begriff Orange in das Weltbild integriert wurde. Hierdurch wird das folgende Zitat Wittgensteins verständlich:[134] „In unserer Sprache ist eine ganze Mythologie niedergelegt."[135] Es handelt sich bei einer Mythologie um eine übersichtliche Darstellungsform.[136]

Ein zweites, abweichendes Merkmal des Weltbilds von Wittgenstein ist der soziale Charakter. Der Aneignungsablauf des Weltbilds verdeutlicht dieses Merkmal. Dabei ist besonders die *Überredung* von Relevanz, die Wittgenstein im nachstehenden Zitat betont: „Ich kann mir einen Menschen vorstellen, der unter ganz besonderen Umständen aufgewachsen ist und dem man beigebracht hat, die Erde sei vor 50 Jahren entstanden, und dieses deshalb auch glaubt. Diesen könnten wir belehren: die Erde habe schon lange etc. – Wir würden trachten, ihm unser Weltbild zu geben. Dies geschähe durch eine Art Überredung."[137] Eine weitere Stelle über die Aneignung des Weltbilds durch die Überredung lässt sich anführen: „Ich sagte, ich würde den Andern ‹bekämpfen›, – aber würde ich ihm denn nicht *Gründe* geben? Doch; aber wie weit reichen die? Am Ende der Gründe steht die *Überredung*. (Denke daran, was geschieht, wenn Missionäre die Eingebo-

[132] Schulte: Weltbild und Mythologie. S. 116.
[133] Vgl. Nießeler: Erinnerungsräume und Bildungsorte. S. 128.
[134] Vgl. Schulte: Weltbild und Mythologie, S. 125ff.
[135] Wittgenstein: Bemerkungen über Frazers *The Golden Bough*, S. 38.
[136] Vgl. Schulte: Weltbild und Mythologie, S. 126.
[137] Wittgenstein: Über Gewissheit, § 262.

renen bekehren.)“[138] Aus diesen beiden Zitaten von Wittgenstein lässt sich erkennen, dass uns letzte Gründe für die Aneignung des Weltbildes fehlen und stattdessen die Überredung eine wichtige Rolle einnimmt. Die Überredung, die ohne Begründung geschieht, gilt also sowohl für das Kind, als auch für Gruppen, die das Weltbild einer Gemeinschaft kollektiv teilen.[139]

Der soziale Charakter des Weltbildes ist aber auch in der Begründung Schultes zu finden, der postuliert, dass die Beschreibung von Weltbildern nicht mit der Gesamtheit unserer wissenschaftlichen Erkenntnisse gleichzusetzen ist. Trotz der Notwendigkeit einer zumindest partiellen Übereinstimmung der beiden Elemente sind sie nicht als deckungsgleich zu betrachten, weil das Weltbild etwas sein muss, „was allen normalen Menschen gemeinsam sein kann, während wir im Hinblick auf die wissenschaftlichen Erkenntnisse weder die Fähigkeit noch unbedingt den Wunsch haben, über die Gesamtheit dieser Erkenntnisse zu verfügen.“[140]

Das Weltbild lässt sich ebenso mit der Mythologie vergleichen: „Die Sätze, die dies Weltbild beschreiben, könnten zu einer Art Mythologie gehören.“[141] Die Mythologie und das Weltbild haben keinen Wahrheitsanspruch. Trotz dieses gemeinsamen Charakterzugs gibt es einige Unterschiede zwischen den beiden. Während die Mythologie durch Unstimmigkeit mit bestehenden Sachverhalten ersatzlos gestrichen werden darf, kann das Weltbild ohne einen adäquaten Nachfolger nicht verändert werden. Unser Weltbild hat daher gewisse Merkmale einer Mythologie.[142] Es umfasst „eine strukturierte, systematische Menge von Modellen, die die analoge Entwicklung neuer Muster und die allmähliche Änderung bisheriger Paradigmen und Meßsysteme ermöglichen.“[143] Die Aussage, dass das Weltbild etwas Mythologisches besitzt, wird auch in Wittgensteins Bemerkungen über Frazers *Golden Bough* verdeutlicht:

„Der Begriff der übersichtlichen Darstellung ist für uns von grundlegender Bedeutung. Er bezeichnet unsere Darstellungsform, die Art, wie wir die Dinge sehen. (Eine Art der ‚Weltanschauung‘, wie sie scheinbar für unsere Zeit typisch

---

[138] Wittgenstein: Über Gewissheit, § 612.
[139] Vgl. Schulte: Weltbild und Mythologie. S. 116.
[140] Schulte: Weltbild und Mythologie. S. 118.
[141] Wittgenstein: Über Gewissheit. § 95, p.
[142] Vgl. Schulte: Weltbild und Mythologie. S. 125, 127.
[143] Schulte: Weltbild und Mythologie. S. 127f.

ist. Spengler.)Diese übersichtliche Darstellung vermittelt das Verständnis, welches eben darin besteht, dass wir die ‚Zusammenhänge sehen'. Daher die Wichtigkeit des Findens von Zwischengliedern."[144]

Wenn man versucht, das Weltbild und dessen Beschreibung in einen Zusammenhang mit dem Sprachspiel, der Lebensform und dem Regelfolgen zu setzen, dann lassen sich die Sätze, die das Weltbild beschreiben, mit dem regelfolgenden Verhalten vergleichen. Wie bereits erwähnt wurde, vollzieht sich das regelfolgende Verhalten meistens ohne Kenntnis der Regel, da es ohne theoretische Begründung angeeignet wird. Dies gilt auch für das Weltbild. Wir benutzen zwar die Sprache bzw. die Sätze und Wörter, in denen sich das Weltbild widerspiegelt, aber das Weltbild ist wie die Regel unserer Handlungen so selbstverständlich, dass wir es nur schwer erkennen können. Die Annahme eines Weltbilds ist auch aufgrund der Orientierung von Menschen in Zeit und Raum unvermeidbar.[145] So wie man sich das regelfolgende Verhalten ohne Regel nicht vorstellen kann, so ist das Weltbild ohne Sätze unmöglich. Denn die Menschen besitzen zwar ein gemeinsames Weltbild, aber dieses Weltbild ist zugleich so individuell, dass es beim Einzelnen für die Selbstreferenz und die Stellungnahme in der Welt entscheidend ist. Das Weltbild ist also nicht nur auf die Gemeinschaft bezogen, sondern auch auf einen bestimmten Sprecher, dessen Perspektive auf das Weltbild mit der Wahrnehmung anderer nicht notwendig übereinstimmt.

Zusammenfassend lässt sich sagen, dass die gemeinsame Denkart und das Verhaltensmuster einer Kultur in diesem Sinne aus dem Weltbild und dem regelfolgenden Verhalten der jeweiligen Lebensform resultieren. Das Weltbild und die Regeln der Lebensform sind interdependent, da diese im Sprachspiel, d. h. sowohl in der Sprache als auch in der Tätigkeit zu beobachten sind. Zudem sind beide durch die Selbstverständlichkeit und Sozialität charakterisiert. Durch dieses Kapitel soll verständlich geworden sein, warum die Menschen innerhalb einer Sprachgemeinschaft über eine Gemeinsamkeit in Denken und Handeln verfügen, aber sich nicht ohne weiteres einer solchen Denk- und Handlungsordnung bewusst sind und dementsprechend sie nicht vollständig artikulieren können.

---

[144] Wittgenstein: Bemerkungen über Frazers *The Golden Bough*. S. 37.

[145] Vgl. Schulte: Weltbild und Mythologie. S. 120f.

Durch die Ambivalenz der kulturellen Prägung lässt sich zugleich feststellen, dass sie einerseits für die Lebensorientierung und für Werturteile unentbehrlich ist, andererseits aber den eigenen Denk- und Handlungshorizont beschränkt und dadurch den Zugang zu einer anderen Lebensform bzw. Kultur schwer macht. Ein solches Kulturverständnis verdeutlicht den pädagogischen Anspruch des interkulturellen Lernens, da es die Notwendigkeit der Reflexion über das Selbstverständliche deutlich macht und auf die Möglichkeit des interkulturellen Lernens für das Individuum hinweist. Diese Kulturvorstellung unterscheidet sich sowohl vom Inselmodell als auch vom Geflecht-Modell der Kultur, da die beiden Modelle kein Potenzial des Individuums aufzeigen können, im Umgang mit fremden Kulturen zum Lernprozess zu gelangen. Damit fehlt bei ihnen die Möglichkeit, den pädagogischen Anspruch des interkulturellen Lernens aufzuzeigen. Nur eine Theorie, die beschreiben kann, wie sich ein Subjekt bestimmte Ordnungen im Denken und im Handeln verinnerlicht, nach denen es beurteilt, was es für sich als richtig und falsch erachtet, vermag wiederum zu veranschaulichen, wie diese vertrauten Ordnungen in Frage gestellt werden können und dadurch eine neue Perspektive zu gewinnen ist.

Außerdem ergibt sich durch diese Kulturvorstellung die logische Erklärung dafür, dass man oft an eine Grenze des Verstehens stößt, wenn man mit einer fremden Kultur konfrontiert ist, die sich von der eigenen stark differenziert. Trotz dieser Schwierigkeit, die vor allem aus der Blindheit der eigenen Kultur resultieren, besteht die Möglichkeit des Menschen, gerade durch die Auseinandersetzung mit der Andersheit der fremden Kultur sich von der Einengung des selbstverständlichen Weltbilds und von dem regelfolgenden Verhalten bis zum gewissen Grad zu befreien. Bei einer solchen Erfahrung tritt ins Bewusstsein, dass Fremdheit nicht nur außerhalb der kulturellen Ordnung lauert, sondern auch die eigenen kulturellen Ordnungen erweisen sich immer schon als brüchig und kontingent. Zu dieser Einsicht der eigenen Fremdheit und der fremden Eigenheit kommt man während des interkulturellen Lernprozesses, welcher im zweiten Kapitel ausführlich beschrieben wird.

In diesem Kapitel wurde also der pädagogische Anspruch des interkulturellen Lernens hervorgehoben, welcher folgenderweise zu formulieren ist: Die unreflektierten und einverleibten kulturellen Regeln beim Handeln und die unreflektierte Weltanschauung, die mit der sprachlichen Gewohnheit eng zusammenhängen, zur Reflexion zu bringen, damit Kinder über die eigene und fremde kulturelle Lebensform nachdenken und daraus die Offenheit und Neugier für das Anderssein entwickeln können. So wie das Subjekt in der Begegnung mit dem Fremden sich der selbstverständlichen und gewohnten Denk- und Handlungsordnung bewusst wird und warum hierbei von einem Lernprozess die Rede ist, soll im Folgenden veranschaulicht werden. Dabei wird ebenso der Bezug zur Bildung deutlich, die Wilhelm von Humboldt zufolge aus der Wechselwirkung des Ichs mit der Mannigfaltigkeit der Welt[146] besteht.

146 Vgl. Humboldt, Wilhelm von: Bildung und Sprache. Paderborn, Schöningh, ^{5}1997, S. 25f.

2. Der Prozess des interkulturellen Lernens

Im ersten Kapitel wurden bereits die Grundzüge dessen expliziert, was unter dem interkulturellen Lernen zu verstehen ist, nämlich die Reflexion über die Blindheit der eigenen Kultur und deren Prägung auf das eigene Denken und Verhalten. Als Anstoß für diese Reflexion scheint wiederum die Konfrontation mit einem fremden Weltbild eine wichtige Rolle zu spielen, da die unreflektierte Normalität und Blindheit der eigenen Kultur vor allem dadurch ins Bewusstsein geraten können. Daher geht dieses Kapitel zunächst auf die Frage ein, warum diese Blindheit der eigenen Kultur gerade durch etwas Unvorhergesehenes und Fremdes zu bewältigen ist. Weiterhin folgen die Fragen, welche Rolle das Fremde und die Fremdheit beim interkulturellen Lernen spielen und welche kognitiven und affektiven Prozesse sich vollziehen, wenn die Kinder mit dem Fremden konfrontiert werden.

Wie kaum ein anderer Begriff erscheint uns die Bedeutung von Fremdheit im alltäglichen Sprachgebrauch intuitiv klar; versucht man allerdings diese genauer zu erläutern, so gerät man schnell ins Straucheln. Insofern ist es unvermeidlich, in diesem Kapitel die Relation zwischen dem Fremden und dem Vertrauten genauer zu thematisieren. Hier stellt sich jedoch das Problem, dass der Versuch, das Konzept der Fremdheit auf einen starren Inhalt zu fixieren, Gefahr läuft, die Fremdheit zugleich aus den Augen zu verlieren. Eine solche Analyse kann daher nicht lediglich auf einer abstrakten Ebene erfolgen, sondern es muss der unmittelbare Erfahrungsvollzug des Subjekts ins Zentrum stehen. Dementsprechend ist es ratsam, von einer phänomenologischen Herangehensweise auszugehen, denn gerade in der Phänomenologie ist der Ausgang vom konkreten Erfahrungsvollzug und vom menschlichen Leib grundlegend.

2.1 FREMDERFAHRUNG ALS AUSGANG DES INTERKULTURELLEN LERNENS

Um die Fremderfahrung des Einzelnen bei der Begegnung des Fremden zu beschreiben, wovon das interkulturelle Lernen ausgeht, ist das Verständnis des menschlichen Leibes unentbehrlich, da gerade ohne den spezifischen Charakter des menschlichen Leibes die Erfahrungswelt nicht beschrieben werden kann. Der Grundzug der Phänomenologie, die von Edmund Husserl begründet und insbesondere von Maurice Merleau-Ponty weiter geführt wurde, besteht nämlich in der Annäherung an die Lebenswelt, „die wir im Alltag ganz selbstverständlich voraussetzen, die vorwissenschaftliche Erfahrungswelt, mit der wir vertraut sind, und die wir nicht in Frage stellen.“[1] Mit Husserls Schlagwort *Zu den Sachen selbst*[2] plädiert die Phänomenologie deshalb dafür, „auf diejenige Welterfahrung zurückzugehen, die jeder sprachlichen Artikulation und wissenschaftlichen Begriffsfixierung vorausliegt und ihre Voraussetzung bildet.“[3] Durch die Aufmerksamkeit auf die Erfahrungswelt erfolgt schließlich die Erkenntnis, dass der Mensch leiblich zur Welt und in der Welt ist.[4] „Das In-der-Welt-sein ist [...] nicht nur kognitiv strukturiert, sondern auch leiblich“.[5]

Jedoch wird dieser Aspekt der Leiblichkeit im Alltag oft kaum wahrgenommen und es herrscht häufig ein Missverständnis über die Beziehung von Körper und Geist des Menschen vor. Man geht nämlich davon aus, dass der Körper bloß ein zu instrumentalisierendes Objekt ist, welches unter den Bereich der naturwissenschaftlichen Betrachtung fällt, und der Geist dagegen etwas rein Subjektives ist, der sich dadurch einem solchen Zugriff entzieht. Da dieses problembeladene Verständnis des Leibes aber zu einem ebenso problematischen Verständnis des interkulturellen Lernens

---

1 Zahavi, Dan: Phänomenologie für Einsteiger. Paderborn, Wilhelm Fink, 2007, S. 31.

2 Vgl. Zahavi: Phänomenologie für Einsteiger. 2007, S. 38. Siehe Husserl, Edmund: Logische Untersuchungen.Hamburg, Felix Meiner, 2009, S. 600.

3 Zahavi: Phänomenologie für Einsteiger. 2007, S. 38.

4 Vgl. Merleau-Ponty, Maurice: Phänomenologie der Wahrnehmung. (Phänomenologisch-psychologische Forschungen, Bd. 7), Berlin, de Gruyter, 1966, S. 7.

5 Meyer-Drawe, Käte: Vom anderen lernen. Phänomenologische Betrachtungen in der Pädagogik. In: Borrelli, Michele; Ruhloff, Jörg (Hrsg.): Deutsche Gegenwartspädagogik. Bd. II, Baltmannsweiler, Schneider Verlag Hohengehren, 1996, S. 88f.

führt, nach dem es rein kognitiv und einseitig abläuft, soll das Konzept des Leibes zunächst präziser bestimmt werden.

Die weit verbreitete Vorstellung des menschlichen Körpers geht auf den cartesianischen Dualismus von Leib und Seele zurück, der in den Begriffen wie „Subjekt-Objekt, Materie-Geist, innen-außen, aktiv-passiv"[6] zu beobachten ist. Um dieses Missverständnis zu korrigieren und somit ein adäquateres Verständnis des Leibes und der Fremderfahrung zu erlangen, soll zuerst ein kritischer Blick auf das Menschenbild von Descartes geworfen werden. Das Hauptproblem des cartesianischen Leib-Seele-Dualismus[7] liegt in der strikten Trennung von zwei Sphären der Seins- und Erfahrungsbereiche, und zwar des *rescogitans* und des *resextensa*. Das heißt, dass der Mensch einerseits ein denkendes Wesen ist, das sich auf Dinge bezieht, und andererseits ein Wesen ist, das einen Körper besitzt, welcher zum Bereich der Natur gehört. Bereits der Besitzgedanke des eigenen Körpers weist darauf hin, dass man davon ausgeht, über ihn zu verfügen und ihn selbst steuern zu können. Außerdem ist der Körper nach Descartes etwas Mechanisches und dementsprechend ist er kausalen Prozessen unterworfen.[8] Diese Konzeption von Körper und Seele ist jedoch nicht nur ein historisches Modell, sondern auch eine gegenwärtige Vorstellung. Solches lässt sich auch wei-

---

6 Meyer-Drawe, Käte: Das Gehirn – die Wohnstätte des Geistes? Irrwege des Leib-Seele-Dualismus. In: Northoff, Georg (Hrsg.): Neuropsychiatrie und Neurophilosophie. Schöningh, Paderborn u. a., 1997, S. 156.

7 Hierbei ist die Unterscheidung zwischen dem Begriff des Körpers und des Leibes im Deutschen anzumerken. Während der Körper als Körperding betrachtet wird, ist der Leib von Husserl ausgehend als fungierender Leib zu verstehen, den wir erleben, wahrnehmen und der dabei eine bestimmte Leistung vollbringt. Die Wahrnehmung vollzieht sich nicht durch die Beobachtung, sondern etwas muss zuerst auffallen, damit man darauf aufmerksam wird und man es wahrnehmen kann. Dass etwas uns widerfährt, zustößt, irritiert und affizieren kann, ist nur durch die Existenz des Leibes möglich. Vgl. Waldenfels, Bernhard: Grundmotive einer Phänomenologie des Fremden. Frankfurt a.M., Suhrkamp, 2006, S. 74. auch Vgl. Waldenfels, Bernhard: Das leibliche Selbst. Vorlesungen zur Phänomenologie des Leibes. Hrsg. von Regula Giuliani, Frankfurt a. M., Suhrkamp, 2000, S. 42. Das Leib-Seele-Problem lässt sich daher zu einem Körper-Geist-Problem umformulieren. Vgl. Meyer-Drawe: Das Gehirn – die Wohnstätte des Geistes? S. 156.

8 Vgl. Waldenfels: Das leibliche Selbst. S. 18. Auch vgl. Meyer-Drawe: Das Gehirn – die Wohnstätte des Geistes? S. 156.

terhin in aktuellen Wissenschaften beobachten, wie z. B. gerade auch in den neueren Forschungstendenzen der Pädagogik zu erkennen ist.[9]

So beeinflusst insbesondere die Neurowissenschaft das Menschenbild der Pädagogik und klassische didaktische Theorien werden durch verschiedenste Formen von Neurodidaktik[10] abgelöst. In der *Hirnforschung* wird der Mensch im Wesentlichen auf das Gehirn reduziert, das allein für das Denken, Handeln, Fühlen, Erinnern und das Lernen zuständig sei.[11] Dies führt unweigerlich zu einer reduktionistischen Auffassung des Lernens. Nach Manfred Spitzer etwa „besteht jegliches Lernen neurobiologisch betrachtet in der Veränderung der Stärke synaptischer Übertragung."[12] Hierbei spielt die sinnliche und affektive Wahrnehmung eines Subjekts kaum eine Rolle. Indem das Gehirn die Rolle einer Schaltzentrale einnimmt, steuert es demnach unser Verhalten kausal und linear.

Das Problematische von solchen Forschungen ist durch ihr Selbstverständnis charakterisiert, dass die Körperprozesse reibungslos wie eine Maschine ablaufen. Die vorherrschende Annahme der Wissenschaft, das den Menschen als widerspruchslos und geradlinig funktionierend auffasst, ist allerdings vielen Fällen der alltäglichen Erfahrung entgegengesetzt. Deshalb lässt sich mit dem Beispiel des Phantomglieds auf die Verwobenheit von Körper und Geist hinweisen: Unter einem Phantomglied ist ein amputierter Körperteil gemeint, der allerdings von dem betroffenen Menschen als immer noch vorhanden wahrgenommen wird. Für einen Klavierspieler, der seinen Arm verloren hat, bedeutet der Verlust seines Armes nicht nur einen physischen Verlust, sondern ein Verlust der Möglichkeit, Klavier zu spielen. Das Phänomen veranschaulicht, dass der Körper kein rein physisches Objekt ist, sondern eine Lebensmöglichkeit in der Welt und somit deren Bedeutung für den Menschen mit einschließt.[13] Ein anderes Beispiel,

---

[9] Siehe Herrmann, Ulrich: Neurodidaktik. Grundlagen und Vorschläge für gehirngerechtes Lehren und Lernen.Weinheim [u.a.], Beltz, 2006.

[10] Die „Verbindung von Neurobiologie und Schule ist seit einigen Jahren als ‚*Neurodidaktik*' im Gespräch." Beck, Herbert: „Erziehungswissenschaft und Beruf", Heft 3, 2003 <http://www.schule-bw.de/unterricht/paedagogik/didaktik/neurodidaktik/neurodidaktik_beck.pdf> (25.Okt.2011).

[11] Vgl. Spitzer, Manfred: Lernen. Gehirnforschung und die Schule des Lebens. Berlin, Heidelberg, Springer-Verlag, 2007, S. XVI.

[12] Spitzer: Lernen. S. 277.

[13] Vgl. Waldenfels: Das leibliche Selbst. S. 25-28.

das dem cartesianischen Dualismus widerspricht, zeigt, dass der Körper auch ein Gedächtnis hat: Man denke hierzu an Situationen, wenn einem beim Tippen eines Passworts das bestimmte Wort oder die bestimmte Zahl nicht einfällt, und man sich erst durch das Schreiben auf der Tastatur oder auf dem Papier wieder erinnert. Hier zeigt sich, dass der Körper sozusagen ein Eigenleben hat und sich der reinen Reduktion auf kognitive Prozesse entzieht.

In dieser Weise kann eine einseitige Thematisierung des menschlichen Denk- und Handlungsvermögens des Menschen durch die Wissenschaften problematisch werden, da sie die leiblich bedingte Lebenswelt vergessen und verdrängen und stattdessen von abstrakten Schematisierungen ausgehen. Der Denkfehler ist also darin zu sehen, dass sie ihre Forschungen mit der lebensweltlichen menschlichen Erfahrung gleichsetzen und dabei übersehen, dass auch wissenschaftliche Theorien und Modelle selbst ausschließlich in der leiblichen und sinnlichen Erfahrung ihren Ursprung finden.[14] Denn die Wissenschaft ergibt sich erst dadurch, dass sie die Lebenswelt abstrahiert und erklärt. So wird sie als „sekundärer Ausdruck“[15] verstanden, während die Lebenswelt mit der primären Welterfahrung gleichzusetzen ist.

Das Gravierende an dieser Problematik besteht nun darin, dass nicht nur die Lebenswelt die Wissenschaft ermöglicht, sondern umgekehrt die Wissenschaft wiederum die Lebenswelt beeinflusst und verändert.[16] Einen großen Einfluss auf die Rechtsfrage nach der Schuldfähigkeit des Täters für seine Verbrechen, aber auch auf den alltäglichen Umgang mit dem Lernen übt beispielsweise das Postulat von vielen prominenten Vertretern der Hirnforschung aus, wonach der freie Wille des Menschen eine Illusion ist. Dies verdeutlicht das folgende Zitat, welches das Lernverständnis aus neurowissenschaftlicher Sicht beschreibt: „Als Grundsignatur des Lernens in psychologischer und neurowissenschaftlicher Sicht lässt sich festhalten, dass Lernen als ein kumulativer und fortschreitender Prozess begriffen wird, in

---

14 Wie z. B. die Wissenschaftsdisziplin Geographie von der Landschaft wie Wald, Wiese und Fluss ausgeht. Vgl. Merleau-Ponty: Phänomenologie der Wahrnehmung. S. 4f.

15 Merleau-Ponty: Phänomenologie der Wahrnehmung. S. 4.

16 Vgl. Strasser, Stephan: Phenomenology and the Human Sciences. A Contribution to a New Scientific Ideal.Pittsburgh, PA, Duquesne University Press, 1963, S. 71.

dem sich das Verhalten aufgrund von Erfahrungen verändert.“[17] Weiterhin stellt sich als Ergebnis der empirischen Lernforschung heraus, dass ein gelungenes Lernen nur mit Freude und Spaß erfolgt und somit die unangenehmen Herausforderungen ausgeschlossen werden sollen.[18] Das Bild des Lernens, das nur maschinell und kognitiv abläuft, verhindert daher, überhaupt mit der Herausforderung des Fremden umzugehen, weil das Fremde auf den ersten Blick aufgrund dessen fehlender Vertrautheit Irritationen und Staunen hervorruft und dementsprechend den linearen Aneignungsprozess durchbricht.

Nach einer solchen Lerntheorie wäre unter dem interkulturellen Lernen eine bloße Anhäufung von Wissen über andere Kulturen, wie z. B. deren verschiedene kulturelle Rituale, Benimmregeln oder internationalen Festen usw. zu verstehen, so dass es hierbei um ein vorwiegend kognitives Lernen geht. Zieht man jedoch die leibliche Existenz des Menschen in Betracht, so wird dem bisher Unbekannten und Ungewohnten eine wichtige Bedeutung beigemessen. Das Lernen vollzieht sich nicht in einem Reiz-Reaktions-Schema, sondern in einem Pathos-Response-Verhältnis. Gemeint ist mit dem Pathos „Ereignisse, die nicht als abrufbares Etwas auftreten, als warteten sie bloß auf unser Stichwort oder auf unseren Tastenbefehl, die uns vielmehr widerfahren, zustoßen, zufallen, uns überkommen, überraschen, überfallen“.[19] Deutlich wird hierbei der Charakter des Unerwarteten und somit der mangelnden Identifizierbarkeit mit dem bereits Bekannten. Im Vergleich zum Reiz, der unmittelbar zu einer vorhersehbaren Reaktion führt, vollzieht sich zwischen Pathos und Response eine zeitliche Verschiebung durch die Verzögerung, weil der Mensch auf das ihm zugestoßene Fremde eingeht, welches den Horizont der Sinnhaftigkeit und Verständlichkeit überspringt.[20] Da der Mensch ein leibliches Wesen ist, wird er von etwas affiziert, so dass er es wahrnimmt.

Das brüchige Verhältnis von Pathos-Response bedeutet wiederum, dass man sich selbst auch fremd werden kann. Eine solche eigene Fremdheit wird auch mit den Sondermerkmalen des eigenen Leibes verständlich. Mein Leib ist immer da, weil man sich nicht von dem eigenen Leib ent-

[17] Meyer-Drawe, Käte: Diskurse des Lernens. München, Wilhelm Fink, 2008, S. 17.
[18] Vgl. Meyer-Drawe: Diskurse des Lernens. S. 17.
[19] Waldenfels: Grundmotive einer Phänomenologie des Fremden. S. 42.
[20] Vgl. Waldenfels: Grundmotive einer Phänomenologie des Fremden. S. 49ff.

fernen kann wie von den Dingen. Allerdings ist der eigene Leib immer in Grenzen da, weil er nur aus einem bestimmten Blickwinkel betrachtet werden kann. Der Leib „zeigt sich immer von derselben Seite".[21] Eine gewisse Fremdheit an sich selbst lässt sich beim Spiegel oder Schaufenster entdecken, weil der eigene Blick durch das fremde Medium des Spiegels oder Schaufensters gebrochen wird und der Sehende damit das gesehene Selbst auf gewisse Weise mit dem Blick des Anderen sieht.[22] Hierbei vollzieht sich der Selbstentzug. „Das ‹Sich-selbst-entziehen› besagt, dass ich mir immer auch fremd bin, beim Blick in den Spiegel, beim Vernehmen des Echos der eigenen Stimme, in der Müdigkeit, aber auch in der Beschwingtheit der Bewegung."[23] Dieser Selbstentzug geht also mit dem Selbstbezug einher. Dies verdeutlicht, dass die Eigenheit des Selbst nie ganz eigen und Fremdheit des Anderen nie ganz fremd ist. Aus diesem Grund reicht die klassische Unterscheidung von Leib und Seele, wie sie im cartesianischen Dualismus präsentiert wird, nicht aus, um das Spezifische der Leiblichkeit und der daraus folgenden Fremderfahrung zu erklären.

Durch dieses Beispiel ergibt sich eine Theorie des Leibes, die den cartesianischen Dualismus sprengt und dem leiblichen Leben seine Wahrhaftigkeit, seine Selbst- und Fremdbezüglichkeit zurückgibt. „Wir sind weder nur Geist- noch nur Körperwesen, sondern wir sind beides, von unausweichlicher Ambiguosität."[24] Gerade durch das Zusammenspiel von Leib und Seele bildet der Leib die „große Vernunft"[25]. Dadurch wird verständlich, dass der Mensch nicht mit dem Gehirn seine Umwelt wahrnimmt, sondern insbesondere der Leib des Menschen die Wahrnehmung von etwas ermöglicht. Hierbei steht das Verhältnis von Ich und Anderem in Analogie zu dem Verhältnis von dem Eigenen und dem Fremden. Wie beim Verhältnis vom Eigenen und Fremden lassen sich der Einzelne und der Andere nicht trennen, weil sie sich gegenseitig voraussetzen.

Ohne die Hervorhebung des Leibes lässt sich ebenso das kulturelle Ler-

21 Waldenfels: Das leibliche Selbst. S. 31.

22 Vgl. Waldenfels: Das leibliche Selbst. S. 31-35.

23 Waldenfels: Das leibliche Selbst. S. 44.

24 Meyer-Drawe: Das Gehirn – die Wohnstätte des Geistes? S. 165.

25 Nietzsche, Friedrich: Also sprach Zarathustra. In: Colli, Giorgio; Montinari, Mazzino (Hrsg.): Sämtliche Werke. Kritische Studienausgabe. Bd. 4, München, Dt. Taschenbuch-Verl., 1988, S. 39.

nen des Kleinkindes nicht beschreiben, welches mimetisch erfolgt. Denn „[m]imetisches Lernen ist ein sinnliches, körperbasiertes Lernen, in dem Bilder, Schemata, Bewegungen praktischen Handelns erlernt werden und das sich weitgehend unbewusst vollzieht und gerade dadurch nachhaltige Wirkungen erzeugt, die in allen Bereichen der Kulturentwicklung eine wichtige Rolle spielen.“[26] Die Teilnahme des Kindes an den materiellen und symbolischen Produkten der eigenen Kultur ist also auf die spezifische Fähigkeit des Kleinkindes und dessen Begehren zurückzuführen, mimetisch zu lernen. Die Kinder fangen schon mit neun Monaten an, die Mimik und Gestik der ihnen nahstehenden Mitmenschen wie den Eltern, ältere Geschwister usw. nachzuahmen. Die bestimmte Art und Weise der Körperhaltung, des Redens, Gehens und damit des Fühlens und Denkens werden durch mimetische Prozesse des Kindes inkorporiert.[27]

Daher wurden dem Säugling bereits vor der Fähigkeit der Unterscheidung zwischen sich selbst und seiner Welt zahlreiche Erfahrungen einverleibt, die einer gemeinsamen Welt entstammen, ohne dass es ihm bewusst ist.[28]Der einzelne Mensch ist in eine Lebenswelt geboren, in der eine Sprache, eine bestimmte Weltanschauung und Denkordnung herrscht, die zu ihm noch nicht gehören. Diese kulturellen Elemente, die eine langfristige Geschichte haben, werden durch den Anderen in den Einzelnen übertragen. „In vielen Ausprägungen des Ichs ist der Andere immer schon enthalten.“[29] Aus diesem Prozess der Sozialisation verwandelt sich das anfängliche Fremde zum vertrauten Eigenen, das im Einzelnen einverleibt wird. „Der Andere ist nicht nur außerhalb, sondern auch innerhalb des Individuums.“[30] Neben dem Anderen, der sich der eigenen Lebenswelt entzieht, gibt es den Anderen, der dem Ich innewohnt und somit als Eigenes einen eigenen Ort gefunden hat. Der Andere innerhalb des Individuums lässt sich beispielsweise in der Sprach- und Essgewohnheit, dem Gang und in den Gesten, Mimik und ebenso in den Denkmustern erkennen, die leiblich ge-

26 Wulf, Christoph: Anthropologie. Geschichte – Kultur – Philosophie. Reinbek bei Hamburg, Rowohlt, 2004, S. 159.

27 Vgl. Wulf: Anthropologie. S. 156ff.

28 Vgl. Meyer-Drawe: Vom anderen lernen. S. 94.

29 Wulf, Christoph: Einführung in die Anthropologie der Erziehung. Weinheim und Basel, Beltz, 2001, S. 156.

30 Wulf: Einführung in die Anthropologie der Erziehung. S. 156.

prägt sind. „Der Mensch wäre also niemals völlig in seiner Kultur zu Hause."[31] Das äußere Fremde wurde durch das Hören, Sehen, Nachahmen, Tasten, Schmecken und dessen Wiederholung zum inneren Fremden. Hierbei stellt sich heraus, dass das Fremde für die Identitätsbildung des Einzelnen unentbehrlich ist. Die Identität des Einzelnen ist daher nur in der Wechselwirkung mit der Alterität zu verstehen. Dabei wird klar, dass die Beziehung zwischen dem Individuum und dem Anderen durch die Geschichtlichkeit einer Kultur auf allgemeine Grundzüge hinweist, allerdings ergibt sich auch „die einmalige Verbindung von Alterität und Identität aufgrund unterschiedlicher Lebensräume, Lebenskonstellationen und Lebensgeschichten in jedem Individuum".[32]

Die vorreflexive Erfahrungswelt bzw. das Vorverständnis besagt aus der phänomenologischen Sicht daher, dass der andere Teil meines Selbst ist. Gerade ein solches Vorverständnis ermöglicht das Lernen, weil es nicht vom Nullpunkt, sondern nur auf dem Boden dieses einverleibten Vorverständnisses angefangen werden kann. Wenn man beispielsweise an das Aneignen einer Fremdsprache denkt, wird dies leicht erkenntlich: Beim Lernen einer Fremdsprache schlägt man im Wörterbuch nach, in dem die Muttersprache in die Fremdsprache übersetzt worden ist oder umgekehrt. Die Muttersprache dient als Vorverständnis für das Lernen einer Fremdsprache, weil der Mensch neben dem Sprechen zugleich gelernt hat, „*in* dieser Sprache zu denken."[33] Bei der Aneignung einer Fremdsprache vergleicht man sie mit der eigenen Muttersprache. Man erfährt dabei die Gemeinsamkeiten und Unterschiede von Grammatik und Ausdruck.

Ohne den Kontakt mit einer Fremdsprache kommt man daher kaum zum Bewusstsein darüber, welche besonderen grammatischen Regeln die Muttersprache besitzt und dass solche Regeln je nach Sprachen sehr unterschiedlich sein können. Dies liegt darin, dass die Muttersprache bereits vor der Geburt im Mutterleib unreflektiert aufgenommen und inkorporiert wird. Dahingegen verlangt die Aneignung einer Fremdsprache einen langen Lernprozess mit viel Anstrengung, weil man neue grammatische Regeln,

---

31 Waldenfels, Bernhard: Topographie des Fremden. Studien zur Phänomenologie des Fremden 1, Frankfurt a. M., Suhrkamp, 1997, S. 44.

32 Wulf: Einführung in die Anthropologie der Erziehung. S. 156.

33 Bourdieu, Pierre: Sozialer Sinn. Frankfurt a. M., Suhrkamp, 1987, S. 124.

neue situationsabhängige Sätze und auch neue Wörter verstehen muss, welche mit dem kulturellen Hintergrund zusammenhängen.

Man sollte hierbei nicht missverstehen, dass ein solcher Lernprozess sich rein kognitiv vollzieht. Denn man erfährt eine gewisse Fremdheit oder sogar ein gewisses Schamgefühl, wenn man beim Erlernen einer Fremdsprache ein neues Wort nachsprechen muss, dessen Aussprache gar keine Gemeinsamkeit mit der eigenen Muttersprache hat und damit seltsam und ungewohnt klingt. Gerade ein solches Gefühl verdeutlicht, dass die Sprache kein rein geistiges, sondern auch ein leibliches Phänomen ist, d. h. dass man außer dem Auswendiglernen des Vokabulars und der Grammatik ebenso eine neuartige Lippen- und Zungenbewegungen erlernen muss. Wenn z. B. ein Europäer eine ostasiatische Sprache lernt, so stößt er auf die Schwierigkeit, bestimmte Buchstaben auszusprechen, die nicht von der Muttersprache abzuleiten sind. Umgekehrt braucht genauso ein Asiate, dessen Muttersprache z. B. keine Aussprache *f* hat und die dafür nötige Lippenbewegung nie gemacht hat, eine gewisse Zeit zur Übung, um diese sich anfangs entziehende Aussprache sich eigen zu machen.

Aus dieser Tatsache lässt sich feststellen, dass das Lernen einer Fremdsprache eine leibliche Erfahrung einschließt. Anlässlich dieser leibbedingten Fremdheit kann man überhaupt die Selbstverständlichkeit der eigenen Muttersprache wahrnehmen, welche ebenfalls auf deren Einverleibung beruht. Denn man denkt im Vergleich zu Fremdsprachen beim Sprechen der eigenen Muttersprache nicht bewusst an deren grammatische Regeln und ihre Strukturen. Außerdem gerät die enge Verwobenheit der grammatischen Regeln mit den damit zusammenhängenden Denkordnungen der Muttersprache ins Bewusstsein. Das Fremde –in diesem Fall eine Fremdsprache – führt dementsprechend dazu, dass das Eigene erst dadurch auffällt, dass es einem fremd erscheint.[34]

Durch die Eigenschaften der Beziehung des Fremden und des Eigenen ergibt sich das Bewusstsein der Kontingenz, dass das Eigene keinen Wahrheitsanspruch erhält, sondern eine der verschiedenen Möglichkeiten des Seins ist.[35] Die Einverleibung des Anderen deutet ebenso darauf hin, dass das vertraute Eigene in der Begegnung mit dem Fremden wiederum

---

[34] Mit Hilfe des Vorwissens lässt sich ebenso das Phänomen der Aufmerksamkeit verstehen, was im späteren Unterkapitel ausführlich beschrieben wird.

[35] Vgl. Wulf: Einführung in die Anthropologie der Erziehung. S. 159.

fremd erscheinen kann. Wenn der Mensch ein rein geistiges Wesen wäre und sein Leib für die Wahrnehmung keine Rolle spielen würde, wäre er nicht in der Lage, sich mit dem Eigenen und dem Fremden auseinanderzusetzen. Denn es gäbe kein Fremdes, das das Eigene irritieren würde. Die Erfahrung von Ryszard Kapuściński veranschaulicht den Moment, in dem das leibliche Eigene durch die leiblich in der Welt existierende Fremde ins Bewusstsein tritt:

> „Solange ich in meinem eigenen Land lebte, war ich mir nicht bewusst, dass ich ein Mensch weißer Hautfarbe bin und dass das für mein Schicksal von Bedeutung sein könnte. Erst als ich nach Afrika kam, führte mir der Anblick seiner schwarzen Bewohner das unverzüglich vor Augen. Dadurch entdeckte ich meine eigene Hautfarbe, über die ich sonst nie nachgedacht hätte.“[36]

Durch den Anblick des Fremden, der auf ihn gerichtet ist, sieht Kapuściński sich selbst als Fremder, weil er sich in die Perspektive des Anderen hineinversetzt. Die leibliche Affizierbarkeit führt daher zur Wechselbeziehung von dem Eigenen und dem Fremden, in der das Vertraute fremd erscheint und zugleich das Fremde wiederum entgegenkommt. Bei der Begegnung mit Jemandem, „der sich aus einem sozialen Feld heraushebt“[37] und eine Differenz zum Eigenen markiert, eröffnet sich die Möglichkeit, das bisher nicht Gesehene sichtbar zu machen.[38] „Der Umgang mit dem Anderen ist ein Umgang mit Kontingenzen, der nur begrenzt planbar ist. Die Ergebnisse sind partiell zufällig und bleiben daher unvorhersehbar. Doch gerade dadurch entstehen aus Kontingenzen neue Erfahrungsmöglichkeiten von Fremdem und Eigenem, die bis dahin unbekannte Horizonte und Ordnungen erzeugen.“[39]

Da die Menschen leiblich in der Welt sind, können wir dem Blick des Anderen nicht ausweichen. „Wir leben einen großen Teil unseres Lebens unter dem Blick der Anderen, und wer wir sind, hat viel damit zu tun, wie wir diesen Blick erleben und wie wir ihm begegnen.“[40] Die Vorstellungen von Nähe und Ferne oder von Intimität und Fremdheit sind kulturell geprägt

---

36 Kapuściński, Ryszard: Der Andere, Frankfurt a. M., Suhrkamp, 2008, S. 44.

37 Waldenfels, Bernhard: Einführung in die Phänomenologie. München, Fink, 1992, S. 62.

38 Vgl. Waldenfels: Einführung in die Phänomenologie. S. 62f.

39 Wulf: Einführung in die Anthropologie der Erziehung. S. 160.

40 Bieri, Peter: Wie wollen wir leben? St. Pölten, Salzburg, Residenz-Verl., 2. Aufl., 2011, S. 70.

und bestimmen deshalb die kulturelle Identität. So wird z. B. die Nacktheit unterschiedlich wahrgenommen. Außerdem ist die Unterscheidung von Privatem und Öffentlichem, d. h. „was versteckt werden muss und was offenbart werden darf",[41] kulturell anders definiert. Aus diesem Grund kann etwas in einem Kulturkreis zum Schamgefühl führen, sei es als Selbst- oder als Fremdscham, während dasselbe in einem anderen Kulturkreis gar kein Grund zur Beschämung ist. „Muster von Privatheit und Öffentlichkeit sind Muster des Fühlens und Verhaltens, in die wir hineinwachsen wie in die Muttersprache: durch Nachahmung."[42] Daher sind eigene Gefühle und Verhalten oft unreflektiert und unerklärlich, so dass sie angesichts des Fremden erst identifiziert und artikuliert werden können.[43] Weil Intimität und Scham Erfahrungen sind, die mit Würde unweigerlich zusammenhängen, lässt sich hierbei die ethische Dimension des menschlichen Leibes feststellen. Der leiblich in der Welt lebende Mensch kommt durch eine Erfahrung, die auf die etablierten Muster des Gefühls und Verhaltensaufmerksam macht, unmittelbar zur Reflexion über ethische Fragen, wie „Was bedeutet es in einer Kultur, sein Gesicht zu wahren oder zu verlieren? Was gilt als Demütigung und was als würdevolle Reaktion darauf?".[44]

Die Tatsache, dass der Mensch leiblich in der Welt ist und nicht allein als Gehirn existiert, eröffnet den Menschen überhaupt die Möglichkeit, das Vertraute und zugleich Unreflektierte wahrzunehmen und über sich selbst nachzudenken. Ohne den Leib ist der Mensch nicht in der Lage, von etwas widerfahren zu werden und damit etwas Neues zu erfahren. Eine solche Erfahrung reicht bis hin zur Reflexion über ethische Fragen, wie bereits beschrieben wurde. Zu fragen ist jedoch, von welcher Aufmerksamkeit hierbei ausgegangen wird, wenn von der Aufmerksamkeit auf etwas Fremdes die Rede ist, denn es gibt zahlreiche Phänomene, die im Alltag ständig die Aufmerksamkeit auf sich ziehen, wie z. B. das Lachgeräusch oder der Schrei von einem Passanten. Gleichzeitig wird danach gefragt, wer oder was genau unter dem Fremden vorzustellen ist. Nachdem in diesem Abschnitt mit dem spezifischen Charakter des menschlichen Leibes die Bedingungen und Bedeutsamkeit der Fremderfahrung verständlich gewor-

41 Bieri: Wie wollen wir leben? S. 71.
42 Bieri: Wie wollen wir leben? S. 71.
43 Vgl. Bieri: Wie wollen wir leben? S. 72.
44 Bieri, Peter: Wie wollen wir leben? S. 73.

den ist, welche für das Verständnis des interkulturellen Lernens unabdingbar sind, soll das nächste Kapitel verdeutlichen, wie sich das interkulturelle Lernen von der Fremderfahrung ausgehend bei den Kindern vollzieht. Hierbei werden die Aufmerksamkeit auf das Fremde und das Staunen ausführlich beschrieben. Da die Fremderfahrung zwar das Fundament für das interkulturelle Lernen verschafft, jedoch allein dafür nicht hinreichend ist, soll anschließend dargelegt werden, welcher Prozess sich noch vollziehen muss, um vom interkulturellen Lernen sprechen zu können.

2.2 DIE STRUKTUR DES INTERKULTURELLEN LERNENS

2.2.1 FORMEN DER FREMDHEIT

Im vorherigen Kapitel wurde mit verschiedenen Beispielen aufgezeigt, welche Rolle der menschliche Leib für das Lernen und die Fremderfahrung spielt. Nun soll zunächst das Wort *fremd* ausdifferenziert werden, weil hierbei der Prozess des interkulturellen Lernens aufgezeigt werden soll und das Wort mehrere Bedeutungen erhält. Die Vielfältigkeit des Wortes *fremd* lässt sich in dessen zahlreichen Variationen und Ableitungen feststellen: „›Fremdling‹, ›Fremde‹, ›Fremdsprache‹, ›Fremdeln‹, ›Entfremdung‹ oder ›Verfremdung‹."[45] Nach einer linguistischen und semantischen Untersuchung ergeben sich drei Bedeutungsspektren: Erstens weist das Wort *fremd* auf „ein lokales oder personales Zugehörigkeitsverhältnis"[46] hin und so ist vom fremden Land oder Volk die Rede.[47] Fremd steht dementsprechend dem *Eigenen* gegenüber.[48] Zweitens ist mir etwas fremd, „*wenn es mir nicht bekannt oder vertraut ist*; etwas ist ganz neuartig. Dies kann man mit Wissensfremde bezeichnen."[49] Drittens ist etwas mir fremd, wenn es meine Normalitätserwartung übersteigt und seltsam erscheint. Die Bedeutungs-

[45] Waldenfels: Grundmotive einer Phänomenologie des Fremden. S. 111.

[46] Heiser, Jan Christoph: „Fremd ist der Fremde nur in der Fremde". In: *Pädagogische Rundschau* 64 (2010), Heft 4, S. 391.

[47] Vgl. Heiser: „Fremd ist der Fremde nur in der Fremde". S. 391.

[48] Waldenfels: Grundmotive einer Phänomenologie des Fremden. 2006, S. 111.

[49] Heiser: „Fremd ist der Fremde nur in der Fremde". S. 392.
Wobei diese Gegenüberstellung vom Fremden und Vertrauten nach Waldenfels von der Andersheit der Art ausgeht, so dass etwas fremdartig, unheimlich, seltsam wirkt. Vgl. Waldenfels: Grundmotive einer Phänomenologie des Fremden. S. 111.

analyse des Wortes *fremd* weist daher in drei Gesichtspunkten auf fehlende Identifikationen auf: Zugehörigkeit, Wissen und Vertrautheit. Hierbei fällt jedoch auf, dass das Wort *fremd* zu jedem Aspekt eine gegenüberstehende Beziehung darstellt. „Dort ist der fremde Ort – aber hier, hier ist meine Heimat. Dort drüben über der Grenze, dort sind die Anderen, mit ihren fremdländischen Sitten und Gebräuchen – aber hier, hier sind ?wir,."[50] Daher wird die Grenze zwischen Eigenem und Fremdem durch die Erfahrung des Fremden in Bewegung gesetzt.[51]

Jedoch kann das Ausmaß dieses subjektiv wahrgenommenen Verhältnisses stark variieren, weil die Fremdheit bereits im Alltag, d. h. im eigenen Kulturkreis präsent ist: Sie kann daher bereits erfahren werden, ohne weit weg in ein fremdes Land fliegen zu müssen. Einerseits kommen einem beispielsweise auch ein Obdachloser oder ein neuer Nachbar aus einem anderen Bundesland oder ein seltsamer Straßenpassant einem manchmal fremd vor. Andererseits fühlt man sich fremd, wenn man zum ersten Mal eine Stadt besucht, wo die Unterscheidungsmerkmale zum vertrauten Wohnort auffallen wie z. B. Dialekt, Landschaft, Mentalität oder Atmosphäre. So kann ein Dialekt trotz der gleichen Muttersprache fremd und seltsam erscheinen, wobei diejenige Fremdheit einem im Alltag oft bereits so vertraut vorkommt, als dass sie eher als gewöhnlicher Fall zu identifizieren ist. Als „alltägliche und normale Fremdheit, die innerhalb der jeweiligen Ordnung verbleibt, [...] bewegen wir uns in einem Vertrautheitshorizont, selbst wenn dieser immer wieder Leerstellen aufweist."[52]

Wenn man hingegen mit etwas konfrontiert wird, was sich jenseits der eigenen Ordnung bewegt, dann erfährt man eine gesteigerte Form der Fremdheit gegenüber der „alltäglichen Fremdheit", die nach Waldenfels als eine strukturelle Fremdheit zu bezeichnen ist. Als Beispiele dafür sind zu nennen: „der fremde Festkalender, die fremde Sprache, die wir nicht verstehen, das fremde Ritual oder selbst nur der Ausdruck des Lächelns, dessen Sinn und Funktion uns verschlossen bleibt, oder ein vergangener Zeitgeist, der uns nichts mehr sagt."[53] Eine solche Fremdheit tritt dann auf, wenn

---

50 Heiser: „Fremd ist der Fremde nur in der Fremde". S. 392.

51 Waldenfels: Topographie des Fremden. S. 44.

52 Waldenfels: Topographie des Fremden. S. 36.

53 Waldenfels: Topographie des Fremden. S. 36.

man dem Fremden aus einer anderen Kultur begegnet. Das interkulturelle Lernen geht daher von einer derartigen Form des Fremden aus.

Jedoch kann die Fremdheit selbst beim interkulturellen Lernen auch in ihrer höchsten Steigerung auftreten. Sie ist in der Begegnung mit dem Fremden zu erfahren, das sich jeglichen Versuchen des Verstehens entzieht, weil es keine Überschneidungen im System der Ordnung gibt. Daher wird sogar der Zugang zu einer bestimmten Interpretation blockiert. Als Beispiel hierfür nennt Waldenfels „eine fremde Sprache, die ganz anders wäre als die eigene Sprache“[54], die man nicht als eine fremde Sprache identifizieren kann, weil sie sich nicht wie eine beliebige Sprache, sondern wie ein Vogelgezwitscher anhört.[55] Wenn man zum Beispiel als Deutscher Schwedisch lernt, so ist man mit dieser Sprache relativ schnell vertraut, da viele Wörter und die Grammatik von beiden Sprachen deutliche Parallelen aufweisen. Ein Deutscher, der hingegen zum ersten Mal einer fernöstlichen Sprache begegnet, ist nicht in der Lage, diese mit eigener Sprache zu vergleichen und sie schließlich in bekannte Kategorien einzuordnen. Gegebenenfalls erscheint sie ihm als eine Aneinanderreihung irritierender Klänge. Eine solche radikale Form von Fremdheit kann vor allem in der Begegnung mit einem Fremden vorkommen, der aus einem Kulturkreis stammt, der keine gemeinsame geschichtliche und sprachliche Wurzel hat. „Das radikal Fremde läßt sich nur fassen als Überschuß, als Exzeß, der einen bestehenden Sinnhorizont überschreitet.“[56]

Durch die Unterscheidung von drei Formen der Fremdheit wird deutlich, dass es sich bei der Fremderfahrung im Hinblick auf das interkulturelle Lernen nicht um alltägliche Fremdheit, sondern um strukturelle bzw. radikale Fremdheit, d. h. die Fremdheit in zweiter oder auch dritter Stufe handelt. Dessen entscheidendes Abgrenzungsmerkmal zur alltäglichen Fremdheit liegt in einer „*Nichtassimilierbarkeit*“[57] des Fremden, weil jeglicher Versuch, ihm einen Sinn zu geben, versagt. Zugleich ist das Fremde unausweichlich, denn selbst „die Nichtantwort auf das Fremde ist eine Form der Antwort, so wie das Wegblicken eine Form des Hinblickens, das Verschweigen eine Form der Rede darstellt.“[58]

---

54 Waldenfels: Topographie des Fremden. S. 37.

55 Vgl. Waldenfels: Topographie des Fremden. S. 37.

56 Waldenfels: Topographie des Fremden. S. 37.

57 Waldenfels, Bernhard: Topographie des Fremden. S. 51.

Da alle Bedeutungsebenen des Wortes *fremd* – Zugehörigkeit, Wissen und Vertrautheit – in einer Relation zum Eigenen steht, ändert sich die Selbstzuschreibung abhängig vom jeweiligen Kontext. Beispielsweise fühlt sich jemand fremd, wenn er in ein Land kommt, zu welchem er nicht gehört und mit dessen geläufigen Regeln er sich kaum auskennt und daher mit ihnen nicht vertraut ist. Gleichermaßen wird er auch von den Einheimischen als fremd wahrgenommen. Wenn er jedoch in sein Heimatland zurückkommt, ändert sich seine Selbstzuschreibung, da er dort mit dem altbekannten Wissen und den einheimischen Konventionen vertraut ist und er gleichzeitig nicht als ein Fremder auffällt. Das Fremde und das Eigene sind demzufolge eine untrennbare Beziehung, die nach Ort, Besitz und Art des Verständnisses variiert.[59]

2.2.2 Aufmerksamkeit und Staunen

Durch fehlende Zugehörigkeit, Wissen und Vertrautheit fällt uns das Fremde aber auf, indem es uns zustößt. Das interkulturelle Lernen fängt deshalb damit an, das man auf das Fremde aufmerksam wird und darüber staunt.

Eine derartige Aufmerksamkeit ist jedoch nicht mit der Aufmerksamkeit auf das Alltägliche gleichzusetzen. Wie unterscheidet sich aber die Aufmerksamkeit auf das Fremdartige von der Aufmerksamkeit auf das Gewohnte? Auf diese Frage lässt sich durch die Unterscheidung zwischen dem Wiedererkennen und dem neuen Sehen antworten: Gewöhnlich erkennt man viele bekannte Dinge wieder, jedoch ist man nicht in der Lage, sie bewusst wahrzunehmen. Wir schauen über viele Dinge hinweg, die uns alltäglich begegnen, und sie sind uns daher nicht bewusst.[60] Die Unfähigkeit des bewussten Hinsehens liegt nämlich in der Gewohnheit, die die Wahrnehmung verhindert. „Wahrnehmungen setzen nicht ein mit einem Akt der

---

58 Waldenfels: Topographie des Fremden. S. 52.

59 Nach Waldenfels lässt sich das Wort *fremd* auch in drei Bedeutungsbereiche unterteilen: Fremd kommt erstens im Gegensatz zum *Inneren* als Äußeres außerhalb des eigenen Bereichs vor und steht zweitens im Gegensatz zum *Eigenen* und ist drittens im Gegensatz zum *Vertrauten* von anderer Art, d. h. fremdartig, unheimlich, seltsam. Das Verhältnis von Äußeres und Inneres markiert einen *Ort* des Fremden, das Verhältnis von Fremden und Eigenen den *Besitz*, das Fremdartige und Vertraute eine *Art* des Verständnisses. Vgl. Waldenfels: Grundmotive einer Phänomenologie des Fremden. S. 111f.

60 Vgl. Rumpf, Horst: Belebungsversuche. Ausgrabungen gegen die Verödung der Lernkultur. Weinheim und München, Juventa, 1987, S. 152f.

Beobachtung, im Gegenteil, sie heben an mit einem Aufmerken, das geweckt und hervorgerufen wird durch das, was uns auffällt.‘[61] Beispielsweise zieht der gewohnte Weg nach Hause nicht so viel Aufmerksamkeit auf sich wie ein völlig fremder Weg. Während ebenso die Muttersprache kaum bewusst wahrgenommen wird, wird sich mit einer Fremdsprache aufgrund des ungewohnten Klangs und der unverständlichen Grammatik während des anfänglichen Erwerbs ziemlich bewusst auseinandergesetzt. Man weiß zwar von der Existenz der gewohnten Dinge, aber der Blick ist nicht bewusst darauf gerichtet.[62] Der Prozess des Wiedererkennens erschwert dementsprechend die Möglichkeit einer neuen Erfahrung, die durch den Akt der Aufmerksamkeit veranlasst wird. Diesen spezifischen Charakter der Gewohnheit verdeutlicht Flusser mit einer Metapher: „Gewohnheit ist eine Decke, welche den Sachverhalt zudeckt. In der gewohnten Umgebung werden nur Veränderungen, nicht aber Permanenzen wahrgenommen. Wer wohnt, für den sind nur Veränderungen informativ, und alles Permanente sind für ihn Redundanzen“.[63]

Wenn jemand zum ersten Mal in ein Arztwartezimmer eintritt, sieht er sich daher detailliert das neue Zimmer an, während man ihm beim wiederholten Besuch weniger Aufmerksamkeit schenkt.[64] Aus dieser engen Verwobenheit von der Aufmerksamkeit und der Vertrautheit der Umwelt wird klar, dass das Vorwissen einerseits bei der schnellen Identifikation mit den gewohnten Sachen hilft, aber andererseits die Aufmerksamkeit auf viele Dinge vermindert. Allerdings wird nicht nur die Blindheit für viele bekannte Dinge zur Gewohnheit, sondern auch der handelnde Umgang mit den Dingen ist automatisiert und bleibt somit oft im Ort des Unbewussten. Durch den Vergleich des Gefühls beim erstmaligen Sprechen in einer Fremdsprache mit dem Gefühl des Redens in derselben Fremdsprache nach dem mehrmaligen und langfristigen Einüben wird klar, dass sich der Um-

61 Waldenfels: Grundmotive einer Phänomenologie des Fremden. S. 72.

62 Vgl. Rumpf: Belebungsversuche. S. 152f.

63 Flusser, Vilém: Von der Freiheit des Migranten. Einsprüche gegen den Nationalismus. Hamburg, Europäische Verlagsanstalt, 2007, S. 103.

64 Vgl. Roth, Gerhard: Das Gehirn und seine Wirklichkeit. Stuttgart, Suhrkamp, [3]1995, S. 246ff. Siehe auch Rumpf, Horst: Sich einlassen auf Unvertrautes. Über schwach kultivierte Formen des Weltumgangs – eine Erinnerung. In: *Neue Sammlung*. Vierteljahres-Zeitschrift für Erziehung und Gesellschaft. 42 (2002), Heft 1, S. 20.

gang mit einer Sache oder einer Sprache durch die Gewohnheit verändert.[65] Die routinierten Handlungen erfolgen daher oft unbewusst.

Während es bei der Aufmerksamkeit auf das Alltägliche um Wiedererkennen geht und damit ein Mangel an bewusster Wahrnehmung einhergeht, wird bei der Aufmerksamkeit auf das Fremde ein neues Sehen ermöglicht. Denn man ist nämlich nicht in der Lage, das Auffallende direkt unter einen Begriff einzuordnen. Das heißt, dass dabei das Einbeziehen sowohl in die routinierte Handlung, als auch in die praktische Sprache, die sich meistens damit begnügt, ihre mitteilende Funktion zu erfüllen, misslingt. Da die Automatisierung der Sprache einerseits in der reibungslosen Verständigung, andererseits in der Einordnung der Gegenstände besteht, so dass deren Folge oft mangelnde bewusste Wahrnehmung ist, lässt sich die Aufmerksamkeit auf das Fremde als eine Form der Wahrnehmung identifizieren, welche „die nicht einordnende, nicht wiedererkennende Konfrontation mit einer Gegebenheit"[66] ist. Veranschaulicht wird dies durch den folgenden Erfahrungsbericht von Ernst Goldbeck,[67] der als junger Lehrer zur Naturkundestunde die Klasse betrat, und zwar mit zweiunddreißig feuerroten, kaum geöffneten Tulpen:

„Mit diesem Strauß in der Hand betrat ich die Klasse. Soviel Äußerung der Freude vermochte doch die strenge Zucht nicht zu verschleiern, dass nicht ein bald ersterbendes ‹Ah› zu hören gewesen wäre. Und nun wurden die Blumen von mir verteilt, so dass jeder Knabe eine bekam. Mit Argusaugen verfolgten die Kleinen die Verteilung, ob auch jeder zu seinem Recht bekomme[,...] Als ich dann fertig war und zum Katheder zurücktrat, saßen alle befriedigt da, die schönen Blumen sorgsam und lang am grünen Stil gefasst mit den kleinen schmalen Händchen. [...] Das Schönste an den Blumen war den Kindern sichtlich die Farbe, die rote Farbe. Doch schien es auch, als freuten sie sich dunkel über die ‹stilrunden› Stengel und die leise Sensation in den Fingerspitzen."[68] Goldbeck fordert die Kinder auf, die Form und die Farbe von Tulpen zu beschreiben. Jedoch als er gesagt hat, dass die

---

65 Vgl. Šklovskij, Viktor: Die Kunst als Verfahren. In: Striedter, Jurij (Hrsg.): Russischer Formalismus. Texte zur allgemeinen Literaturtheorie und zur Theorie der Prosa. München, Willhelm Fink, ^{5}1994, S. 11, 13.

66 Rumpf: Belebungsversuche. S. 153.

67 Goldbeck, Ernst: Die Welt des Knaben. Neuausgabe von Arnold Bork, Ratingen, Henn, ^{2}1962, S. 168-170.Siehe Rumpf, Horst: Die übergangene Sinnlichkeit. Drei Kapitel über die Schule. Weinheim und München, Juventa, ^{3}1994, S. 183f.

68 Goldbeck: Die Welt des Knaben. S. 168-170.

Kinder zum Nachzählen die Blätter der Tulpe abzureißen hätten, gab es eine große Ablehnung von den Kindern. „Des ‹Ah› und ‹Oh› war kein Ende. Man sah dass diese Kinder die Tulpe nicht zerstören wollten.“[69]

Die Kinder sind emotional betroffen, als der Lehrer verlangt, die Blätter vorsichtig abzureißen, um sie besser zählen zu können. Sie staunen nämlich über die Schönheit der Tulpen. Denn sie kategorisieren die Blumen nicht unter dem Begriff der Tulpe dadurch, dass sie an ihnen allgemeine Merkmale feststellen, sondern sie sind von der Anwesenheit der Tulpen angetan. Die rote Farbe ist nicht mit einem abstrakten Begriff zu identifizieren, sondern sie wird mit persönlichen Erinnerungen verbunden. Hierbei stellt sich heraus, dass die Unfähigkeit der Klassifizierung der Dinge in einen Begriff den Horizont der sinnlichen Wahrnehmung ausbreitet.[70] Die Schwierigkeit der begrifflichen Einordnung führt zu einer Stille,[71] in der man auf etwas aufmerksam wird. Die „Aufstörung aus dem gewohnten Hinblick und dem einordnungsbereiten Vorwissen verdient Aufmerksamkeit.“[72] Dass der Moment des Staunens mit dem Phänomen der Aufmerksamkeit einhergeht, lässt sich am Beispiel von Manfred Sommer veranschaulichen, in dem es um einen Pilzsammler geht, dessen Blick auf einen Steinpilz fällt, der so sonderbar geformt ist:

„Er stutzt, wundert sich, schaut genauer hin, kann kaum glauben, dass es so etwas gibt. Er zögert einen Moment, ist sich unschlüssig: stehen lassen oder mitnehmen? Dann tut er, was er bislang auch getan hat: abschneiden und ins Körbchen. Beim Weitersammeln jedoch achtet er auf ihn; [. . .], behält ihn im Auge.“[73]

Das merkwürdige Aussehen des Pilzes lässt sich nicht in das bekannte Bild des Pilzes einordnen, so dass das Außergewöhnliche einem auffällt. Der Pilzsammler staunt also über den ungewöhnlichen Steinpilz. Die Schwierigkeit, das untypische Objekt begrifflich zu klassifizieren, tritt ebenso beim

---

69 Goldbeck: Die Welt des Knaben. S. 171.

70 Vgl. Rumpf: Die übergangene Sinnlichkeit. 1994, S. 184f.

71 Ein solches Schweigen ist kein bloßer Stillstand, sondern als ein Aufbruch für eine intensive geistige Beschäftigung mit einem Lerninhalt zu sehen. Vgl. Wagenschein, Martin: "... zäh am Staunen“. Pädagogische Texte zum Bestehen der Wissensgesellschaft. Seelze-Velber, Kallmeyer, 2002, S. 26f.

72 Vgl. Rumpf: Sich einlassen auf Unvertrautes. S. 18.

73 Sommer, Manfred: Sammeln. Ein philosophischer Versuch. Frankfurt am Main, Suhrkamp, 1999, S. 53.

Nichtwissen des Wissens auf, in dem etwas nicht mehr in das vertraute Denksystem zu integrieren ist. Sobald ein altbekanntes Wissen die Grenze des Verstehenshorizonts überschreitet, scheint es nicht mehr selbstverständlich zu sein. Zugleich ergibt sich daher das Moment der Verzögerung. Während die begriffliche Erfassung mit der Beschleunigung zusammenhängt, hat die sinnliche Anschauung mit der Verzögerung zu tun. Die „Anschauung *braucht* Zeit, der Begriff *spart* Zeit."[74] Während die Begriffe gelehrt und gelernt werden können, sind die Anschauungen nicht beizubringen, sondern ausschließlich durch die Steigerung der Aufmerksamkeit nahezubringen.[75] Daraus ergibt sich ein Plädoyer für die Gelassenheit und das Zeitlassen für die Aufmerksamkeit, die den Horizont der sinnlichen Anschauung erweitert und darüber hinaus eine neue Ansicht über die Welt erfahren lässt.

Hierbei wird deutlich, dass man die eigene Aufmerksamkeit nicht selbst steuern kann, indem man absichtlich vorausplant, auf was man aufmerksam wird, sondern die Aufmerksamkeit auf etwas vollzieht sich unabhängig vom eigenen Willen.[76] Wagenschein veranschaulicht das Phänomen der schöpferischen Aufmerksamkeit mit einem Beispiel eines Europäers, der von einem japanischen Meister die Kunst des Bogenschießens lernt.[77] Die Beschreibungen des Europäers über seine Erfahrung des Bogenschießens wie das „Loskommen von sich selbst", und das „absichtlose Gespanntsein"[78] zeigt sich, dass es bei der Aufmerksamkeit nicht um einen intentionalen Akt, sondern gerade um einen Entzug von Wissen und Wollen geht.[79] Waldenfels verwendet in diesem Kontext die Bezeichnung „*Patient* im buchstäblichen Sinne, um den passiven Vor-Status des sogenannten Subjekts hervorzuheben. Dieser geht über in den Status eines Respondenten, der auf das antwortet, was ihn oder sie trifft."[80]

---

74 Sommer: Sammeln. S. 57.

75 Vgl. Blumenberg, Hans: Zu den Sachen und zurück. Hrsg. von Manfred Sommer, Frankfurt a. M., Suhrkamp, 2002, S. 184.

76 Vgl. Waldenfels: Grundmotive einer Phänomenologie des Fremden. S. 74, 99f.

77 Vgl. Wagenschein: "... zäh am Staunen" S. 31. Das Beispiel stammt von Eugen Herrigel: ZEN in der Kunst des Bogenschießens. 6. Aufl. München, Planegg, Otto Wilhelm Barth, 1956.

78 Herrigel, Eugen: ZEN in der Kunst des Bogenschießens. 1956, S. 42. Siehe auch Wagenschein: "... zäh am Staunen". S. 31.

79 Vgl. Waldenfels: Grundmotive einer Phänomenologie des Fremden. S. 105.

Eine solche Aufmerksamkeit, die mit dem Staunen einhergeht, lässt sich als eine originäre bzw. primäre Aufmerksamkeit bezeichnen, welche sich von einer eingewöhnten, sekundären Aufmerksamkeit abgrenzen lässt. Eine originäre Aufmerksamkeit bezieht sich auf eine Unbestimmtheit und Unvertrautheit von etwas, „was nie völlig da sein wird“[81], während die sekundäre Aufmerksamkeit mit der Erwartung der noch nicht anwesenden Dinge zusammenhängt, die bereits begrifflich eingeordnet werden können.[82] Die Ebene der sekundären Aufmerksamkeit bezeichnet ein absichtliches Ereignis, das von einem handelnden Akteur ausgeht. Das Subjekt ist aufmerksam auf etwas, weil es seinem aufmerkenden Tun zugestimmt hat, bevor es darauf aufmerksam wird. Die Antizipation besagt, dass von etwas Selbstverständlichem in diesem Bereich die Rede ist. Eine alltägliche Handlung wie z. B. sich begrüßen oder sich im Unterricht melden gehört zu der Ebene der sekundären Aufmerksamkeit. Dagegen handelt es sich bei der Ebene der primären Aufmerksamkeit um das Aufmerksam-gemacht-werden. Die Person, die auf etwas aufmerksam gemacht wird, ist nicht in der Lage, seine Aufmerksamkeit vorauszusehen und sie zu lenken. Der Akt des Aufmerkens vollzieht sich vor der eigenen Absicht.[83] „Dies setzt allerdings voraus, dass das aufmerkende Denken, Sehen und Hören nicht bei sich beginnt, sondern damit, dass etwas unser Auge und unser Ohr anrührt, es af-fiziert, indem es vom Erwarteten abweicht.“[84]

Hinsichtlich der besonderen Eigenschaften der Aufmerksamkeit und des Staunens fällt jedoch im schulischen Kontext auf, dass der Fokus vorwiegend in der sekundären Aufmerksamkeit verharrt. Im Unterricht richtet sich die Aufmerksamkeit auf den zu bewältigenden Lernstoff, weil sie für die Leistung des Schülers und für den gelingenden Unterricht als unentbehrlich vorausgesetzt wird. Nach einem solchen Verständnis soll die Aufmerksamkeit zur Beschleunigung des Lernprozesses führen, damit die Schüler möglichst schnell bessere Schulergebnisse erbringen und so einen

80 Waldenfels: Grundmotive einer Phänomenologie des Fremden. S. 73.

81 Waldenfels: Grundmotive einer Phänomenologie des Fremden. S. 102.

82 Vgl. Waldenfels: Grundmotive einer Phänomenologie des Fremden. S. 102.

83 Vgl. Waldenfels, Bernhard: Phänomenologie der Aufmerksamkeit. Frankfurt a. M., Suhrkamp, 2004, S. 240.

84 Waldenfels: Grundmotive einer Phänomenologie des Fremden. S. 106.

schulischen Erfolg erreichen.[85] Die Aufmerksamkeit zielt auf das Ergebnis des Lernens, worunter die Anhäufung von Wissen zu verstehen ist. Dagegen werden die Fragestellungen vernachlässigt, welche Phänomene sich bei der Aufmerksamkeit vollziehen und wie das Staunen bei den Kindern anzuregen ist.[86] Im Gegensatz zur verzögernden Aufmerksamkeit erweisen sich die Zügigkeit und Geschicklichkeit nicht nur als Merkmal für den Schulerfolg, sondern oft auch als Merkmal für das Expertentum in der Alltagswelt. Während der Anfänger durch die fehlende Erfahrung und den Mangel an Geschick oft stolpert und zögert, erledigt der Könner die Sachen schnell. Die Experten haben einen automatisierten Umgang mit der Welt, so dass sie die Dinge beherrschen. Demgegenüber erschwert diese vorteilhafte Fähigkeit ihnen die Möglichkeit, auf die Dinge aufmerksam zu werden.[87] Daher geht es bei der originären Aufmerksamkeit um ein „sich etwas vergegenwärtigendes Lernen",[88] in dem der gegenwärtige Moment nicht als Mittel für die zukünftige Zielsetzung dient, sondern als Selbstzweck eine eigene Bedeutung gewinnt. Rumpf weist auf eine Geschichte aus einem Familientagebuch hin, die eine solche Vergegenwärtigung veranschaulicht:

„»Die zwei Jungen(12 und 15) springen vom Esstisch auf, der fünfzehnjährige hat im Garten etwas Größeres krabbeln sehen, ›WAS IST DENN DAS?‹, im letzten Sichtbarkeitsmoment ruft jemand: ›Mensch, ein Igel.‹ Das war noch nie da, sie rennen raus, mit äußerster Sorgfalt und Vorsicht die Gebüschecke musternd, auf dem Boden liegend, sich seitlich anschleichend. Auf einmal: Lächeln, gebannt Stehenbleiben des älteren, Erstarren in der Zeigegebärde: DA IST ER; der jüngere steht gleich daneben; etwa zwei Minuten stehen sie da, dann beugen sie sich, gehen et-

---

85 Vgl. Nießeler,Andreas: Bildung und Lebenspraxis. Anthropologische Studien zur Bildungstheorie. (Erziehung, Schule, Gesellschaft, 36), Würzburg, Ergon, 2005, S. 25f.

86 Im Gegensatz zur Hervorhebung der Vermittlung und Vertiefung des Fachwissens als Ziel der Lehrerweiterbildung scheint hierbei das Vermögen der Lehrkräfte, sich von dem wissenschaftlich orientierten Wissen zu distanzieren, äußerst bedeutsam zu sein. Damit man sich auf das kreative Gespräch mit Kindern einlassen kann, soll zuerst das vertraute Wissen seine Selbstverständlichkeit verlieren und das Wechselverhältnis von Altem und Neuem stattfinden. Vgl. Rumpf, Horst: Diesseits der Belehrungswut. Pädagogische Aufmerksamkeiten. Weinheim und München, Juventa, 2004, S. 145f. Wenn ein Lehrer allerdings über keine Bereitschaft verfügt, auf die Einfälle der Kinder aufmerksam zu werden, die den Rahmen des Fachwissens sprengen, dann ist er dazu unfähig, sie als ein Entwicklungsmoment der Kreativität und der Lernmotivation aufzufassen.

87 Vgl. Rumpf: Belebungsversuche. S. 151.

88 Rumpf: Belebungsversuche. S. 185.

was näher heran… Einige Zeit später kommt der jüngere wieder auf den Rasen und macht eine bestimmte Gebärdenfolge; das Gesicht verziehend, den Mund zu einer Schnauze faltend imitiert er offenbar den gerade gesehenen Igelgang: Langsam die beiden Arme nach vorn in die Luft tapsen lassend, den Körper leicht nach vorn gebeugt, das ungewöhnliche Krabbeln nachspielend«“ [89]

In dieser Beschreibung fällt deutlich auf, dass das jüngere Kind, das versuchte, mit seiner Mimik und seinem Körper den Igel nachzuahmen, von der Existenz des Igels fasziniert und angetan war. Die Anwesenheit des Igels hält den gegenwärtigen Moment des Betroffenen für eine Weile an, so dass die lineare Struktur der Zeit unterbrochen wird. Bei solchen Momenten verschwinden die zeitlichen Einheiten, die sich durch die systematische Einteilung der Unterrichtsintervalle und Pausen ergeben. Stattdessen ersetzt das augenblicklich erlebende Geschehnis die zeitliche Wahrnehmung. Die Betroffenheit führt ihn dazu, den ihm als fremd erscheinenden Igel nicht nur einmal anzublicken, sondern sich dem Igel ein Stück näher zu rücken, um ihn genauer zu betrachten. Das kleine krabbelnde Tier regt ihn an, so dass er durch die wiederholten Beobachtungen anschließend dessen Äußerlichkeit und seine Bewegungen imitiert. „Die Fremdheit und Hingezogenheit führten zur Nachahmung“.[90] Das nachmachende Verhalten des Kindes lässt sich ebenso als ein Annäherungsversuch feststellen, wodurch ihm die fremdartigen Merkmale vertraut werden und die Trennung zwischen dem Fremden und Eigenen nicht mehr da ist.

Dieser verzögernde Prozess des Staunens gehört zur Fremderfahrung, in der das Gewohnte in Frage gestellt und dementsprechend dessen Wiedererkennen erschwert wird. Beim Staunen bleibt der Blick für eine Weile beim Wahrgenommenen,[91] so dass der „Prozess der Verständigung über sich und die Welt“[92] beginnt. Die Auseinandersetzung des Kindes mit der eigenen und fremden Kultur setzt daher eine Erfahrung der Gren-

---

89 Rumpf: Die übergangene Sinnlichkeit. S. 180f.

90 Rumpf: Die übergangene Sinnlichkeit. S. 181.

91 Vgl. Spinner, Kaspar H.: Staunen als ästhetische Kategorie literarischer Sozialisation. In: Härle, Gerhard; Weinkauff, Gina (Hrsg.): Am Anfang war das Staunen. Wirklichkeitsentwürfe in der Kinder- und Jugendliteratur. Baltmannsweiler, Schneider-Verl. Hohengehren, 2005, S. 18.

92 Ebers, Thomas; Melchers Markus: Vor der Philosophie ist man nie sicher. In: *Welt des Kindes*, Heft 6, 2007, S. 10.

zen des Verstehens voraus, die mit dem Widerfahrnis und dem Erschrecken[93] einhergeht. Das Erlebnis des Staunens überschreitet die Sprachlichkeit, weil etwas, worüber man staunt, nicht mehr zum Ausdruck gebracht werden kann, da es die Welt der Tatsachen übersteigt.[94]

Allerdings bedeutet dies nicht, dass es gänzlich unmöglich ist, solche Erfahrungen in Sprache zu fassen und über sie zu philosophieren. Denn erst eine solche über die Sprache hinausgehende Grenzerfahrung führt zur Reflexion darüber, die dann den sprachlichen Ausdruck ermöglicht. Als das Gefühl der unmittelbaren Perplexität über die Welt[95] eröffnet das Staunen den Weg des Philosophierens. Dabei darf Staunen nicht mit dem Philosophieren selbst verwechselt werden, sondern es bildet den Anfang des Philosophierens, denn das Philosophieren besteht neben dem Nichtwissen vor allem aus dem Argumentieren, Begründen und Stellen von Fragen. Das Staunen ist demzufolge eine Bedingung für das Philosophieren über etwas. Die Schwierigkeit der begrifflichen Einordnung beim Staunen tritt ebenso bei der widerfahrenden Erfahrung des Fremden auf, wobei sie der entscheidende Moment für die geistige Auseinandersetzung ist. Durch das Staunen über etwas gelangen Kinder schließlich zu einer philosophischen Frage, die sprachlich artikuliert wird.

Um das Staunen anzuregen, plädiert Sklovskij daher für die Kunst, die darauf zielt, die geradlinigen und funktionalen Abläufe der Wahrnehmung aufzubrechen und sie für eine Weile andauern zu lassen. Die wichtige Rolle der Kunst besteht darin, dass sie durch eine außergewöhnliche Gestaltung der vertrauten Dinge den gewohnten Blick darauf zu einem fremden Blick umwandeln lässt.[96] Dabei sollte man sich anstatt der begrifflichen Benennung der Dinge auf deren Beschreibung konzentrieren. Das neuartige Hinsehen eröffnet die Möglichkeit eines neuen Erfahrungshorizonts. Durch die Hervorhebung der Kunst als eine Form von Irritation und Ent-

93 Waldenfels nennt dies das Pathos des Fremden. Vgl. Waldenfels, Bernhard: Fremdheit, Gastfreundschaft und Feindschaft. In: *Information Philosophie*. Heft 5/ Dez., Hamburg, Felix Meiner, 2006, S. 10.

94 Vgl. Wittgenstein, Ludwig: Vortrag über Ethik. In: Ders.: Vortrag über Ethik und andere kleine Schriften. Hrsg. von Joachim Schulte. Frankfurt a. M., Suhrkamp. 1989, S. 18f.

95 Vgl. Freese, Hans-Ludwig: Kinder sind Philosophen. Weinheim, Beltz, 1989, S. 17. Siehe dazu auch etwa Hersch, Jeanne: Das philosophische Staunen. Einblicke in die Geschichte des Denkens. München, Piper, 1997.

96 Vgl. Rumpf: Belebungsversuche. S. 162f.

automatisierung zeigt sich, dass die Fremdheit, die der vertrauten Einordnung entgeht, eine zentrale Voraussetzung für das Aufmerken bildet. So kann sich die Aufmerksamkeit auf etwas sich als ein „*Ereignis des Sichtbarwerdens*"[97] vollziehen und das Staunen ermuntern.

Dies wird veranschaulicht durch eine Geschichte über das fünfjährige Kind, das anlässlich der Bilder in der Kirche den Widerspruch zwischen der Ehrfurcht vor dem blutigen Geschehen in der Kirche und der Spuren gewaltsamer und grausamer Tötung in diesem Geschehen wahrnimmt und seinen Vater fragt: „Warum hängt hier immer ein Mensch herum? Immer ist in Kirchen Blut! Warum, Papa?" Hierbei wird deutlich, dass dem Kind die Geschichte in der Bibel, deren bildliche Darstellung in der Kirche und der Glaube vieler Menschen daran trotz seines Wissens darüber nicht mehr schlüssig erscheinen. Das Kind nimmt den Widerspruch zwischen der Brutalität der christlichen Religion und dem Glauben der vielen Menschen wahr. Seine staunende Fragestellung zeigt eine neue Wahrnehmung des Bekannten,[98] welche mit dem Nichtverstehen einhergeht. Das Kind wirft einen fremden Blick auf die Bilder in der Kirche und sieht sie schließlich mit anderen Augen an. Die Dinge, die aufgrund ihrer Selbstverständlichkeiten nicht „in Frage" kamen, erhalten nun Aufmerksamkeit, denn der Moment des Nichtwissens geht mit dem Staunen einher, das nicht aus einem Wissen oder einer Erklärung, sondern aus einem *Schauen* hervorgeht, so als ob man die Dinge zum ersten Mal sehen würde.[99] Dadurch wird die Auseinandersetzung mit ihnen erst möglich. Ein solches Staunen ähnelt einem Staunen über z. B. ein neues Elektrogerät als ästhetisches Staunen, das sich unabhängig von der Funktion und dem Zweck der bestaunten Gegenstände vollzieht.[100] Der Begriff der Anschauung spielt daher bei der staunenden Wahrnehmung eine zentrale Rolle.[101]Bei einem solchen Staunen geht es nämlich um Widerfahrnis und Pathos. Das Pathische ist daher ebenso

[97] Waldenfels: Grundmotive einer Phänomenologie des Fremden. S. 79.

[98] Rumpf: Sich einlassen auf Unvertrautes. S. 16f.

[99] Vgl. Thomas, Philipp: Wissen, dass wir nicht wissen – Ein philosophisches Bildungsziel. In: Martens, Ekkehard; Gefert, Christian; Steenblock, Volker (Hrsg.): Philosophie und Bildung. Münster, Lit, 2005, S. 127f.

[100] Vgl. Spinner: Staunen als ästhetische Kategorie literarischer Sozialisation. S. 18.

[101] Vgl. Bollnow, Otto Friedrich: Philosophie der Erkenntnis. Das Vorverständnis und die Erfahrung des Neuen. Stuttgart, Kohlhammer, 1970, S. 72f.Siehe auch Spinner: Staunen als ästhetische Kategorie literarischer Sozialisation. S. 18f.

für die originäre Aufmerksamkeit ein zentrales Merkmal. Ohne eine solche emotionale Betroffenheit kann man nicht zur Auseinandersetzung mit den Dingen kommen.

Die Fremderfahrung geht allerdings nicht nur von einem Sprechakt aus, sondern sie beginnt bereits mit einem ungewöhnlichen Blick, einer außergewöhnlichen Mimik oder einer unvertrauten Geste.[102] Der Fremde hat insofern einen Aufforderungscharakter, was zu einer nicht automatisierten Antwort führt: „[W]ir antworten darauf in erfinderischer und schöpferischer Form, *indem wir geben, was wir nicht haben*.“[103] Hierbei wird auch bemerkbar, dass die Kreativität gerade durch das Fremde zustanden kommen kann. Aufgrund der Differenz zwischen dem Fremden und dem Eigenen wird man auf beides aufmerksam. Der passive Akt des Aufmerksam-gemachtwerdens entzieht sich jeglicher Fragestellung und dem Verstehen, da das Fremde den vertrauten Sinn und bestehende Regeln nicht bestätigt. Daher ergibt sich die Unterscheidung zwischen „einem primär repetitiven und reproduktiven und einem primär innovativen und produktiven Antworten.“[104]

2.2.3 Perspektivenwechsel

Es hat sich herauskristallisiert, dass das Fremde zu einer produktiven und neuartigen Antwort, nämlich zu einer staunenden und bewussten Wahrnehmung führen kann. Jedoch bleibt die Frage noch unbeantwortet, welcher Faktor neben dem Phänomen der Aufmerksamkeit und des Staunens hinzukommen muss, damit vom interkulturellen Lernen gesprochen werden kann. Allein die sinnliche Wahrnehmung und die emotionale Betroffenheit sind hierfür nicht hinreichend. Was fehlt, ist die reflexive Auseinandersetzung mit den Widerfahrnissen, das heißt, das affektive Moment soll zur kognitiven Auseinandersetzung mit der eigenen und fremden Kultur führen. „Aus der Diskrepanz zwischen dem, was mir als normal eingefleischt ist und dem, was ich als befremdlich vorgeführt bekomme, entsteht Aufmerksamkeit und Reflexion.“[105] Erst durch diese Reflexion kann der Perspektivenwechsel erfolgen, der darin besteht, die eigene Lebensform und Weltanschauung mit anderen Augen zu betrachten und zugleich die fremde

[102] Vgl. Waldenfels: Grundmotive einer Phänomenologie des Fremden. S. 61f.
[103] Waldenfels: Topographie des Fremden. S. 142.
[104] Waldenfels: Grundmotive einer Phänomenologie des Fremden. S. 67.
[105] Rumpf: Belebungsversuche. S. 169.

Lebensform und die fremde Weltansicht aus deren Standpunkt sehen und verstehen zu können. Ein solcher Perspektivenwechsel spornt wiederum die weitere Reflexion über die fremde und eigene Kultur an. Im Vergleich zum Phänomen der Aufmerksamkeit und des Staunens wird daher für den Perspektivenwechsel ein langwieriger Prozess erwartet.

Um die gewohnten Dinge der eigenen Kultur mit anderen Augen sehen zu können, muss man eine gewisse Distanz zu ihnen gewonnen haben. Die Fähigkeit, „sich selbst und seine privaten Zwecke mit Abstand ansehen"[106] zu können, zählt wiederum zum Gebildet-Sein,[107] so dass der Perspektivenwechsel nicht nur für das interkulturelle Lernen entscheidend ist, sondern auch mit der Bildung des Menschen eng zusammenhängt. Was unter diesem Distanzieren von der eigenen Kultur zu verstehen ist, verdeutlicht die Erfahrung des Emigranten: Bei der Rückkehr eines Emigranten in seine Heimat erfährt er eine intensive Entfremdung und er sieht seine Heimat mit anderen Augen an.[108] Der Gewinn einer neuen Perspektive auf das Bekannte geht darauf zurück, dass er aufgrund eines langen Auslandsaufenthalts und vielen neuen Erfahrungen Distanz zu seiner gewohnten Umgebung gewonnen hat. So ergibt sich die Bedeutsamkeit der Fremderfahrung für die Auseinandersetzung mit dem Eigenen und Gewohnten. Die Entfremdung des Gewohnten führt zur Erkenntnis, dass man nicht völlig mit der eigenen Kultur vertraut sein kann.[109] Zugleich kommt die bisherige Blindheit der eigenen Denk- und Handlungsmuster, die kulturell geprägt sind, zu Bewusstsein.

In der Reflexion, die aus der Konfrontation mit dem Fremden erwachsen ist, geht es also zunächst um die „Erkenntnis des eigenen Unwissens"[110], die für den Perspektivenwechsel unentbehrlich ist. Das erkannte

[106] Gadamer, Hans-Georg: Wahrheit und Methode. Grundzüge einer philosophischen Hermeneutik. Tübingen, Mohr, 1960, S. 14.

[107] Vgl. Duncker, Ludwig: Zeigen und Handeln. Studien zur Anthropologie der Schule. Langenau-Ulm, Vaas, 1996, S. 124.

[108] Vgl. Plessner: Mit anderen Augen. S. 93.

[109] Vgl. Därmann, Iris: Zur philosophischen Bestimmung von Interkulturalität im Ausgang von Bernhard Waldenfels. In: Busch, Katrin (Hrsg.): Philosophie der Responsivität. Festschrift für Bernhard Waldenfels. München, Fink, 2007, S. 198.

[110] Reichenbach, Roland: Philosophie der Bildung und Erziehung. Eine Einführung. (Grundriss der Pädagogik, Erziehungswissenschaft, 14), Stuttgart, Kohlhammer, 2007, S. 196.

Unwissen ist kein bloßes Unwissen, sondern aktives Nichtwissen,[111] denn auf das Bekannte wird ein bewusster Blick geworfen, so dass das Vertraute nicht mehr verständlich scheint. Das aktive Nichtwissen durch das Fremde war schon bei Sokrates ein wichtiger Bestandteil seiner philosophischen Methodik. Für die Entwicklung der Tugenden, worauf Sokrates durch sein Philosophieren gezielt hat, war daher Selbsterkenntnis notwendig, dessen Anfang darin besteht, bloßes Unwissen in aktives Nichtwissen zu transformieren.[112] Dieses Moment charakterisiert sich durch Skepsis und Zweifel, welche aber immer Quelle der intellektuellen Erneuerung waren.[113] Insbesondere können solche Provokationen zur Auseinandersetzung mit der eigenen Sichtweise beitragen. Sokrates hilft dabei in der Rolle einer philosophischen Hebamme, um den Menschen schließlich von falschen Meinungen zu befreien.

Als eine andere Methode für den Perspektivenwechsel spielt auch die Technik der Inspiration, die aus dem Bemerken von zuvor unbeachteten Aspekten[114] besteht, eine wichtige Rolle. Das heißt, dass die Kinder auf alternative Sichtweisen auf das Bekannte aufmerksam gemacht werden können, z. B. wie die Menschen aus den anderen Kulturkreisen das neue Jahr feiern oder welche Werte dabei als wichtig erachtet werden. Aus diesem Grund ergibt sich die didaktische Möglichkeit, Kindern mehrere Perspektiven von etwas zu zeigen. Die Bedeutung der Mehrperspektivität hebt auch Ludwig Duncker hervor, da diese „solche Lernprozesse ermöglichen, die den eigenen, zunächst immer naiv und egozentrisch begrenzten Blick auf die Wirklichkeit überschreiten und neue Perspektiven eröffnen."[115]

Er schließt das didaktische Prinzip der Mehrperspektivität an vier philosophische Zugänge an, um es zu veranschaulichen. In der erkenntnistheoretischen Position macht der Begriff der Anschauung deutlich, dass wir die Welt weder als Abbild noch nur aufgrund unserer sinnlichen Wahrnehmung erkennen können. Wir erkennen die Welt weder nur objektiv noch

---

[111] Vgl. Reichenbach: Philosophie der Bildung und Erziehung. S. 196.

[112] Vgl. Reichenbach: Philosophie der Bildung und Erziehung. S. 196.

[113] Vgl. Reichenbach: Philosophie der Bildung und Erziehung. S. 204.

[114] Vgl. Hiltmann, Gabrielle: Philosophieren lernen. Überlegungen zur Philosophiedidaktik anhand Wittgensteins ‹Technik der Inspiration›. In: Rehn, Rudolf; Schües, Christina: Bildungsphilosophie. Grundlagen, Methoden, Perspektiven. (Pädagogik und Philosophie 1), Freiburg, München, Karl Alber, 2008, S. 241f.

[115] Duncker, Ludwig: Zeigen und Handeln. S. 124.

nur subjektiv. Erkenntnis ist eine Zwischenwelt, in der Bild und Erfahrung vermischt sind. Daher entsteht eine neue Anschauung nicht durch das Gewohnte und bereits Bekannte, sondern durch das Entgegentreten des Selbstverständlichen. Ludwig Duncker kritisiert aus diesem Grund die Didaktik, die sich nur auf die Nähe, Sinnlichkeit und Anschaulichkeit konzentriert.[116] Er plädiert daher dafür, dass man den Kindern „das distanzierende Reflektieren, die Ausbildung von Kategorien für die Interpretation von Erfahrung, die Verfremdung des bereits Bekannten“[117] ermöglicht. So kann das didaktische Prinzip der Mehrperspektivität zum interkulturellen Lernen beitragen, denn das interkulturelle Lernen geht ebenfalls von der Selbstentfremdung aus, in der man sich entzieht und das Selbstverständliche fremd erscheint. An die Stelle der Orientierung an gewohnten Aspekten wird insbesondere auf eine neue Erkenntnis bei den Kindern gezielt.

Das kulturphilosophische Argument, das sich auf Ernst Cassirer bezieht, veranschaulicht den Ursprung der Möglichkeit des Menschen, trotz der beschränkten eigenen Perspektive eine neue Erkenntnis zu erlangen. Nach Cassirer sind die symbolischen Systeme, die zwischen der Wirklichkeit und dem Menschen eine Erfahrung bzw. eine Interpretation ermöglichen, unentbehrlich für die spätere Erweiterung einer eigenen Sichtweise.[118] Durch die Theorie Cassirers zeigt sich, warum das Potenzial des Perspektivenwechsels dem Menschen bereits vorgegeben ist. Die symbolische Zwischenwelt „enthält Bedeutungsschichten, die sich ablösen aus den konkreten Zusammenhängen und sich verselbständigen können.“[119] Aufgrund dieser Selbstverständlichkeit, die innerhalb einer symbolischen Welt verankert ist, spielt das Fremde eine entscheidende Rolle für den Selbstentzug und die sich daraus ergebende Horizonterweiterung.

Diesbezüglich veranschaulicht Appiah mit einer bekannten Anekdote, wie man durch den Kontakt mit dem Fremden und die Auseinandersetzung damit zum Perspektivenwechsel kommen kann. Eine Missionsschwester

[116] Vgl. Duncker: Zeigen und Handeln. S. 124f.

[117] Duncker: Zeigen und Handeln. S. 125.

[118] Vgl. Duncker: Zeigen und Handeln. S. 125f. Siehe Cassirer, Ernst: Wesen und Wirkung des Symbolbegriffs. Darmstadt, Wissenschaftl. Buchgesellschaft, 1956, S. 175f. Siehe auch Cassirer, Ernst: Versuch über den Menschen. Einführung in eine Philosophie der Kultur. Frankfurt a. M., S. Fischer, 1990, S. 345.

[119] Duncker: Zeigen und Handeln. S. 125.

sah eine tragische Situation an einem Ort, wo die Tatsache, dass die Einwohner das Wasser aus dem Brunnen nicht kochten, den Tod der Kinder verursachte. Sie versuchte daher den Leuten zu erklären, worin der Grund für deren Tod lag und was man dagegen tun kann. Aus ihrer Perspektive überzeugte sie die Leute, indem sie erklärte, dass winzige, unsichtbare Lebewesen im Wasser die Kinder krank machen und daher nur das Kochen des Wassers diese Bakterien beseitigen kann. Einen Monat nach diesem Fall kam sie in den Ort zurück und beobachtete, dass die Situation unverändert blieb. Sie bemerkte, dass die Einheimischen ihre Erklärung nicht verstanden haben. Ihr fiel eine andere Idee ein und sie versuchte, vom Standpunkt der Einheimischen auszugehen. Sie kochte das Wasser vor den Einwohnern und sagte, dass im Wasser Geister sind, die nur dann flüchten, wenn das Wasser aufs Feuer gesetzt wird. Diese Erklärung erschien ihnen plausibel, so dass keine durch das ungekochte Wasser verursachten Todesunfälle mehr stattfanden.[120]

Aus diesem Beispiel lässt sich deutlich erkennen, dass der Perspektivenwechsel für die Verständigung mit Menschen, die eine andere Denkweise haben, konstitutiv ist. Die Missionsschwester musste erst die richtige Erklärung finden, die für die Einheimischen als sinnvoll erscheint und daher in ihr Weltbild passt, um sich miteinander zu verständigen. Zuvor hatte sie die Unmöglichkeit ihrer Erklärung für die anderen wahrnehmen müssen, damit ihr die Notwendigkeit des Perspektivenwechsels sichtbar wurde. In dem Beispiel musste sie die neue Anschauung und die damit zusammenhängenden Begriffe lernen, die im anderen Kulturkreis verwendet wurden. In Bezug darauf scheint das nachstehende Zitat von Appiah aussagekräftig: „Im Glauben wie in allem anderen müssen wir alle dort anfangen, wo wir stehen".[121]

Die Begriffe und die Denk- und Lebensweise der eigenen Kultur sind nicht die einzige Möglichkeit, um von einer Gegebenheit auf bestimmte Weise überzeugt zu werden. Mithilfe dieses Beispiels wird die Kontingenz der Erklärungen vor Augen geführt, welche auf allgemeinen Überzeugungen beruhen. Ob von Viren, Bakterien oder Geistern die Rede ist, beide Begründungen basieren auf der Autorität der Phänomene. Das heißt, dass

[120] Vgl. Appiah, Kwame Anthony: Der Kosmopolit. Philosophie des Weltbürgertums. München, C. H. Beck, 2007, S. 60.

[121] Appiah: Der Kosmopolit. S. 60.

die Bakterien sich auf die Autorität der Wissenschaft berufen und die Geister sich auf die Autorität der Vorfahren beziehen. Die verschiedenen Kulturkreise nehmen die Phänomene so wahr, dass die Erklärung sich in das jeweilige Weltbild integrieren lässt. Diese Verknüpfung begründet Appiah, indem er eine Interdependenz der Wahrnehmung mit der Vorstellung postuliert. Diese besagt, dass man nur etwas wahrnehmen kann, was man sich auch vorstellen kann. Die sinnliche Erfahrung des Sehens, des Hörens, des Fühlens hängt also von der bereits vorhandenen Vorstellung ab.[122] Mit den Worten Cassirers lässt sich erneut akzentuieren, dass unsere Wahrnehmung vom jeweiligen kulturellen Symbol abhängt, welches die Vorstellung bzw. Anschauung widerspiegelt.[123] Um eine neue Anschauung gewinnen zu können, sollte man deshalb in der Didaktik nicht nur bereits Bekanntes vermitteln, sondern gerade die gezielte Verfremdung dieses Bekannten sollte als eine Methode dafür eingesetzt werden. Beim interkulturellen Lernen gewinnt das Fremde daher als Anlass für die Verfremdung des Bekannten große Bedeutung.

Um den dritten philosophischen Zugang einer „strukturalen Hermeneutik“ zu erläutern, bezieht sich Duncker auf die Theorie Roland Barthes', wodurch evident wird, dass die Entdeckung der Wirklichkeit durch eine „strukturalistische Tätigkeit“[124] zustande kommt. Ein gleiches Phänomen kann mit „Zerlegung“[125] und „Arrangement“[126] nicht mehr als dasselbe, sondern als etwas ganz Neues identifiziert werden. Duncker hebt hervor, dass man sich aufgrund des neuen Erkenntnisgewinns den pluralistischen Anschauungsmöglichkeiten eines Gegenstandes bewusst werden kann.[127] Eine wichtige Rolle spielt auch die kreative Fähigkeit des Menschen, weil man beim Herauslösen der Dinge aus ihren ursprünglichen Kontexten neben diesem Vertrauten auch selbst Bedeutungseinheiten findet und auswählt

122 Vgl. Appiah: Der Kosmopolit. S. 60ff.

123 Vgl. Cassirer: Wesen und Wirkung des Symbolbegriffs. S. 175f. Siehe auch Cassirer: Versuch über den Menschen. S. 321f.

124 Barthes, Roland: Die strukturalistische Tätigkeit. In: Schiwy, Günther: Der französische Strukturalismus. Mode, Methode, Ideologie. Mit einem Anhang von Texten von de Saussure, Lévi-Strauss, Barthes, Goldmann, Sebag, Lacan, Althusser, Foucault, Sartre, Ricoeur, Hugo Friedrich. Reinbek bei Hamburg, Rowohlt, 1969, S. 159.

125 Barthes: Die strukturalistische Tätigkeit. S. 159.

126 Barthes: Die strukturalistische Tätigkeit. S. 159.

127 Duncker: Zeigen und Handeln. S. 126.

und zum Schluss einen Zusammenhang zwischen verschiedenen Elementen herstellt.[128]

Als letzter Zugang zum didaktischen Prinzip der Mehrperspektivität verweist Duncker auf Überlegungen des politischen Philosophen und Wissenschaftstheoretikers Karl Popper, um die politische Bedeutsamkeit und Notwendigkeit des mehrperspektivischen Unterrichts zu betonen. In Bezug auf das Hauptwerk Poppers *Die offene Gesellschaft und ihre Feinde*, in dem der „Zusammenhang von Demokratie und politischer Offenheit deutlich herausgearbeitet"[129] ist, wird eine offene Gesellschaft nach Duncker durch Pluralität charakterisiert, während eine Gesellschaft durch eine einseitige und verschlossene Position monoethisch zu werden. Damit die Bildung zur offenen Gesellschaft beitragen kann, sollte man im Unterricht versuchen, nicht eine der Mehrheitsgesellschaft entsprechende Weltanschauung als einzig wahrhafte zu vertreten, sondern durch die argumentative Übung mit Perspektiven die Kontingenz der Weltanschauung aufzeigen.[130]

Durch die Beschreibung der vier philosophischen Zugänge zum Prinzip der Mehrperspektivität wurde die Bedeutung der Kontingenz der Weltanschauung hervorgehoben, welche gerade beim interkulturellen Lernen bewusst wird. Da etwas Unbestimmtes, Unvertrautes und Unbekanntes als Motor für den Gewinn eines neuen Aspekts zu bezeichnen sind, ergibt sich das didaktische Vorgehen der Mehrperspektivität, das Duncker als „*Prinzip des Zeigens*"[131] bezeichnet. Bereits der Begriff *Prinzip des Zeigens* deutet auf das Aufmerksam-machen hin.

Aus diesem Grund geht es beim Prinzip der Mehrperspektivität weniger um die Selbsttätigkeit des Kindes, sondern vielmehr um das Sichtbarmachen der verschiedenen Deutungsmöglichkeiten der Wirklichkeit.[132] Jedoch heißt dies nicht, dass die Rolle des Kindes passiv bleibt, sondern die Kinder werden durch den Anstoß von einer neuen Sache dazu provoziert, über sie nachzudenken und eigene Fragen zu stellen.[133] Insofern bezeichnet Duncker die Fähigkeit des Kindes, sich von dem eigenen vorbestimmten

[128] Vgl. Duncker: Zeigen und Handeln. S. 126f.
[129] Duncker: Zeigen und Handeln. S. 127.
[130] Vgl. Duncker: Zeigen und Handeln. S. 127.
[131] Duncker: Zeigen und Handeln. S. 127.
[132] Vgl. Duncker: Zeigen und Handeln. S. 127.
[133] Vgl. Duncker: Zeigen und Handeln. S. 128.

Deutungsmuster distanzieren zu können, als Spiel, denn die Kinder können durch den Abstand zur Welt einen spielerischen Umgang mit ihrer Umwelt gewinnen und somit ihre Phantasie und Kreativität entfalten.[134]

Die Struktur des interkulturellen Lernens lässt sich in Analogie mit dem Wesen des Gedächtnisses beschreiben, das aus Behalten, Vergessen und Wiedererinnern besteht, denn das Vergessen der eigenen Erinnerungsweise ist genauso wie Entfremdung des Selbstverständlichen eine Voraussetzung für das Wiedererinnern des Alten und für die neue Wahrnehmung des Eigenen. Das Wiedererinnern ist in diesem Kontext damit gleichzusetzen, ein neues Licht auf das gewohnte Eigene zu werfen und in der Lage zu sein, mit anderen Augen zu sehen. Hans-Georg Gadamer betrachtet das Wesen des Gedächtnisses dementsprechend als „eine allgemeine Anlage oder Fähigkeit“[135] und betont die Notwendigkeit der Entwicklung dieses Gedächtnisses für die Erlangung von Authentizität. Die Eigentümlichkeit des Gedächtnisses wird nicht allein durch das Behalten, sondern gerade durch den Vorgang des Vergessens und des Wiedererinnerns ermöglicht.[136] „Nicht dass man etwas Neues zuerst sieht, sondern dass man das Alte, Altbekannte, von Jedermann Gesehene und Uebersehene *wie neu* sieht“.[137]

Gadamer betont die Notwendigkeit des Vergessens für die Entstehung einer neuen Sichtweise. Dieser Zusammenhang von Vergessen und Neusehen lässt vermuten, dass die alte Sichtweise revidiert werden muss, damit eine neue Perspektive entsteht. Solange man sich immer noch von der eigenen Brille nicht befreit hat, ist man nicht imstande, mit einer neuen Brille die Welt zu betrachten. Die Entfremdung des Alten ist in diesem Sinne also eine unentbehrliche Bedingung für den Perspektivenwechsel, was Gadamer als „sich selbst zu erkennen im Anderssein“[138] beschreibt. Daher ist „die Heimkehr zu sich, die freilich Entfremdung voraussetzt, das Wesen der Bildung“.[139] „Im Fremden das Eigene zu erkennen, in ihm heimisch zu

---

[134] Vgl. Duncker: Zeigen und Handeln. S. 129.

[135] Gadamer: Wahrheit und Methode. S. 13.

[136] Vgl. Gadamer: Wahrheit und Methode. S. 13.

[137] Nietzsche, Friedrich: Menschliches, Allzumenschliches. Kritische Studienausgabe von G. Colli und M. Montinari. Bd. 2. München, 1988, S. 465. Zitiert nach Meyer-Drawe, Käte: Höhlenqualen. Bildungstheoretische Provokationen durch Sokrates und Platon. In: Rehn, Rudolf; Christina, Schües (Hrsg.): Bildungsphilosophie. 2008, S. 38.

[138] Gadamer: Wahrheit und Methode. S. 11.

[139] Gadamer: Wahrheit und Methode. S. 11.

werden, ist die Grundbewegung des Geistes, dessen Sein nur Rückkehr zu sich selbst aus dem Anderssein ist.“[140] Nur durch alternative Perspektiven wird das Vertraute in die vielseitige Einheit gebracht.[141] Hierbei gewinnt die bekannte Welt eine Mehrperspektivität.

Als ein didaktisches Beispiel dafür nennt Ludwig Duncker das Zeigen einer anderen Weltkarte, die darauf aufmerksam macht, dass das Weltbild von dem jeweiligen Standpunkt abhängt. Denn diese Weltkarte präsentiert sich nicht wie eine Weltkarte, die Europa als den Mittelpunkt der Erde darstellt, sondern sie geht von einem anderen Kontinent aus, der zum Zentrum auserkoren wird.[142] Durch den Vergleich verschiedener Weltkarten stellt sich bei den Kindern die Erkenntnis ein, dass die Selbstwahrnehmung nicht mit der Fremdwahrnehmung gleichzusetzen ist, sondern jede Wahrnehmung kontextabhängig ist.

Dass die Mehrperspektivität einen notwendigen Bestandteil der Bildung ist, zeigt sich in dem Zitat von Gadamer: „Eben das hatten wir, Hegel folgend, als das allgemeine Kennzeichen der Bildung hervorgehoben, sich derart für Anderes, für andere, allgemeinere Gesichtspunkte offenzuhalten. In ihr liegt ein allgemeiner Sinn für Maß und Abstand in Bezug auf sich selbst, und insofern eine Erhebung über sich selbst zur Allgemeinheit.“[143] Außerdem wird erneut deutlich, dass die Fähigkeit des Distanzierens zu sich selbst und somit zur eigenen Perspektive als ein wesentliches Element der Bildung zu bezeichnen ist.[144]Die Fähigkeit, sich aus dem Blickwinkel des Fremden zu betrachten, ist eine verinnerlichte Haltung des gebildeten Menschen.

Die Abstraktionskraft des Menschen kommt dementsprechend durch das Bewusstsein des Zusammenhangs von sich selbst und der Allgemeinheit zustande, die das Eigene in einem gewissen Verhältnis bestimmt.[145]

---

140 Gadamer: Wahrheit und Methode. S. 11.

141 Vgl. Gadamer: Wahrheit und Methode. S. 13.

142 Vgl. Duncker, Ludwig: Mit anderen Augen sehen lernen – Multiperspektivität in Gesellschaft und Schule. In: Kregcjk, Konrad (Hrsg.): Intensiv-Programm Philosophieren mit Kindern mit unterschiedlichem kulturellen Hintergrund. Madrider Impulse. (Philosophie in der Schule 12), Wien, Lit, 2005, S. 14.

143 Gadamer: Wahrheit und Methode. S. 14.

144 Vgl. Gadamer: Wahrheit und Methode. S. 14.

145 Gadamer bezieht sich auf Hegel, der erläutert, dass die Abstraktionskraft bedeutend für Bildung ist, die darin besteht, „von sich selbst ab[zu]sehen und auf ein Allgemeines

„Bildung als Erhebung zur Allgemeinheit ist also eine menschliche Aufgabe. Sie verlangt Aufopferung der Besonderheit für das Allgemeine."[146] Dieser Gedanke lässt sich auch bei Angelika Fournés finden, weil sie die Aufgabe des modernen Unterrichts darin sieht, „auf die differenzierte Vermittlung von erfahrendem Subjekt und Erfahrungsgegenstand ab[zu]zielen."[147] Dieses Ziel besagt, dass man Abstand zu dem Gegenstand erhält und die verschiedenen Betrachtungsmöglichkeiten des Gegenstandes im Blick hat. Außerdem führt die Fähigkeit des Mit-anderen-Augen-Sehens nach Dombrowski zur zwischenmenschlichen Verständigung und zur Entwicklung der Empathie.[148] Aus diesem Grund umfasst das interkulturelle Lernen in einem weiten Sinne eine ethische Haltung gegenüber dem kulturell Fremden.

Jedoch wird die Welt im Unterricht vorwiegend aus der Perspektive des Erwachsenen vermittelt und diese einseitige Darstellung der Wirklichkeit weiterhin „kindergerecht" vereinfacht, so dass die Gefahr des Interessenverlusts von den Kindern besteht.[149] Da die Bildung auf die Fähigkeit zielt, das Vertraute mit anderen Augen zu sehen, ergibt sich die Notwendigkeit, die Kinder zum Perspektivenwechsel zu leiten. Die einfältige Sichtweise der Wirklichkeit im Unterricht kann daher nicht nur den Verlust des Interesses und der Neugier des Kindes hervorrufen, sondern auch die Möglichkeit zur Bildung tilgen.

Hierbei stellt sich die Frage, wie man die Neugier des Kindes weckt und zugleich zum interkulturellen Lernen führen kann, das den Bildungsaspekt einschließt. Es gibt zwar zahlreiche Methoden des interkulturellen Lernens in der Praxis, welche durch das Zeigen eines Bildes oder eines fremden Spiels, Liedes usw. auf die pluralistischen Wahrnehmungsmög-

hin[zu]sehen, von dem her sich sein Besonderes nach Maß und Verhältnis bestimmte." Gadamer: Wahrheit und Methode. S. 10.

146 Gadamer: Wahrheit und Methode. S. 10.

147 Fournés, Angelika: Mehrperspektivität und dialogische Erziehung – Eine Antwort auf die Anforderungen an zeitgemäßen Unterricht. In: *Pädagogische Rundschau* 56 (2002), Heft 1, S. 43.

148 Vgl. Dombrowski, Alexandra: „Du siehst etwas, was ich nicht seh'!" Mehrperspektivität beim Philosophieren im Grundschulunterricht. In: Duncker, Ludwig; Nießeler, Andreas (Hrsg.): Philosophieren im Sachunterricht. Imagination und Denken im Grundschulalter. (Philosophie in der Schule 10), Münster, Lit, 2005, S. 138.

149 Vgl. Dombrowski: „Du siehst etwas, was ich nicht seh'!". S. 131.

lichkeiten und Lebensformen aufmerksam machen, aber damit das interkulturelle Lernen stattfindet, reicht diese Aufmerksamkeit allein nicht aus, sondern sie muss zur reflexiven Auseinandersetzung mit der eigenen und fremden Kultur weitergeführt werden. Damit auch der ethische Aspekt des interkulturellen Lernens erreicht werden kann, ist dieser Reflexionsmoment unverzichtbar. Für das Erfüllen dieses Bildungsanspruchs vom interkulturellen Lernen ist die Didaktik des Zeigens daher nicht ausreichend, sondern eine systematische Methode ist notwendig, die sowohl die Neugier und das Staunen des Kindes, als auch die reflexive Fähigkeit berücksichtigt. Dementsprechend ist insbesondere die kulturelle Bedeutung der Sprache beim interkulturellen Lernen zu beachten, die mit der Leiblichkeit und dem Denken eng verwoben ist. In diesem Sinne erweist sich das Philosophieren mit Kindern als eine besonders vielversprechende Methode des interkulturellen Lernens. Was genau unter dem Philosophieren mit Kindern vorzustellen ist und welcher Ansatz gerade für das interkulturelle Lernen geeignet ist, soll in dem nächsten Kapitel ausführlich beschrieben werden.

3. Das Philosophieren mit Kindern als Methode für das interkulturelle Lernen

Das gemeinsame Philosophieren bietet den Kindern viel Raum und Zeit, über grundlegende und komplexe Fragestellungen gemeinsam nachzudenken. So kann die Fähigkeit des Kindes, zu staunen und zu fragen, gefördert werden, anstatt dass sie verloren geht. Das gemeinsame Philosophieren mit Kindern zeichnet sich im Gegensatz zum Frontalunterricht selbst als mehrperspektivisch aus, weil es auch die Perspektive des Kindes berücksichtigt. Dombrowski betrachtet die beiden Perspektiven des Erwachsenen und des Kindes als eine Zweiperspektivität und sieht darin den Anfang einer künftigen Mehrperspektivität. Es geht beim Philosophieren mit Kindern nicht um die Trivialisierung, sondern um die Orientierung an dem Interesse und an der Neugier des Kindes.

Das Philosophieren mit Kindern kann aber nicht nur zum Staunen des Kindes führen, sondern vor allem die Reflexion anspornen. Die Möglichkeit des interkulturellen Lernens liegt gerade darin, dass das Philosophieren mit Kindern sowohl die affektiven und leiblichen als auch die kognitiven Aspekte berührt. Inwiefern das Philosophieren mit Kindern zum interkulturellen Lernen führen kann, soll in diesem Kapitel untersucht werden – und zwar dadurch, dass drei unterschiedliche Vertreter und dessen Ansätze des Philosophierens mit Kindern in Hinblick auf das interkulturelle Lernen kritisch befragt werden. Hierbei werden bezüglich der Methode, der Haltung und des Inhalts die enge Verbindung zwischen dem Philosophieren mit Kindern und dem interkulturellen Lernen explizit veranschaulicht. Damit wird zugleich beabsichtigt, einige Missverständnisse und vage Vorstellungen, die das Philosophieren mit Kindern begleiten, auszuräumen.

Durch den Rekurs auf die wichtigen Vertreter und deren Konzepte soll nicht nur verdeutlicht werden, was man überhaupt unter dem Philosophieren mit Kindern versteht, sondern welcher Ansatz für die Ermöglichung des interkulturellen Lernens besonders praktikabel ist. Insbesondere wird in dieser Arbeit auf die Theorien von Matthew Lipman, Gareth B. Matthews und Ekkehard Martens eingegangen, da diese gewissermaßen Grundmodelle des Philosophierens mit Kindern bilden. Zugleich spiegelt sich bei allen Theorien eine unterschiedliche Anthropologie des Kindes wider, welche im folgenden Kapitel hinsichtlich des interkulturellen Lernens kritisch analysiert werden soll. Denn die Bezugnahme auf die Anthropologie des Kindes ist äußerst wichtig für das Verständnis, warum das gemeinsame Philosophieren eine pädagogische Bedeutung für die Kinder aufweist. Dies ist umso notwendiger, weil häufig Zweifel darüber geäußert werden, ob Kinder zum einen tatsächlich über das kognitive Potenzial zum Philosophieren verfügen und zum anderen, ob das philosophische Gespräch für das Kind von Relevanz ist. Der Bezug auf die Anthropologie des Kindes beugt zugleich dem „schwärmerische[n] Romantizismus und verengte[n] Rationalismus“[1] vor, die beide missverstandene Bilder der Kinder präsentieren und somit zu zweifelhaften didaktischen Folgen führen können. Anschließend daran wird im nächsten Unterkapitel spezifisch auf die sokratische Methode eingegangen, welche verdeutlicht, warum das Philosophieren mit Kindern eine besonders geeignete Methode für das interkulturelle Lernen ist. Dadurch gelingt es auch, das philosophische Gespräch von nicht-philosophischen Gesprächen abzugrenzen, die die Reflexions- und Orientierungsfunktion nicht erfüllen und bisweilen sogar hinderlich dafür sind. Durch die ausführliche Beschreibung der spezifischen Methode des Philosophierens mit Kindern soll nachvollziehbar werden, wie die philosophierende Tätigkeit die Kinder zur Fremderfahrung und zur Reflexion bringen kann.

---

[1] Martens: Philosophieren mit Kindern. S. 27.

3.1 DREI ANSÄTZE DES PHILOSOPHIERENS MIT KINDERN

3.1.1 MATTHEW LIPMANS ANSATZ DES PHILOSOPHIERENS MIT KINDERN

Das heutzutage weltweit[2] verbreitete Konzept „Philosophieren mit Kindern"[3] geht auf den amerikanischen Professor in Philosophie und Logik Matthew Lipman zurück, der 1974 das Institut für die Förderung der Philosophie für Kinder (IAPC: Institute for the Advancement of Philosophy for Children) begründet hat. Anschließend schrieb er zum Philosophieren viele Geschichten für Kinder und gab in 1978 das erste Buch *Harry Stottlemeier's Discovery* heraus. Das Motiv für sein Konzept „Philosophie für Kinder" (P4C: *Philosophy for Children*) ging von der Feststellung aus, dass vielen Studenten die Fähigkeiten des logischen und kritischen Denkens fehlte. Er sah den Grund dafür in einem Mangel an der Förderung der Denkfähigkeit (*reasonings kills*) des Menschen bereits im Kindesalter und plädierte daher für die Notwendigkeit der frühkindlichen Unterstützung in diesem Bereich. Damit das Förderprogramm in der Schule durchgesetzt werden konnte, entwickelte er systematisch für jeden Schuljahrgang[4] ein strukturiertes Curriculum, welches Geschichten- (*novels*) und Handbücher (*manuals*) beinhaltet.

Zu jedem Geschichtenbuch verfasste er auch Handbücher, die auf die Hauptgedanken und die möglichen Fragestellungen von der Geschichte hinweisen und ebenso verschiedene Arbeitsvorschläge und Übungen umfassen, um den philosophisch kaum ausgebildeten Lehrenden bei der Kon-

---

2 Neben den deutschsprachigen Ländern wie Deutschland, Österreich und Schweiz und den U.S.A. als Vorreiter wird das Philosophieren mit Kindern sowohl in den anderen europäischen Ländern wie Frankreich, Belgien, Norwegen, Spanien usw. als auch in Asien wie in Korea, Japan, Malaysia und auch in Kanada oder auch in Lateinamerika wie Argentinien, Brasilien, Chile usw. praktiziert. Siehe das Buch „Philosophie – eine Schule der Freiheit. Philosophieren mit Kindern weltweit und in Deutschland" von Deutsche UNESCO-Kommission e.V., Bonn, 2008, S. 65-87.

3 Der Begriff *Kinderphilosophie* wurde in Deutschland ab 1990 zum Begriff *Philosophieren mit Kindern* umbenannt. Vgl. Englhart, Stephan: Modelle und Perspektiven der Kinderphilosophie. Heisenberg, Agentur Dieck, 1997, S. 49.

4 Dieses bezieht sich auf sechsjährige Grundschulkinder bis hin zu älteren Gymnasiumschülern, aber auch auf die Kinder der Vorschule.

zeption und Durchführung des Unterrichts zu helfen. Davon sind zwei Geschichtenbücher *Pixie*[5] und *Harry Stottlemeiers Entdeckung*[6] (*Harry Stottlemeier's Discovery*) und dessen jeweilige Handbücher von seiner österreichischen Schülerin Daniela Camhy ins Deutsche übersetzt. Um einen Einblick in seine Methode zu erhalten, wird im Folgenden auf die beiden Erzählungen und die dazugehörenden Übungen eingegangen.

Das Buch *Pixie* erzählt davon, dass eine Aufgabe in der Klasse des neunjährigen Mädchen Pixie erteilt wurde, bevor sie gemeinsam einen Zoo besuchen wollten. Jedes Kind sollte sich vor dem Zoobesuch ein geheimnisvolles Wesen vorstellen, welches es im Zoo anschauen will, ohne jemandem davon zu erzählen. Jedoch bekommt Pixie Schwierigkeiten, ihr geheimnisvolles Tier, nämlich »das Säugetier« im Zoo zu finden. Das Problem von Pixie dient als Ausgang zum gemeinsamen Philosophieren, das im Buch aus der Perspektive von Pixie wie folgt in der dialogischen Form erzählt wird:

„Herr Mallnig sagte: 'Nein, Pixie, nein! Das Wort 'Säugetier' bezeichnet keine Familie, es bezeichnet eine Klasse!'[...] 'Ich weiß!' rief Fatme. 'Wir alle hier sind Schüler, wir bilden eine Klasse ... wir sind nicht miteinander verwandt. Es ist nur so, dass wir in einer Art und Weise alle gleich sind – wir sind alle Schüler.' 'Das ist richtig', bestätigt Milan. 'Alle Menschen in der Welt, die rote Haare haben, bilden die Klasse der rothaarigen Menschen.' Ich sagte: 'Ich verstehe immer noch nicht.' Slata versuchte es noch einmal: 'Pixie, verstehst du nicht? Wir sind alle Schüler, die eine Klasse bilden. Aber die Klasse, die wir bilden, ist nicht selbst ein Schüler.' 'Und', fügte Katja hinzu, 'die Klasse der rothaarigen Menschen ist nicht selbst rothaarig.' 'So ist', sagte ich, 'das Wort 'Säugetier' das Wort für eine Klasse – einer Klasse von Lebewesen, die ihre Jungen säugen', ergänzte Robert. 'Okay', stimmte ich zu, 'aber die Klasse der Säugetiere ist nicht selbst ein Säugetier.' Dann wurde ich wütend und schrie: 'Also gibt es jetzt Säugetiere oder gibt es keine?' An dieser Stelle mussten alle wieder von vorn anfangen und mir alles ein zweites Mal erklären ... Ich diskutierte solange, bis Bernd sagte: 'Pixie, alle Säugetiere im Zoo waren deine geheimnisvollen Wesen. Du hattest mehr als jeder von uns.' Aber alles, woran ich denken konnte, war nur, dass sich herausgestellt hatte, dass mein geheimnisvolles Wesen praktisch überhaupt nichts war – nur der Name

5 Lipman, Matthew: Pixie. Philosophieren mit Kindern, übersetzt und herausgegeben von Daniela G. Camhy. Wien, 1986.

6 Beide Bücher „gehören zu einer Reihe von Geschichten (novels), die Matthew Lipman für den Schulunterricht geschrieben hat.“ Martens: Philosophieren mit Kindern. S. 72.

einer Klasse, und nichts Warmes, Pelziges, mit einer nassen Nase und weichen braunen Augen.“[7]

Die Erzählung veranschaulicht den Denkfehler von Pixie, der auf einer falschen begrifflichen Kategorisierung beruht. Die Geschichte *Pixie* von Lipman ist an Zehn- bis Elfjährige gerichtet und behandelt vor allem sprachliche Probleme (*Reasoning about language*). Wie alle anderen Geschichten wird sie für die Anregung zum Dialog selber dialogisch geschrieben. Die Kinder versuchen im Gespräch, mit verschiedenen alltäglichen Beispielen ihre eigenen Ansichten auszudrücken, umPixie zu helfen, den Unterschied zwischen Einzel- und Klassennamen zu verstehen. Dadurch wird ihnen klar, war um Pixie Schwierigkeiten hatte, das Säugetier im Zoo zu finden. In der eigenen Erfahrung von Ekkehard Martens ist zu sehen, wie das Philosophieren mit Kindern mithilfe des Textauszugs aus *Pixie* ablaufen kann.

Ekkehard Martens erzählt von seiner philosophischen Denkstunde in der Schulklasse, in der er von der Geschichte von Pixie ausgehend die Kinder zum Nachdenken und zum Gespräch geführt hat. Bevor er die ganze Geschichte von Pixie vorlas, lässt er anhand der Indizien die Kinder darüber rätseln, welches geheimnisvolle Wesen sich Pixie ausgedacht haben könnte. Nachdem einige Kinder das Säugetier erraten konnten, fingen die Kinder an, selbstständig herauszufinden, warum Pixie das Säugetier im Zoo nicht finden konnte. Von der ersten Antwort eines Junges „Ein 'Säugetier' ist nur die Zusammenfassung von Tieren!“[8]ausgehend haben Martens und die Kinder versucht, mit der kreisförmigen Darstellung auf der Tapfel den Namen der Zusammenfassung besser zu verstehen. Nachdem Martens die Geschichte von Pixie weiter vorgelesen hat, konnten die Kinder das Problem und den Ärger von Pixie verstehen.[9]Bei seiner Denkstunde wurde deutlich, dass die Kinder nicht nur passiv auf die Frage geantwortet haben, sondern aus der eigenen Motivation heraus angefangen haben, über den unentdeckten Grund zu rätseln, um das Problem nachvollziehen und lösen zu können. Neben der Äußerung der eigenen Meinung haben die Kinder auch

[7] Lipman: Pixie. S. 8.
[8] Martens: Philosophieren mit Kindern. S. 70.
[9] Vgl.Martens: Philosophieren mit Kindern. S. 68-71.

anderen Kindern zugehört sowie die Ergebnisse zusammengefasst und ihnen zugestimmt.

Im Handbuch zu Pixie sind Übungen zu finden, die das logische Denken mit Begriffen fördern. Eine Übung, die *Lauf weg* heißt, ist beispielsweise folgendermaßen beschrieben: „Jeder Schüler legt seinen Zeigefinger auf den Tisch. Ein Schüler sagt: ‚Lauf weg, Reh; lauf weg, Katze; lauf weg, Pferd; lauf weg, Bär‘. Wenn diese Tiere genannt werden, heben die Schüler ihrer Finger. Aber wenn etwas genannt wird, das kein Säugetier ist, (zum Beispiel ‚Lauf weg, Ente‘) dürfen die Schüler ihren Finger nicht heben. Wer seinen Finger dennoch hebt, muss ausscheiden.“[40] Diese Übung zielt auf die Fähigkeit der Klassifizierung von Tieren, womit nach Lipman das logische Denken gefördert werden soll. Die Geschichte und die daran anschließende Übung im Handbuch verdeutlichen Lipmans Philosophieverständnis, das sich vor allem auf die begrifflich-logische Denkfähigkeit bezieht. Er geht von der Annahme aus, dass das Sprechen eng mit dem Denken zusammenhängt und die Übung für die Sprachfähigkeit zugleich die Denkfähigkeit verstärkt.[11] So sollten die Kinder beim Philosophieunterricht die Sprache differenzierter zu betrachten lernen, indem sie wie bei Pixie zwischen den Einzelnamen und den Klassennamen unterscheiden können. Im philosophischen Dialog sind die Kinder auch in eine Handlungssituation involviert, in der sie nicht nur ihre eigene Meinung vertreten lernen, sondern sich auch gegenseitig zuhören, fragen, bezweifeln oder zustimmen. Durch die Sprechakte im Dialog entwickeln die Kinder somit nicht nur die Denk-, sondern auch die Entscheidungsfähigkeit. Daher bezeichnet Martens Lipmans Konzept als Dialog-Handeln, das neben anderen als ein Hauptweg des Philosophierens aufzufassen ist.[12] So können die Kinder im Philosophieunterricht Gelegenheiten haben, durch die aktive Teilhabe an dem Dialog die eigene Handlung selbst zu bestimmen und diese Fähigkeit zu verstärken.[13]

---

10 Lipman, Matthew: Handbuch zu Pixie. Philosophieren mit Kindern. Übersetzt und bearbeitet von Daniela G. Camhy, Wien, 1986, S. 105. Zitiert nach Hering, Jochen: Die Welt frag-würdig machen. philosophisches Nachdenken mit Kindern im Grundschulalter. (Basiswissen Grundschule, Bd. 14), Baltmannsweiler, Schneider Verlag Hohengehren, 2004, S. 49.

11 Vgl. Martens: Philosophieren mit Kindern. S. 78.

12 Vgl. Martens: Philosophieren mit Kindern. S. 79ff.

13 Vgl. Martens: Philosophieren mit Kindern. S. 79ff.

Trotz solcher Stärken des Konzepts Lipmans lässt sich die Problematik des explizit geordneten Curriculums nicht übersehen. Insbesondere zeigt die Übung *Lauf weg*, dass sie kein offenes philosophisches Gespräch vorsieht, sondern es dabei nur um die formale Klassifizierung von Tieren geht, die entweder als richtig oder falsch bewertet wird. Die Spielregel, dass die auf die Fragen falsch antwortenden Kinder ausscheiden, widerspricht seiner methodischen Absicht, Kindern die Möglichkeit zu schaffen, einen Dialog in der Untersuchungsgemeinschaft (*community of inquiry*) zu führen. Bisweilen kann eine solche Übung bei den Kindern den Eindruck wecken, dass sie beim Philosophieren genau wie in den anderen Schulfächern bewertet werden können. Die philosophische Technik, die nach Lipman angeeignet werden soll, verhindert dadurch die Entfaltung von Kreativität.[14]

Wenn man bei Lipmans Konzept neben der formalen Struktur insbesondere auf die Anwendbarkeit auf interkulturelle Fragstellungen achtet, zeigt sich in dieser Hinsicht ein gravierender Mangel. Dies kann deutlich erkannt werden, wenn man den kulturellen Gesichtspunkt in der Geschichte von Pixie genau betrachtet. In der Erzählung von Pixie wird unterstellt, dass die Kategorisierung der Tiere wie z. B. das Säugetier als selbstverständlich anzunehmen ist und daher nicht überprüft werden muss. Von einer anderen Möglichkeit, die Tiere zu ordnen, ist aus diesem Grund in der Erzählung und Übung keine Rede. Die Ordnungskriterien sind allerdings nicht von der Natur an vorgegeben, sondern „die Ordnung ist zugleich das, was sich in den Dingen als ihr inneres Gesetz, als ihr geheimes Netz ausgibt, nach dem sie sich in gewisser Weise alle betrachten, und das, was durch den Raster eines Blicks, einer Aufmerksamkeit, einer Sprache existiert."[15] Dabei sind Ordnungen nicht schon als natürliche Einheiten in der Welt aufzufinden, sondern „jede Klassifikation wird von bestimmten Bedürfnissen gelenkt und geformt, und es versteht sich, dass die Bedürfnisse entsprechend den gesellschaftlichen und kulturellen Lebensverhältnissen der Menschen variieren. [...] Die menschliche Sprache entspricht stets ganz bestimm-

[14] Vgl. Fröhlich, Michael: Philosophieren mit Kindern. Ein Konzept. Münster, Lit, 2004, S. 67.

[15] Foucault, Michel: Die Ordnung der Dinge. Eine Archäologie der Humanwissenschaften, Frankfurt a. M., Suhrkamp, 1971, S. 22.

ten Lebensformen und ist auf sie eingestellt.“[16] Richard E. Nisbett hat in seinem Buch *The Geography of Thought* nachgewiesen, dass die Westler dazu tendieren, die Dinge zu kategorisieren, während die Ostasiaten die Dinge in Relationen gruppieren.[17] Eine solche kulturabhängige Variabilität der Klassifikation der Dinge ist bei Lipmans Konzept nicht berücksichtigt worden. Deshalb lässt sein Konzept keine Offenheit für ein philosophisches Gespräch, das die Vertrautheit der eigenen Kultur überschreitet und sie sogar fremd erscheinen lässt. Im Hinblick auf interkulturelles Lernen lässt sich dies auch so ausdrücken, dass Lipmans Konzept der Philosophie für die Kinder kein philosophisches Gespräch ermöglicht, sondern wie ein weiteres Unterrichtsfach bloß die wissenschaftlich orientierte Wissen und Denkart einprägt.

Jedoch verdeutlicht die Verwobenheit von Sprache und Lebensform das Potenzial des Philosophierens, durch die Betrachtung der Sprache Kinder zum interkulturellen Lernen zu führen. Die Thematisierung einer fremdartigen Klassifikation aus einer fremden Lebenswelt gewinnt in diesem Kontext eine große Bedeutung. Wie eine Alternative zur geläufigen Klassifizierung der Tiere aussieht, lässt sich durch das fingierte Beispiel von einer chinesischen Enzyklopädie veranschaulichen, die „die Tiere sich wie folgt gruppieren: a) Tiere, die dem Kaiser gehören, b) einbalsamierte Tiere, c) gezähmte, d) Milchschweine, e) Sirenen, f) Fabeltiere, g) herrenlose Hunde, h) in diese Gruppierung gehörige, i) die sich wie Tolle gebärden, k) die mit einem ganz feinen Pinsel aus Kamelhaar gezeichnet sind, l) und so weiter, m) die den Wasserkrug zerbrochen haben, n) die von weitem wie Fliegen aussehen“.[18]

In dieser Ordnung der Tiere kommt das Wort Säugetier gar nicht vor, welches in der Geschichte von Pixie als Überbegriff für eine bestimmte Gruppe von Tieren bezeichnet worden ist. Eine solche Kategorisierung würde Lipman nicht als logisch betrachten und könnte daher für seine di-

---

[16] Cassirer, Ernst: Versuch über den Menschen. Einführung in eine Philosophie der Kultur. Felix Meiner, Hamburg, 2007, S. 210.

[17] Vgl. Nisbett, Richard E.: The Geography of Thought. How Asians and Westerners Think Differently…and Why. New York, Free Press, 2003, S. 139ff.

[18] Borges, Jorge Luis: Die analytische Sprache John Wilkins’. In: Ders., Das Eine und die Vielen. Essays zur Literatur. München, Hanser, 1966, S. 212. Zitiert nach Foucault: Die Ordnung der Dinge. S. 17.

daktischen Überlegungen nicht in Frage kommen. Lipman hat allerdings übersehen, dass die Klassifizierung der Dinge sich nicht unabhängig von der jeweiligen Kultur ergibt. „Die fundamentalen Codes einer Kultur, die ihre Sprache, ihre Wahrnehmungsschemata, ihren Austausch, ihre Techniken, ihre Werte, die Hierarchie ihrer Praktiken beherrschen, fixieren gleich zu Anfang für jeden Menschen die empirischen Ordnungen, mit denen er zu tun haben und in denen er sich wiederfinden wird.“[19] Weil man in der wissenschaftsorientierten Welt mit einer bestimmten Ordnung vertraut ist, entsteht eine Selbstverständlichkeit der Wahrnehmung in Bezug auf die Strukturierung der Dinge. Aus diesem Grund lässt sich nicht festlegen, welche Ordnungskriterien die richtigen sind. Dass die Einteilung der Dinge kulturell zu verstehen ist, lässt sich am besten auch beim Vergleich des Kindes mit dem Erwachsenen verdeutlichen.

Aus eigener Erfahrung oder aus der Beobachtung der Kinder weiß man, dass Kinder oder auch die Erwachsenen selbst gerne etwas sammeln. Insbesondere bei den Vorschulkindern kann man dies deutlich beobachten, dass sie nach einem sehr subjektiven Kriterium verschiedene Dinge sammeln. Die Knöpfe z. B. werden nicht immer nach einem objektiven Kriterium wie Größe oder Farbe aufgeteilt, sondern auch danach, ob sie ein Gesicht des Menschen darstellen. Dies zeigt, dass die Kinder, die noch nicht in der Schule mit der wissenschaftlichen Denkordnung in Berührung gekommen sind, über mehrere alternative Ordnungsmöglichkeiten als nur die wissenschaftliche verfügen. Im Gegensatz zu den kleinen Kindern sind jedoch die Schulkinder und Erwachsenen oft vom erlernten wissenschaftlichen Denken stark geprägt, so dass nur diese Logik als einzig Richtige erscheint.

So lässt sich die Gefahr konstatieren, dass dem Kind die Möglichkeit genommen wird, eigenständig die Dinge der Welt zu strukturieren. Weil die Freiräume für eine solche Gestaltungstätigkeit für die Identitätsbildung des Kindes äußerst wichtig sind, scheint Lipmans didaktische Vorgehensweise gerade einschränkend für die Entwicklung der Kreativität- und Identitätsentwicklung des Kindes.

Seine Wissenschaftsorientierung ist in einer weiteren bekannten Geschichte von ihm noch stärker zu beobachten, dessen Kern Logik ist. Für die Kinder in der fünften und sechsten Klasse setzt das Buch *Harry Stot-*

---

[19] Foucault: Die Ordnung der Dinge. S. 22.

telmeiers Entdeckungen seinen Schwerpunkt auf logisches Denken (*basic reasonings kills*), zu dem „gültiges Schließen beim Beispiel von Harrys All-Sätzen, [...] Begründen, Verallgemeinern, Herausfinden von verborgenen Voraussetzungen und Vorurteilen, oder [...] Umgang mit Mehrdeutigkeiten“[20] gehört. Die Geschichte von Harry veranschaulicht Lipmans Zielsetzung und Methode des Philosophierens:

„Wahrscheinlich wäre das alles nicht passiert, wenn Harry an diesem Tag in der Naturkundestunde nicht eingeschlafen wäre. Na ja, eigentlich ist er gar nicht richtig eingeschlafen. Nur seine Gedanken schweiften ab. Der Lehrer, Herr Barner, hatte gerade über das Sonnensystem gesprochen und darüber, dass alle Planeten sich um die Sonne bewegen, da hörte Harry einfach auf, zuzuhören. Ganz plötzlich hatte er das Bild einer großen, glühenden Sonne vor sich, um die all die kleinen Planeten gleichmäßig ihre Kreise zogen. Da bemerkte Harry, dass Herr Barner ihn direkt ansah. Harry versuchte, sich zu konzentrieren und der Frage ‹Was hat einen langen Schweif und dreht sich einmal alle 77 Jahre um die Sonne?› seine ganze Aufmerksamkeit zu schenken. Harry erkannte, dass er keine Möglichkeit hatte, die Frage so zu beantworten, wie Herr Barner das erwartete. [...] Harry wusste, dass er ein paar Sekunden hatte, die vielleicht ausreichen konnten, um sich eine Antwort einfallen zu lassen. ‹Alle Planeten bewegen sich um die Sonne›, wiederholte er Herrn Barners Ausführungen. Und dieses Ding mit diesem Schweif, was immer es war, drehte sich auch um die Sonne. Konnte es auch ein Planet sein? Es schien einen Versuch wert zu sein. ‹Ein Planet?› fragte er voller Zweifel. Er war auf das Gelächter der Klasse nicht vorbereitet. [...] Wo hatte er einen Fehler gemacht?“[21]

Ähnlich wie bei Pixie geht diese Geschichte auch von einem Denkfehler aus. Diesen Textabschnitt verwendete Ekkehard Martens diesmal als Quelle für das philosophische Gespräch in einer kleinen Denk-Gruppe aus Neun- bis Sechsjährigen, die aus den beiden eigenen Kindern und deren vier Freunden bestand. Sein Gesprächsprotokoll soll im Folgenden vorgestellt werden, um die Möglichkeit und Grenzen des Philosophierens in Bezug auf das interkulturelle Lernen zu beleuchten. Nach dem Vorlesen des Textabschnitts fragte Martens die Kinder, wo Harry einen Denkfehler gemacht hat. Harrys fehlerhafte Denkkette „Alle Planeten kreisen um die Sonne. Dieses Ding da kreist auch um die Sonne. Also ist es ein Planet.“ wurde von den Kindern in seiner Denkgruppe durch Herumprobieren wie

20 Martens: Philosophieren mit Kindern. S. 73.

21 Lipman, Matthew: Harry Stottlemeiers Entdeckung. Hannover, Schroedel, 1983, S. 5.

folgt korrigiert: „Alle Planeten kreisen zwar um die Sonne, aber nicht alles, was um die Sonne kreist, ist deshalb ein Planet.“ Anschließend konnten die Kinder die Denkkette von Harry konkreter und leichter verstehen, als sie den Denkfehler bildnerisch dargestellt hatten: ein großer Kreis dafür, was um die Sonne kreist und zwei kleinere Kreise für Planeten und Kometen.[22]

Eine weitere Textpassage aus dem Buch *Harry Stottlemeiers Entdeckung* zeigt, wie Harry seinen Denkfehler erkannt hat und in einer anderen Situation den gleichen Denkfehler bei anderen korrigiert:

„Er lief schnurstracks in die Küche, aber als er dort ankam, stand seine Mutter vor dem Kühlschrank und unterhielt sich mit ihrer Nachbarin, Frau Olsen sagte gerade: ‹Lassen Sie mich eins sagen, Frau Stottlemeier! Frau Becker, die gerade in den Schulelternrat gewählt worden ist, sehe ich jeden Tag in die Gastwirtschaft gehen. Nun, da frage ich mich doch, ob Frau Baker eine, nun Sie wissen schon … › – ‹ob Frau Baker eine Trinkerin ist?› fragte Harrys Mutter höflich. Frau Olsen nickte. Plötzlich machte irgend etwas in Harrys Kopf ‹KLICK!›“[23]

Nachdem Martens diesen Textabschnitt vorgelesen hatte, konnten die Kinder in seiner Denkgruppe nicht gleich erkennen, auf welchen Gedanken Harry gekommen ist. Martens gibt jedoch einen Hinweis auf den Vergleich zwischen der fehlerhaften Denkkette von Harry am Anfang und der Denkkette von Frau Olsen. Demzufolge sprach ein Kind die Denkkette von Frau Olsen „Alle Trinker gehen täglich in die Gaststätte, aber nicht jeder, der täglich in die Gaststätte geht, ist ein Trinker!“ Anschließend konnten andere Kinder auch ihren Denkfehler nachvollziehen. Auf Wunsch der Kinder las Martens weiter den Schluss der Geschichte vor:

„‹Frau Olsen›, sagte er, ‹obwohl Sie möglicherweise recht haben, dass alle Leute, die das Trinken nicht lassen könne, jeden Tag in die Gastwirtschaft gehen, heißt das noch lange nicht, dass alle Leute, die jeden Tag in die Gastwirtschaft gehen, Trinker sind.› ‹Harry›, sagte seine Mutter, ‹das ist nicht deine Angelegenheit und, nebenbei, du unterbrichst uns.› Aber Harry konnte am Gesichtsausdruck seiner Mutter ablesen, dass sie erfreut war über das, war er gesagt hatte. Deshalb nahm er ruhig sein Glas mit Milch, setzte sich hin und trank; er fühlte sich zufriedener als an den letzten Tagen.“[24]

---

22 Vgl. Martens: Philosophieren mit Kindern. S. 60f.

23 Lipman: Harry Stottlemeiers Entdeckung. S. 8f.

24 Lipman: Harry Stottlemeiers Entdeckung. S. 8f.

Aus den Beispielen lässt sich die Besonderheit von Lipmans Geschichten erkennen, die darin besteht, dass sie den Kindern die Möglichkeit bietet, gemeinsam logische Denkfehler und falsche Schlussfolgerung herauszufinden und dabei zu lernen, wie das Denken mit der Sprache verknüpft ist. Dadurch markiert das Konzept Lipmans den Unterschied zum herkömmlichen Sprachunterricht, in dem vorwiegend Grammatik und Rechtschreibung beigebracht werden.[25] Durch die Entdeckung von Harrys Denkfehler können dic Kinder eine neue Sichtweise auf die Sprache erhalten. Mit der Geschichte beabsichtigt Lipman die Einsicht in die unlogische Schlussfolgerung. Die Kinder werden dazu befähigt, die Macht vom Wissen und deren Autorität zu erkennen, anstatt sie einfach anzunehmen, und ihre eigene Meinung zu äußern. Die Ausdrucksfähigkeit der eigenen Meinungen führt zur Identitätsbildung.[26] Jedoch bleibt hierbei die Frage offen, inwieweit ein solches Philosophiekonzept zum interkulturellen Lernen beitragen kann. Eine Übung, die zu dieser Geschichte gehört, impliziert die Möglichkeit und die Grenzen des interkulturellen Lernens durch diesen Ansatz:

ÜBUNG: Voreilig gezogene Schlussfolgerungen
Hier sind einige Begründungsbeispiele.
Wie würdest du sie klassifizieren? Als:

1. Gute Begründung
2. Nicht so gute, aber möglicherweise richtige Begründung
3. Scheinbar gute, aber höchstwahrscheinlich nicht richtige Begründung
4. Schlechte Begründung

Erkläre deine Auswahl für jede der folgenden Situationen:

1. Mein Vater liest schon seit längerem in der Zeitung, dass das Rauchen Krebs verursacht und sagt deswegen, dass er die Absicht hat, das Lesen aufzugeben.
2. Am Samstag ist mir schlecht geworden, nachdem ich 5 Portionen Eis gegessen und danach ein Glas Wasser getrunken habe ... Damit es mir heute nicht schlecht wird, werde ich das Glas Wasser weglassen.
3. Ich traf einmal einen Finne, der wirklich gut auf der Tommel spielen konnte. Ich wette, alle diese Finnen sind Super-Trommler![27]

---

[25] Vgl. Martens: Philosophieren mit Kindern. S. 61f.

[26] Vgl. Martens: Philosophieren mit Kindern. S. 79.

[27] Lipman, Matthew: Handbuch zu Harry Stottlemeiers Entdeckung. Wien, Hölder-Pichler-Tempsky Verlag, 1986, S. 38.

Der dritte Satz in dieser Übung zeigt, dass es in Bezug auf das interkulturelle Lernen einen Anlass zur Diskussion darüber geben kann, wie ein Vorurteil entsteht und welche Fehlschlüsse dahinter versteckt sind. In interkulturellen Kontexten entstehen solche Vorurteile, wenn von den Charaktereigenschaften einer Person auf die Merkmale einer Nation oder Kultur geschlossen wird. Allerdings verharrt das Gespräch über das Vorurteil auf der kognitiven Ebene, da es hierbei ausschließlich um die logische Schlussfolgerung geht. Man versteht, um welchen Denkfehler es bei den Vorurteilen geht, aber es führt nicht zu solchen Reflexionsprozessen, die für den interkulturellen Lernprozess unabdingbar sind. Das logische Denken wird durch ein solches Philosophieren gefördert, aber die Herausforderungen, die diese logischen Zusammenhänge überschreiten, um die Kinder zur Fremderfahrung zu führen, fehlen hierbei.

Die beiden Geschichten *Pixie* und *Harry Stottlemeiers Entdeckung* veranschaulichen die Absicht von Lipman, dass vor allem das abstrakte und logische Denken für das Kind durch den Philosophieunterricht gefördert werden sollen. „The aim is not to get children to learn philosophy, but to encourage them to think philosophically".[28] Das philosophische Denken der Kinder soll gefördert werden, worunter von ihm vor allem das kritische und argumentative Denken verstanden wird. „The main purpose of a program in philosophy for children is to help children to learn how to think for themselves".[29] Das Philosophieren soll den Kindern dabei helfen, selbst eigene Gedanken zu entwickeln. „Es handelt sich dabei z. B. um Konsistenz im Denken, Unterscheidung von Wahrheit und Gültigkeit, Ordnen und Klassifizieren, logisch Argumentieren, Deduktion, Rekonstruktion von Voraussetzungen usw."[30] Sein ursprüngliches Motiv für das Konzept *Philosophy for Children* spiegelt sich darin wider, dass das Kind sich als ein erziehungsbedürftiges Wesen erweist, das eine solche Förderung benötigt. Zwar beschreibt er das Kind als neugierig (*hunger for meaning*), sich wundernd (*wondering at the world*) und verstehend, vernünftig und urteilend (*under-*

---

[28] Lipman, Matthews: Philosophy in the classroom. Philadelphia, Tempel University, 1978, S. 30.

[29] Lipman: Philosophy in the classroom. S. 31.

[30] van der Leeuw, Karel: Lipmans IAPC-Programm. In: *Zeitschrift für Didaktik der Philosophie* 1 (1984), Hannover, Schroedel, S. 16. Zitiert nach Englhart: Modelle und Perspektiven der Kinderphilosophie. S. 55.

standing, reasonable and judicious[31]), aber er fokussiert sich vor allem auf die Notwendigkeit des geistigen Fortschritts des Kindes, damit das Kind sich zu einem kritisch denkenden Erwachsenen entwickeln kann. So gesehen lassen sich kaum anthropologische Grundannahmen des Kindes bzw. der Kindheit bei Lipman feststellen.[32] Außerdem beschränkt sich seine Methode sehr stark auf die Erklärung, die Kategorisierung und Argumentation, so dass sich wenige Spielräume für das selbstständige Denken ergeben.

Dementsprechend bietet Lipmans Konzept kaum die Möglichkeit des Staunens über das Fremde, das insbesondere über den kognitiven Bereich hinausgeht.[33] Das ursprüngliche Motiv des Philosophierens Lipmans, Kinder zum kritischen Denken anzuspornen, kann aus den Augen verloren gehen, wenn jede Geschichte immer auf einen Denkfehler und dessen Lösung hinweist, damit die Kinder den der Logik widersprechenden Fehler erkennen und sich anschließend durch die vorgeschlagenen Übungen die logische Denkstruktur einprägen. In seiner didaktischen Vorgehensweise, die oft aus Lückentests und Multiple-Choice besteht, spiegelt sich die kausale Frage-Antwort-Struktur des traditionellen Unterrichts wider, die er jedoch selbst kritisiert hat, da sie die Kinder nicht zum eigenständigen Fragestellen, sondern oft lediglich zum passiven Antworten führt.[34] Außerdem verfügt die vorstrukturierte Antwort über keine Offenheit, so dass die Lösung nicht im Gespräch gemeinsam gefunden wird, sondern bereits vor dem philosophischen Gespräch festgelegt worden ist.

Neben der Funktionalisierung seines Konzepts durch die Überbetonung der begrifflich-logischen Fähigkeit, die bereits erwähnt wurde, steht Lipmans privates Institut für die Förderung der Philosophie für Kinder (IAPC) in der finanziellen Abhängigkeit von einer privaten Stiftung, so dass

---

31 Lipman, Matthews: Philosophy: Educational programs. In: Camhy, Daniela: Children: thinking and philosophy. Proceedings of the 5th International Conference of Philosophy for Children, Graz 1992, Sankt Augustin, Academia-Verl., 1994, S. 22.

32 Vgl. Englhart: Modelle und Perspektiven der Kinderphilosophie, 1997, S. 56f, 65.

33 „Schließlich hat das Sich-Wundern neben der kognitiven auch eine affektive Komponente. Philosophisches Sich-Wundern kann die Erfahrung überwältigender, schöner oder beängstigender Beziehungen, Situationen und Dinge in der Welt bedeuten, aber auch Freude an Begriffs-Spielen und Denk-Rätseln." Martens: Philosophieren mit Kindern. S. 138.

34 Vgl. Martens: Philosophieren mit Kindern. S. 83.

Lipmans Programm durch Testverfahren[35] nachweisen musste, dass seine „Philosophie-Programme" auch die Leistungen in den anderen Fächern wie Mathematik oder Englisch deutlich erhöhen. Aus der ökonomischen Interdependenz und aus dem gesellschaftlichen Trend des *critical thinking* orientiert sich Lipmans Programm an messbaren Leistungen, die auf Effizienz zielen. Dadurch mangelt es an der „Reflexion inhaltlicher Leitideen",[36] welche vor allem im gemeinsamen Nachdenken über die philosophischen Fragen bestehen und somit den Kindern die Möglichkeiten geben, sich im Denken zu orientieren.

Das logische Denken dient bei ihm nicht als Mittel zum selbstständigen und philosophischen Denken, sondern als Zweck des Philosophierens. Vielmehr erschwert seine Methode das interkulturelle Lernen, da die Betonung des logischen Denkens bei Lipman den Kindern kaum Anlass dazu gewährt, über etwas zu staunen und, davon ausgehend, eigenständig philosophische Fragen zu stellen und gemeinsam darüber zu sprechen.

3.1.2 DIE BEDEUTUNG DES KINDLICHEN STAUNENS BEI GARETH B. MATTHEWS

Die Bedeutung des Staunens für das Philosophieren erkannte jedoch ein anderer wichtiger Theoretiker des Philosophierens mit Kindern, nämlich Gareth B. Matthews. Während Lipmans Ansatz *Philosophy for Children* zur logisch-argumentativen Theorie des Philosophierens mit Kindern gehört, erweist sich der Ansatz von Gareth B. Matthews *Philosophy with Children* als eine besonders stark am Gespräch orientierte Theorie. Matthews, Philosophieprofessor an der Universität Massachusetts in Amherst in den U.S.A., erhielt den Impuls für die Beschäftigung mit dem Philosophieren mit Kindern ebenso durch die Studierenden, denen es für ihn allerdings nicht an Kritik- und Argumentationsfähigkeit mangelt, sondern an dem natürlichen, philosophischen Staunen, über welches sie als Kinder verfügt haben. In seinen Einführungskursen der Philosophie bemerkte er die Schwierigkeiten der Studenten, die philosophische Tätigkeit als natürli-

---

35 „Gemessen wurden dabei verschiedene *thinking skills* wie Analogienbilden, Schlüsseziehen, Verallgemeinern, Wiedersprüche erkennen und auflösen sowie begriffliche Unterscheidungen machen." Martens: Philosophieren mit Kindern. S. 82.

36 Martens, Ekkehard: Sich im Denken orientieren. Philosophische Anfangsschritte mit Kindern. Hannover, Schroedel-Schulbuchverl., 1990, S. 33.

che Tätigkeit wahrzunehmen. Da seiner Ansicht nach jeder Erwachsene im Kindesalter das Vermögen und das natürliche Bedürfnis danach hat, über philosophische Fragen nachzudenken, soll dieser mit Hilfe von Beispielen der Fragen von Kindern wieder zu seinen verdrängten philosophischen Impulsen zurückgeführt werden. Daher sammelte Matthews die philosophischen Fragen der Kinder, indem er zuerst anfing, mit den eigenen Kindern und den Nachbarskindern philosophische Gespräche zu führen und später dann auch in der Schulklasse mit Kindern gemeinsam zu philosophieren. Die Vielfalt der philosophischen Fragen von Kindern betont er in zahlreichen Büchern. Die Fähigkeit des Philosophierens von Kindern und den Reichtum der philosophischen Fragen von Kindern bestätigte bereits Karl Jaspers und äußerte dies folgendermaßen: „Wer sammeln würde, könnte eine reiche Kinderphilosophie berichten".[37] Matthews berichtet in seinem ersten Buch *Denkproben. Philosophische Ideen jüngerer Kinder* (*Philosophy and the Young Child*) von den Erfahrungen mit seinen eigenen Kindern und den Nachbarskindern. Die folgenden Beispiele veranschaulichen den philosophischen Charakter der Fragen von Kindern, die sie von sich heraus formulieren: „Papa, wie können wir sicher sein, dass alles nicht nur ein Traum ist?",[38] „Wenn ich um acht ins Bett gehe und um sieben morgens aufstehe, wie kann ich dann feststellen, ob der kleine Zeiger der Uhr tatsächlich einmal rundum gelaufen ist? Muß ich die ganze Nacht wachbleiben und die Uhr beobachten? Und wenn ich nur einen kurzen Moment weggucke, vielleicht dreht sich der kleine Zeiger dann zweimal".[39]

In gewisser Hinsicht gleichen solche Fragen skeptischen Argumenten, wie sie in der theoretischen Philosophie behandelt werden. Inwieweit solche von Kindern selbst gestellte Fragen in Bezug auf ihren Inhalt und ihre Absicht als philosophisch bezeichnet werden können, lässt sich allerdings nicht klar überprüfen. Aus diesem Grund kann es problematisch werden, wenn die Fragen der Kinder aus der Perspektive des Erwachsenen philo-

---

37 Jaspers, Karl: Einführung in die Philosophie. München, Piper, 1953, S. 12. Zitiert nach Martens: Philosophieren mit Kindern. S. 127.

38 Matthews, Gareth B.: Denkproben. Philosophische Ideen jüngerer Kinder.Berlin, Freese, 1991, S. 1 [„Papa, how can we be sure that everything ist not a dream?" Ders.: Philosophy and the Young Child. Cambrige (Mass.), London, 1980, S. 1]

39 Jaspers: Einführung in die Philosophie. S. 17. Zitiert nach Martens: Philosophieren mit Kindern. S. 127.

sophisch überinterpretiert werden. Um Missverständnisse zu vermeiden, scheint es bedeutsam, bei den Kindern hinsichtlich des Gemeinten zunächst genauer nachzufragen, bevor man in die Fragen von Kindern vorschnell einen philosophischen Gehalt hineininterpretiert. Es empfiehlt sich insofern die Verständnisfrage statt der doktrinären Antwort.

Matthews geht, ähnlich wie Lipman, von einem Bild des Kindes aus, das sich gerne philosophische Fragen stellt und neugierig und offen ist. Neben dem gemeinsamen Aspekt lässt sich aber auch ein deutlicher Unterschied in der Betrachtung des Kindes feststellen. Während Lipmans Konzept *Philosophieren für Kinder* von einem Kinderbild ausgeht, in dem das Kind als ein erziehungsbedürftiges Wesen betrachtet wird, um selbstständig und kritisch denken zu können, beruht das *Philosophieren mit Kindern* bei Gareth Matthews auf einer Vorstellung des Kindes, welches selbstständig und selbstbestimmend ist. Dementsprechend ergeben sich ebenso Unstimmigkeiten in Bezug auf die Beziehung zwischen Kindern und Erwachsenen. Bei Lipman ist die Schüler-Lehrer-Beziehung hierarchisch, da die Lehrenden die Kinder dem Curriculum entsprechend zum kritischen und selbstständigen Denken zu führen versuchen. Dagegen lassen sich die Lehrenden bei Matthews als gleichberechtigte Gesprächspartner bezeichnen und sie haben somit eine horizontale Beziehung zu Kindern. Dem Erwachsenen wird anstatt des Erziehungsauftrags eine ebenbürtige Rolle zu den Lernenden attestiert.

Es geht bei ihm nicht allein um den Lernprozess des Kindes, sondern gerade der Erwachsene hat Gelegenheit im gemeinsamen Gespräch eine neue Perspektive zu gewinnen, so dass ein wechselseitiges Lernen zwischen Erwachsenen und Kindern möglich ist. Unter dem Philosophieren wird daher eine gemeinsame Tätigkeit verstanden. Dementsprechend spricht man vom Philosophieren *mit* Kindern anstatt vom Philosophieren *für* Kinder. Mit dieser Bezeichnung wird auch dem Missverständnis vorgebeugt, dass die Philosophie auf das kindliche Niveau reduziert und vereinfacht werden soll.[40] Während das Curriculum bei Lipman im Zentrum steht, geht Matthews von dem Interesse und den Fragen der Kinder aus. Die Lebenserfahrungen bzw. Lebensprobleme der Kinder stehen somit beim Philosophieren im Mittelpunkt, anstatt einer bloßen „Wissensvermittlung auf

[40] Martens: Philosophieren mit Kindern. S. 25f.

der Grundlage der philosophischen Tradition“[41] oder eines logischen Denkproblems wie bei Lipman. Matthews zielt dementsprechend nicht nur auf das Lernen der Kinder, sondern auch auf das Lernen des Erwachsenen, der sich auf das philosophische Gespräch mit Kindern einlässt.

Außerdem lehnt Matthews im Gegensatz zu Lipman eine Festlegung der präzisen Methode des Philosophierens mit Kindern ab. Stattdessen betont er die Bedeutung des offenen Gesprächs, in dem die Kinder eine unvollendete Erzählung selbst weiterführen und dabei über die philosophischen Fragen gemeinsam reden. Er erachtet die Grundhaltung, die Fragen des Kindes zu respektieren und die Kinder ernst zu nehmen, als vorrangig gegenüber den Inhalten und Methoden des Konzepts, wenngleich auf sie dennoch nicht gänzlich verzichtet werden darf.[42] Im Gegensatz zur expliziten Didaktik Lipmans kann man bei Matthews „einen impliziten didaktischen Ansatz“[43] beobachten, der im folgenden Absatz von Matthews beschrieben wird: „Wenn wir nicht die Erfahrung gemacht haben, darüber in Verlegenheit zu geraten, was über Tapferkeit zu sagen ist, werden wir nicht selbstständig lernen, dass dieser Begriff problematisch ist. Wenn wir nicht erkennen, daß der Begriff der Tapferkeit philosophisch gesehen problematisch ist, werden wir nicht verstehen, daß unsere Anweisung an unsere Kinder, tapfer zu sein, nicht nur eine moralische, sondern auch eine bedeutsame philosophische und intellektuelle Anforderung an sie stellt.“[44]

Wie im Zitat erwähnt wurde, betont Matthews die Möglichkeit des Kindes, im Gespräch über das Selbstverständliche nachzudenken. Hierbei spiegelt sich implizit die sokratische Methode wider, deren Hauptanliegen darin besteht, die Menschen zur Infragestellung des Selbstverständlichen zu bringen. Der selbstverständlich hingenommene Begriff wie Tapferkeit erscheint durch die Fragestellung, was er ist, nicht mehr als selbstverständlich, weil man in dem Moment nicht in der Lage ist, die Bedeutung des Begriffs sprachlich auszudrücken. Matthews sieht gerade in einer solchen

---

41 Bolz, Martin: Die vielen Höhlen Platos. Philosophieren mit Kindern in der Grundschule. (Philosophie in der Schule, Bd. 11), Wien, Lit, 2005, S. 167.

42 Vgl. Fröhlich: Philosophieren mit Kindern. S. 68.

43 Vgl. Fröhlich: Philosophieren mit Kindern. S. 69.

44 Matthews, Gareth B.: Vom Nutzen der Perplexität. Denken lehren mit Hilfe der Philosophie. In: Matthews, Gareth B.: Philosophieren mit Kindern. (Rostocker Philosophische Manuskripte 3), Rostock, Institut für Philosophie [u.a.], 1996, S. 15. Zitiert nach Fröhlich: Philosophieren mit Kindern. S. 69.

Verlegenheit das Potenzial des Lernens, das mit der Erfahrung gleichgesetzt wird. Das Moment der Perplexität, worüber die Kinder staunen, dient aus diesem Grund als wichtiger Anstoß für das philosophische Gespräch.

Ein weiterer Unterschied zu Lipman liegt dementsprechend darin, dass Matthews vor allem der Fähigkeit des Staunens seine Aufmerksamkeit widmet, als die kognitive Entwicklung des Kindes zu forcieren, welches Lipmans Ziel war. Während Lipman die unlösbaren Fragen kritisch betrachtet und sie daher vermeidet, sieht Matthews sie als Chance.[45] In dieser Hinsicht scheint Matthews' Theorie des Philosophierens mit Kindern mit dem Verständnis der Fremderfahrung beim interkulturellen Lernen übereinzustimmen. Um eine neue Erfahrung zu sammeln, reicht eine Frage nicht aus, die die vorhandene Denkordnung nur bestätigt. Die unlösbaren Fragen lassen sich deshalb mit dem fragenden Fragen vergleichen, das keine bestimmte Antwort direkt ermöglicht. Denn es überschreitet die vorgegebenen Antwortstrukturen, so dass man aufgefordert ist, darüber nachzudenken, anstatt eine automatisierte Antwort zu geben. Zugleich ergibt sich das Moment der Irritation, Enttäuschung und Verzögerung. Die Negativität der Erfahrung ist somit unvermeidbar für den Bildungsprozess.

Ein solches Moment hängt jedoch auch mit dem besonderen Charakter der Sprache zusammen, der allerdings nur bei der Auseinandersetzung mit dem Begriff ins Bewusstsein treten kann. Die Besonderheit der Sprache besteht darin, dass sie sich meistens darin genügt, ihre mitteilende Funktion zu erfüllen. Dies führt dazu, dass man oft einen Begriff verwendet, ohne dessen Bedeutung zu kennen. Die Frage von Sokrates, was Tapferkeit sei, brachte daher zwei Feldherren in die Verlegenheit, da sie glaubten, die Antwort zu wissen, jedoch nicht auf die Frage antworten konnten. Die beiden wollten nur wissen, ob ihre Söhne fechten lernen sollen oder nicht, weil sie sich unter der Tapferkeit nur die kriegerische Angriffslust vorstellten, ohne darüber nachzudenken, ob man darunter auch etwas anderes verstehen kann oder wozu das Verhalten dienen sollte. In der Konfrontation mit solchen alltäglichen Redeweisen durch die Fragen, die nicht eindeutig und direkt zu beantworten sind, ist man in der Lage, dessen Funktion und die damit zusammenhängende Schwierigkeit der Definition zu verstehen. Man erkennt folglich die praktische Funktion der Sprache, die bei der Kommuni-

45 Vgl. Fröhlich: Philosophieren mit Kindern. S. 71.

kation unter den Menschen hilft, indem sie eine bestimmte Handlung oder Dinge einordnet. Um auf etwas aufmerksam zu werden, sollte diese selbstverständlich gewordene Einordnung in Frage gestellt werden. So kann man mit der Frage, was ein Wort wie „Tapferkeit" oder „Freundschaft" bedeutet, zur Entautomatisierung der praktischen Sprache führen. Die sich demzufolge ergebende Aufmerksamkeit auf etwas hängt wiederum mit dem Staunen eng zusammen.

Das Konzept von Matthews kann dementsprechend den Kindern einen Anstoß zur Fremderfahrung geben und eine solche ermöglichen, jedoch ist dies für den interkulturellen Lernprozess nicht hinreichend, da vorwiegend das Moment des Staunens im Zentrum steht und dabei andere kognitive Aspekte vernachlässigt werden. Das Staunen allein wird somit als ein reflexives Moment betrachtet. So kann das philosophische Gespräch Gefahr laufen, in ein schwärmerisches und inhaltsloses Miteinanderreden zu geraten. Außerdem besteht ein weiteres Problem darin, dass die Kinder von Matthews als angeborene Philosophen, die von Natur aus über die Dinge staunen, gesehen werden. Dadurch tendiert Matthews Konzept zur Romantisierung und Idealisierung der Kinder.

3.1.3 Das sokratische Philosophieren bei Ekkehart Martens

Das Sich-Wundern, was mit „Staunen, Zweifel, Konfusion, Fragen, Aporie, Neugier, Offenheit, Phantasie etc."[46]einhergeht, betont ebenfalls Ekkehard Martens, Professor für Didaktik der Philosophie und Alten Sprachen an der Universität Hamburg seit 1978. Er ist der Mitherausgeber der Zeitschrift für Didaktik der Philosophie und Ethik[47] und gilt als Hauptvertreter des Philosophierens mit Kindern in Deutschland. Seine Theorie entwickelte er in der Auseinandersetzung mit der Theorie von Lipman und Matthews. Er analysiert damit die Stärken und Schwächen beider Vertreter und entwickelte ein modifiziertes Konzept des Philosophierens mit Kindern, welches als Synthese der Arbeiten Lipmans und Matthews begriffen werden kann. Wie Matthews betrachtet Martens das Staunen[48] als Anfang der Philosophie

---

46 Martens: Philosophieren mit Kindern. S. 137.

47 Bis zum Jahr 1993 lautete der Titel *Zeitschrift für Didaktik der Philosophie*. Seit 1979 erscheint die Zeitschrift vierteljährlich.

48 Ekkehard Martens spricht in seinem Buch vom Sich-Wundern, aber da es inhaltlich in

und beschreibt es sogar als einen Hauptweg von insgesamt vier Hauptwegen des Philosophierens, wozu auch Dialog-Handeln, Begriffsbildung und Aufklärung gehören.

Um die Bedeutungsvielfalt des Phänomens Staunen zu veranschaulichen, differenziert er es nach den verschiedenen Gesichtspunkten wie systematisch, biologisch-verhaltenstheoretisch, historisch-gesellschaftlich, anthropologisch, hermeneutisch und zuletzt als eine affektive Komponente. Die Erläuterung der einzelnen Aspekte soll in diesem Kontext verdeutlichen, dass das Staunen nicht mit dem naiven Gemütszustand zu tun hat, wie z. B. „emphatisches Staunen über die Schönheit oder Erhabenheit des Kosmos“[49], sondern als ein philosophischer Weg bezeichnet werden kann. Da das Staunen über das Fremde für das interkulturelle Lernen ebenso ein wichtiges Moment ist, impliziert diese ausführliche Analyse des Staunens, wie das Philosophieren mit Kindern sowohl inhaltlich als auch methodisch zum Staunen der Kinder führt und somit den ersten Schritt zum interkulturellen Lernen macht.

Systematisch lässt sich das Staunen zunächst aufgrund der Paradigmenabfolge der Philosophie unterteilen. „Im »ontologischen« Paradigma (Platon) »staunt« der Philosoph über das Sein des Seienden mit der Frage »Was ist?«; im »mentalistischen« Paradigma (Descartes) »zweifelt« er an den Vorstellungen des Bewusstseins mit der Frage »Was kann ich wissen?«; im »linguistischen« Paradigma (Wittgenstein) gerät er in Konfusion über sprachliche Äußerungen und fragt »Was kann ich verstehen?«“[50] Staunen als ein philosophischer Weg ist mit den philosophischen Fragen verbunden. Aus der biologisch-verhaltenstheoretischen Sicht lässt sich das Neugierverhalten des Kindes als überlebensnotwendig beschreiben, da das erlernte Wissen in Notsituationen hilfreich sein kann. Allerdings ist ein solches Verhalten nicht wie bei den Tieren instinktiv, sondern kulturell formbar, weil die Menschen nicht in eine lineare Reiz-Reaktion-Kette eingebettet sind, sondern kraft der Sprachfähigkeit über das Vermögen verfügen, diese lineare Reaktionen zu unterbrechen und den Denkakt zu vollzuziehen.[51]

---

diesem Kontext mit dem Staunen gleichzusetzen ist, lässt es sich in diesem Text auch als Staunen bezeichnen.

[49] Martens: Philosophieren mit Kindern. S. 152.

[50] Martens: Philosophieren mit Kindern. S. 137.

[51] Vgl. Martens: Philosophieren mit Kindern. S. 137f

„Eine spezielle, kulturell seit den Griechen ausgebildete Form des Neugierverhaltens wäre dann die philosophische Reflexion, die die konventionellen Begriffsschemata noch einmal in kritischer Distanz prüft, als Denken über das Denken.“[52] Hierbei wird deutlich, dass das Staunen nicht ein angeborenes Bedürfnis ist, das sich von alleine entwickelt, sondern eine auf die Sprache- und Denkfähigkeit angewiesene innere Handlung, die dementsprechend Anstöße von außen benötigt. Die Unterbrechung der kausalen Denkordnung wird dem Staunen vorausgesetzt. So lässt sich feststellen, dass die Menschen über etwas staunen, da dessen Geist an seine Grenze gestoßen ist.

Nach der historisch-gesellschaftlichen Bedeutung ist das Staunen „eine Umgangsform mit individuellen und gesellschaftlichen Situationen, in der selbstverständliche Orientierungen ihre Geltung verlieren, wie beim historischen Anfang der sokratisch-platonischen Philosophie oder in der Orientierungskrise der wissenschaftlich-technisch orientierten Gesellschaft.“[53] Da die Selbstverständlichkeiten in Frage gestellt werden, tritt das Scheinwissen ins Bewusstsein. Daher ist das Staunen bei Platon und Aristoteles in einem aporetischen Sinne als bloßes Nichtwissen gemeint. Der Mensch kann erst über etwas staunen, wenn ihm das Bekannte nicht mehr als gewöhnlich erscheint. Dies lässt sich mit dem Staunen über das Fremde beim interkulturellen Lernen vergleichen.

Nach der anthropologischen Sicht wiederum ergibt sich der staunende Moment, wenn der Mensch von etwas betroffen ist, was die Grenze seiner Denk- und Handlungsmöglichkeit berührt. Bei einer Grenzerfahrung kommt der Mensch oft zum Zweifeln oder Fragen. Aus der hermeneutischen Sicht lässt sich wiederum das Staunen als Quelle für die Suche nach den Antworten verstehen. Ohne die staunende Haltung können die philosophischen Fragen nicht hervorgerufen werden. Die Aporie des sokratischen Gesprächs dient daher als Antrieb für das Staunen und das Philosophieren. Dementsprechend erfolgt das philosophische Staunen affektiv, weil man beim Staunen Grenzerfahrungen macht, die Emotionen wie Angst, Verunsicherung oder Faszination, Freude verursachen. Zugleich spielt beim Staunen das Bedürfnis der Kinder eine wichtige Rolle, durch die staunen-

[52] Martens: Philosophieren mit Kindern. S. 138.

[53] Martens: Philosophieren mit Kindern. S. 138.

den Fragen die soziale Nähe zu einem befragten Menschen zu suchen oder über etwas gemeinsam zu rätseln und zu staunen. Die Affektivität des Staunens hat einen engen Zusammenhang mit der Kognition des Menschen, da die Irritation oder Verunsicherung, die sich mit dem Staunen gleichzeitig vollzieht, durch die Erkenntnis des eigenen Nichtwissens und die Begegnung der Aporie verursacht werden. Erstarrung, Durcheinandersein sind beispielsweise die Folgen des pathischen Zustandes, in dem das bekannte Wissen in Frage gestellt wird.

Wie die verschiedenen Perspektiven über das Phänomen Staunen gezeigt haben, steht das Staunen in mehrfacher Hinsicht mit der philosophischen Tätigkeit in einer engen Beziehung. Martens betont wie Matthews das Staunen als Anfang der Philosophie, welches bereits von antiken Philosophen wie Platon und Aristoteles vertreten wurde. Die unterschiedlichen Gesichtspunkte des Staunens haben aber auch die philosophische Haltung des Zweifels und des Fragens gezeigt. Allerdings reicht die Haltung allein nicht aus, um vom Philosophieren reden zu können. Neben der Haltung der Neugier, Offenheit und des Staunens braucht das Philosophieren ebenso Methodik und Inhalte. Denn das Staunen alleine läuft schnell in Gefahr, in schwärmerisches und inhaltsloses Miteinanderreden auszuufern.

Im Unterschied zu Matthews betrachtet Martens deshalb die Kinder nicht als angeborene große Philosophen, welche die natürliche Fähigkeit besitzen, philosophische Fragen zu stellen. Stattdessen sieht er das Potenzial vor allem in Abhängigkeit von der kulturellen Vermittlung und Förderung: „Das philosophische Weiterdenken als kritisches Ferment unserer privaten wie gesellschaftlichen Alltagspraxis entwickelt sich aber nicht von selbst, sondern bedarf einer Kultivierung und Bildung.“[54] Die Notwendigkeit der Unterstützung des philosophischen Denkens führt zur Erkenntnis, dass das philosophische Gespräch nicht nur für den Erwachsenen, sondern gerade für die Förderung der kindlichen Fähigkeit unabdingbar ist. Damit setzt er sich von dem Ansatz von Matthews ab, in dem die kindliche Perspektive für die philosophische Tätigkeit als privilegierterer Zugang gegenüber der Perspektive des Erwachsenen hervorgehoben wird und dementsprechend als Vorbild für die Erwachsenen dient. Matthews setzt außerdem das kindliche Bedürfnis des Staunens bereits mit der analytischen Reflexi-

54 Martens: Philosophieren mit Kindern. S. 13.

onsfähigkeit der Kinder gleich.[55] Diese Gleichsetzung ist nicht selbstverständlich und frei von Problemen, denn die staunenden Fragen der Kinder können auch als Überwindungsstrategie von Ängsten oder als Versuch der Annäherung zu jemandem auch ohne Bezugnahme auf deren philosophischen Gehalt wahrgenommen werden. So besteht das Risiko des Missverständnisses auf der Seite von Erwachsenen, in den Fragen der Kinder vorschnell Analogien zu den Fragen von großen Philosophen festzustellen und somit zu viel in sie hineinzuinterpretieren.

In Deutschland hat sich der Begriff *Kinderphilosophie* hin zur Bezeichnung *Philosophieren mit Kindern* gewandelt, denn „»Kinderphilosophie« verspricht zudem, die geheimen Sehnsüchte nach der verklärten eigenen Kindheit zu stillen. Dagegen geht das Philosophieren *mit* Kindern von der Vorstellung aus, dass Kinder zu einer Orientierung im Denken nicht nur fähig sind, sondern diese auch brauchen, weil sie keineswegs autarke Paradiesabkömmlinge und Heilsbringer für die heillose Erwachsenenwelt sind. Vielmehr sind Kinder auf die Hilfe der Erwachsenen angewiesen, wie aber auch umgekehrt Erwachsene von den Kindern herausgefordert werden können, eingefahrene Denkmuster aufzubrechen und sich zusammen mit ihnen neu zu orientieren.“[56]

Hierbei lässt sich deutlich feststellen, dass es sich bei Martens um einen wechselseitigen und gemeinsamen Lernprozess handelt. Anstatt wie Matthews ausschließlich zu betonen, dass die Erwachsenen von der kindlichen Naturbegabung des philosophischen Staunens wieder zum Philosophieren animiert werden sollen, oder anstatt wie Lipman nur den Lehrauftrag des Lehrers zu unterstreichen, die Kinder zum selbstständigen und kritischen Denken herbeizuführen, macht Martens darauf aufmerksam, dass sowohl der Erwachsene als auch das Kind aufgrund ihrer unterschiedlichen Stärken und Schwächen voneinander lernen können und sich gegenseitig einen Anstoß zum Lernprozess geben. Da die Kinder allerdings bereits die Fähigkeit besitzen, mit den Erwachsenen gemeinsam zu philosophieren und damit sich im Denken zu orientieren,[57] scheint deren Förderung durch das Philosophieren mit Kindern möglich und umso wichtiger und notwendiger zu sein. So gerät Martens nicht in Gefahr, in die Romantik einer Idealisie-

---

[55] Vgl. Martens: Philosophieren mit Kindern. S. 139.

[56] Martens: Philosophieren mit Kindern. S. 47.

[57] Vgl. Martens: Philosophieren mit Kindern. S. 45.

rung der Kinder zu verfallen. Ebenfalls negiert er den verengten Rationalismus der aufklärerischen Erwachsenenwelt und kritisiert die unbegründete Skepsis des Erwachsenen gegenüber der Fähigkeit des Kindes, zu philosophieren, weil die Erwachsenen oft selbst überfordert sind, sich im Denken zu orientieren, indem sie vermeiden, über die elementaren Fragen nachzudenken.

Während bei Martens die Bedeutsamkeit des Philosophierens mit Kindern für die Reflexion und somit die Orientierung im Denken deutlich wird, lässt die fehlende Unterscheidung zwischen dem Staunen und der Reflexionsfähigkeit des Kindes von Matthews die Notwendigkeit der didaktischen Maßnahmen sinnlos erscheinen. Gerade wenn es um das Philosophieren über ethische Fragen geht, erweist sich der Rückgriff auf Methoden des philosophischen Gesprächs als umso entscheidender. " „Die Weltbetrachtung fing von dem herrlichsten Anblicke an und endigte – mit der Sterndeutung„; die moralische Betrachtung der sittlichen Person dagegen führe ohne methodisches Nachdenken zur „Schwärmerei, oder dem Aberglauben„."[58] Damit das anfängliche Staunen sich in ein philosophisches Gespräch weiterentwickeln kann, ist ein bestimmter didaktischer Rahmen notwendig. Als eine didaktische Möglichkeit zur Anregung und zum Staunen empfiehlt Martens das Erzählen der Anfänge von Geschichten, z. B. über die Identität eines alten Schiffes oder über die Frage, ob Blumen glücklich sein können. Außerdem macht er auf die Möglichkeit aufmerksam, (wie Matthews dies mit seinem zehnjährigen Sohn John gemeinsam getan hat) den geführten Dialog zu protokollieren. „Das Verfahren war folgendes: Als erstes wählten wir eine von Johns Fragen zur Erörterung aus. Ich schrieb sie auf. Dann überlegte ich mir eine Antwort, die ich ebenfalls aufschrieb. Dann las ich die ursprüngliche Frage zusammen mit meiner Antwort John laut vor und bat John, sich eine Antwort darauf auszudenken. Gewöhnlich dachte er eine Weile nach und kam dann mit etwas heraus, das ich wieder aufschrieb".[59] Das Protokoll erleichtert es, auf bereits diskutierte Argumente zurückzugreifen und somit das Gespräch besser zu strukturieren.

Als Anlass zum interkulturellen Lernen kann vor allem die Fremdsprache dienen. Denn sie weist nicht nur auf eine neue Grammatik oder einen

58 Martens: Philosophieren mit Kindern. 1999, S. 141.

59 Matthews: Denkproben. S. 128. Zitiert nach Martens: Philosophieren mit Kindern. S. 145f.

andersartigen technischen Gebrauch von Worten hin, sondern zeigt sogar die Eigenständigkeit der jeweils anderen Kultur.[60] Die Thematisierung der verschiedenen Sprachen und der damit zusammenhängenden kulturellen Aspekte scheint besonders in Schulklassen, wo viele Kinder einen unterschiedlichen kulturellen Hintergrund haben, fruchtbar zu sein, da dies die Identitätsbildung von Kindern mit Migrationshintergrund fördern kann.[61] Die Kinder mit Migrationshintergrund werden durch das gemeinsame Philosophieren über die Sprache feststellen, dass die zweite Sprache, die sie mit ihren Eltern zuhause hauptsächlich oder teilweise sprechen, neben der Landessprache ihren eigenen Wert besitzt und nicht als minderwertig, sondern vielmehr als bereichernd zu betrachten ist. Beim Philosophieren mit Kindern wird die Relevanz weniger dem Erlernen der Fremdsprachen, sondern vielmehr der Konfrontation mit einer anderen Denkweise, die mit der Fremdsprache zusammenhängt, beigemessen.[62] Daraus ergibt sich die Bedeutsamkeit der Thematisierung der Differenz und der Gemeinsamkeit von unterschiedlichen Sprachen. Aber noch entscheidender ist für das interkulturelle Lernen die Fremderfahrung der Kinder, in der sie von den unbekannten Schriftzeichen irritiert werden, da sie solchen Schriftzeichen nie begegnet sind. Sie staunen über die fremden Sprachen und zugleich fühlen sie sich nicht vertraut mit ihnen, da sie die Schrift nicht in einen vertrauten Denkhorizont einordnen können. Als Einstieg zum philosophischen Gespräch kann daher z. B. ein arabisches oder chinesisches Schriftzeichen den Kindern gezeigt werden, um Staunen und Fremderfahrungen hervorzurufen.

Allerdings existieren oftmals Zweifel an der Fähigkeit des Kindes, Sprache zu objektivieren, was für das Nachdenken über die Sprache grundlegend ist. Jedoch widerlegt Alexander Engelbrecht diesen Zweifel durch viele Beispiele, die diesen Zweifel als unbegründet erscheinen lassen. Bei einem Beispiel fragt ein neunjähriges Mädchen „PAPA, GIBT ES GOTT?“ und kommt anschließend selbst zur Antwort: „Es muß ihn doch geben, denn

---

60 Vgl. Bolz, Martin: Insel im Kopf. Filosofieren mit Kindern in der Grundschule. (Philosophie in der Schule 3), Münster, Hamburg, London, Lit, 2002, S. 42.

61 Vgl. Rösch, Heidi (Hrsg.): Bilderbücher zum interkulturellen Lernen. Baltmannsweiler, Schneider Verlag Hohengehren, 1997, S. 96.

62 Bolz: Insel im Kopf. S. 40.

er hat ja einen Namen!"[63] Hierbei zeigt sich das Bewusstsein über den Zusammenhang von der Existenz der Bezeichnung und des Bezeichneten. Ein anderes Beispiel zeigt, dass die dreijährige Kristina oft versucht, neue Bezeichnungen für Gegenstände zu erfinden und auf den Hinweis auf den eigentlichen Namen, „Sage ich trotzdem!", antwortet. Bei diesem Beispiel lässt sich erkennen, dass Kinder auch ein Bewusstsein davon besitzen, dass es möglich ist, die Dinge anders zu nennen.[64] Auch Fragen von Kindern wie „Was ist Sprache? Warum sagen wir zu dem Tisch 'Tisch' und nicht etwas anderes?"[65] bestätigen das Abstraktionsvermögen des Kindes. Somit hebt Engelbrecht hervor, dass die Voraussetzungen für das Philosophieren mit Kindern über deren Sprachfähigkeit erfüllt sind.

Sprache als Gegenstand für das Philosophieren mit Kindern erweist sich auch in Bezug auf den schulischen Kontext als relevant, da Sprache im Unterricht vorwiegend auf die formalen Aspekte der Schriftsprache wie die Rechtschreibung oder die Grammatik reduziert wird. Dementsprechend lässt der Unterricht den Kindern keinen Raum für das Staunen über Sprache und das Nachdenken darüber. Beim Philosophieren mit Kindern über die Sprache soll das Ziel allerdings nicht in der Normierung der Schrift liegen, sondern darin, „das Staunen über das Wunder Sprache zu thematisieren, den Geheimnissen ihrer Baugesetzlichkeit nachzuspüren, sich ihrer Schönheit zu öffnen und ihrer unüberbietbare Aussagekraft zu erfassen."[66]

Beispielsweise kann man ein philosophisches Gespräch über den Begriff der Identität führen, indem man die sprachlichen Ausdrucksformen für das Wort „Ich" in den verschiedenen Kulturen thematisiert. In einigen

---

63 Anders als Matthews wird diese Anekdote von Jean Piaget als Unfähigkeit des Kindes, zwischen dem Sein und dem Namen eines Gegenstandes zu unterscheiden, interpretiert. Zitiert nach Matthews, Gareth B.: Denkproben. Philosophische Ideen jüngerer Kinder. Berlin, 1991, S. 47.
Jedoch kritisiert Matthews diese Geringschätzung des Kindes durch Piaget, da die Argumentation des Mädchens formal korrekt ist. Vgl. Matthews: Denkproben. S. 47ff.

64 Vgl. Engelbrecht, Alexander: Können Blumen glücklich sein? Einführung in das Philosophieren mit Kindern. Heinsberg, Agentur Dieck, 1997, S. 47f.

65 Horster, Detlef: Philosophieren mit Kindern. Opladen, Leske + Budrich, 1992, S. 17. Zitiert nach Engelbrecht: Können Blumen glücklich sein? S. 48.

66 Meiers, Kurt: Sprache und Schrift als Gegenstand kindlichen Nachdenkens. (Ludwigsburg 1995) Erschienen unter dem Titel: Kinder denken über Sprache und Schrift nach. In: *Grundschule* 1(1997). S. 46-48. Zitiert nach Engelbrecht: Können Blumen glücklich sein? S. 50.

fernöstlichen Ländern wie Korea und Japan verwenden die Menschen zwei Ausdrucksformen für das Wort "Ich", die je nach Alter des Gesprächspartners oder der Beziehung von beiden Gesprächsteilnehmer variieren.[67] Bei einem solchen Sprachgebrauch erweist sich das Ich nicht als ein reines Subjekt, das unabhängig von dem Anderen alleine existieren kann, sondern als ein soziales Wesen, das in den jeweiligen Beziehungen über verschiedene Rollen und Positionen verfügt. Mit der bescheidenen Ausdrucksform vom Wort „Ich" wird die Höflichkeit und der Respekt gegenüber dem Anderen vermittelt. Über einen derartigen kulturellen Unterschied lässt sich mit Kindern gemeinsam philosophieren und folglich über den Zusammenhang von Sprache und Kultur nachdenken. Philosophieren mit Kindern als Form des interkulturellen Lernens spielt insofern eine entscheidende Rolle für die Identitätsbildung, weil die Differenz dabei im Mittelpunkt steht und als eine Quelle für die innere Auseinandersetzung mit dem Vertrauten und dem Fremden dient. Eine solche Beschäftigung mit den Unterschiedlichkeiten ist eine unabdingbare Voraussetzung für die Entstehung des Neuen.

Bei der Thematisierung des Wortes „Ich" kann man trotz der Divergenz zwischen den vielen Sprachen ebenso die Gemeinsamkeit aller menschlichen Sprachen entdecken, die über eine propositionale Struktur verfügen. Die Menschen sind „Ich"-Sager. Aufgrund der semantischen Struktur der assertorischen Sätze sind die Menschen in der Lage, nach Gründen zu fragen. Darin liegt auch die Einzigartigkeit der menschlichen Fähigkeit, die ihn vom Tier unterscheidet. „Was gelernt wird, wenn man die Semantik einer Sprache lernt, ist nicht einfach die Assoziation mit Objekten, sondern es sind die Identifizierungs- und Begründungsregeln, die einer solchen Assoziation zugrunde liegen."[68] Aus diesem Grund kann man der Position entgegentreten, welche die These vertritt, dass das Verstehen des Fremden aus einer anderen Kultur nicht möglich sei. Aufgrund der Propositionalität der-Sprache lässt sich aber allen Menschen die gleiche Rationalität zusprechen.

Indem der Mensch »Ich« sagt, kann er auf sich selbst referieren. Die Fähigkeit der Selbstreferenz lässt sich als *intentionales System zweiter Ordnung* bezeichnen, zu dem Überzeugungen über die eigenen Überzeugungen

---

67 So ist das deutsche Wort *Ich* auf Koreanisch übersetzt: 나, 저 (Höflichkeitsform)

68 Tugendhat, Ernst: Egozentrizität und Mystik. Eine anthropologische Studie. München, C.H. Beck, 2003, S. 17.

und auch solche über die Überzeugungen anderer gehören.[69] „Im Verständnis intentionaler Systeme zweiter Ordnung bekommen Kinder eine Vorstellung über das Vorhandensein und die mutmaßliche Eigenschaft von Gedanken, Überzeugungen, Emotionen und Meinungen anderer und können ihre eigenen geistigen Vorgänge (also Bewusstsein und Denken) – zumindest ansatzweise – reflektieren."[70]

Dass die Kinder und Erwachsenen sich im Denken gemeinsam orientieren, bedeutet nämlich kein bloßes Nachdenken über die Ideen wie Wahrheit, Glück, Menschlichkeit oder Gerechtigkeit, sondern auch aufgrund der menschlichen Vernunft darüber sprechen zu können. Die sprachliche Vermittlung, die mit dem Vernunftvermögen des Menschen zusammenhängt, dient als grundlegendes Medium im gemeinsamen Gespräch, aber zugleich sind die Entwicklung der Sprache und der Vernunft das Ziel des philosophischen Gesprächs, dessen Hauptmotiv „[d]er Bruch eines Urvertrauens sowie von individuellen und gesellschaftlichen Selbstverständlichkeiten"[71] ist.

Das Philosophieverständnis von Martens beruht auf dem sokratischen Gespräch, in dem die Menschen miteinander sprechen und sich in der Welt orientieren. Nach Sokrates ist die Identität nicht statisch, sondern sie bildet sich auf dynamische Art im Gespräch aus, weil man sich durch das Miteinanderreden im Denken orientiert. „Nicht die Flucht in ein höheres, geistiges Jenseits, sondern die Orientierung im Diesseits kraft des Geistes ist das Ziel der Philosophie"[72] So wird das Philosophieren mit Kindern sowohl von der akademischen Diskussion unterschieden, die sich mit den Fachbegriffen auf philosophische Denker und Traditionen bezieht, aber auch von dem schwärmerischen, pseudophilosophischen Gespräch, das für die Kinder keine Orientierungsmöglichkeit bietet, sondern durch fehlendes Vertrauen gegenüber dem Vernunftvermögen des Kindes eher zu der Gefahr neigt, anstatt Orientierung bloß Verwirrung zu verursachen. Das Bild

69 Vgl. Gansen, Peter: Das Denken neu schulen? Aktuelle Theorien zum kindlichen Denken und ihre Relevanz für die Kinderphilosophie. In: Duncker, Ludwig; Nießeler, Andreas (Hrsg.): Philosophieren im Sachunterricht. Imagination und Denken im Grundschulalter. Münster, Lit, 2005, S. 34.

70 Gansen: Das Denken neu schulen? S. 34.

71 Martens: Philosophieren mit Kindern. S. 53.

72 Martens: Philosophieren mit Kindern. S. 57.

des Kindes von Martens basiert dabei auf der anthropologischen Sicht von Kant, dass jeder Mensch, einschließlich des Kindes, über das Autonomie- und Vernunftvermögen verfügt.

Neben dem Dialog-Handeln und dem Staunen sieht Martens einen weiteren Hauptweg des Philosophierens in der Begriffs-Bildung. Der Ausdruck der Begriffs-Bildung weist drauf hin, dass es sich hierbei nicht um eine passive Aneignung vieler Begriffe und deren Inhalte handelt, sondern es geht vor allem um Bildung, die durch einen philosophischen Umgang mit den Begriffen zu einem verbesserten Bewusstsein für das Verhältnis zur Welt und zu sich selbst führt. Die Auseinandersetzung mit Begriffen zielt also auf einen reflexiven Umgang mit sich selbst und mit der Umwelt. Aus diesem Grund erweist sich der philosophische Weg *Begriffs-Bildung* als ein besonders vielversprechender didaktischer Rahmen für das interkulturelle Lernen, denn er spricht den praktischen Aspekt der Sprache an, der auf die eigene Lebenswelt aufmerksam macht, in der man selbst verankert ist.

Das Konzept der Begriffs-Bildung hat z. B. die kanadische Lehrerin Judy Kyle in die Praxis umgesetzt, indem sie im Sprachunterricht durch das gemeinsame Philosophieren die Kinder dazu befähigt hat, „sich eigene Begriffe ihrer Wirklichkeit zu bilden und über das Bilden von Begriffen nachzudenken".[73] Sie orientiert sich an John Wilsons Konzept des *Thinking with Concepts*, das auf die Philosophie des späten Wittgenstein zurückgeht. Die Methode, die Judy Kyle im Unterricht verwendet hat, verdeutlicht einen Umgang mit der Sprache, der sich von Lipmans deutlich unterscheidet. Kyle lässt Kinder zuerst einen Tisch zeichnen, um anschließend auf die verschiedenen Bilder von Tischen aufmerksam zu machen. Demnach gibt es z. B. „Tische mit drei und vier Beinen, lange, runde und viereckige Tische, hohe und niedrige, braune, rote und weiße, Tische aus Holz und aus Glas, vielleicht auch wacklige Kisten und ein moderner Tisch als durchsichtiger Plexiglasklotz."[74] Die vielfältige Darstellung der Tische führt anschließend zur Diskussion, was eigentlich zu einem richtigen Tisch gehört. Hierbei hilft hinsichtlich der Grenzfälle, zu fragen, was man zur Not noch als Tisch durchgehen lassen kann. Ein derartiger Definitionsversuch kann den Kindern das Bewusstsein dafür schärfen, dass „die Definition des Tisches oder

---

[73] Martens: Philosophieren mit Kindern. S. 97.

[74] Martens: Philosophieren mit Kindern. S. 106.

anderer Begriffe je nach den unterschiedlichen Bedürfnissen und Gegebenheiten der Benutzer verschieden ist."[75] Außerdem lernen die Kinder einen bewussten Umgang mit den Begriffen, dass die Begriffe innerhalb einer Gesellschaft durch die Vereinbarung der Menschen entstanden sind und durch Gebrauchsnormen weiter gepflegt werden.

Ein anderes Praxisbeispiel von Berrie Heesen zeigt insbesondere, wie eine solche didaktische Vorgehensweise mit den Begriffen das Staunen bei den Kindern hervorrufen kann. In einem öffentlichen Kindergarten in Amsterdam stellt Heesen den Kindern die Frage, was einen Stuhl so ungewöhnlich wie möglich macht und fordert die Kinder auf, sich einen Stuhl vorzustellen, während sie ihre Augen schließen. Anschließend zeigt er den Kindern die Abbildung eines ungewöhnlichen Design-Stuhls. Infolge dessen staunen die Kinder über die Verrücktheit des Stuhls.[76] Die Lenkung der Aufmerksamkeit auf fremde Dinge scheint als Anstoß zum Gespräch gut geeignet zu sein, da sie bei den Kindern Erstaunen hervorruft. Ein ungewöhnlich aussehender Designer-Stuhl stellt aufgrund der Schwierigkeit, ihn unter einen Begriff unterzuordnen, den Begriff *Stuhl* selbst in Frage. Die Gegenstände, die angesichts ihrer ungewöhnlichen Gestaltung die Grenze des alltäglichen Denkens überschreiten, führen zum Staunen, das wiederum den alten Horizont erweitert und somit eine neue Erfahrung ermöglichen kann.

Dass die Sprache nicht von der Gemeinschaft abzutrennen ist, lässt sich mit der folgenden Geschichte verdeutlichen. In der Kindergeschichte von Peter Bichsel *Ein Tisch ist ein Tisch* wird von einem alten Mann erzählt, der aufgrund der Unveränderlichkeit der Dinge in seinem Zimmer wütend wurde und sich fragte, warum der Tisch immer Tisch heißt. Daher kam er auf die Idee, die Namen der Gegenstände gegenseitig auszutauschen. So wurde das Bett nicht mehr von ihm „Bett" genannt, sondern „Bild". Er sagte, dass er müde sei und ins Bild wolle. Den Stuhl nannte er „Wecker" und den Tisch bezeichnete er als „Teppich". So konnte er für alles eine neue Sprache finden, die ihm ganz alleine gehörte. Jedoch konnte er zugleich

---

75 Martens: Philosophieren mit Kindern. S. 108.

76 Vgl. Heesen, Berrie: Ein möglichst ungewöhnlicher Stuhl. Praxisbeispiel. In: *Zeitschrift für Didaktik der Philosophie* 2 (1989), S. 98-101. Siehe auch Martens: Philosophieren mit Kindern. S. 108ff.

nicht mit anderen Menschen kommunizieren und sprach deshalb nur noch mit sich selbst.

Diese Geschichte kann als Einstieg zur Diskussion dienen, warum der alte Mann durch den Austausch der Namen von Alltagsdingen nicht mit den anderen kommunizieren konnte und was er verändern müsste, um eine neue Sicht der Wirklichkeit zu erhalten. Da die Kinder oft selbst gerne eine eigene Geheimsprache entwickeln, zeigen sie ein großes Verständnis für den alten Mann in der Geschichte. Durch diese Erzählung kann man zur Erkenntnis kommen, dass die Sprache in einen sozialen und kulturellen Kontext eingebettet ist. Die Begriffs-Bildung geht von einem Verständnis der Begriffe aus, die nicht von Natur aus gegeben sind, sondern „durch Anordnung und Gewohnheit derer, welche die Wörter zur Gewohnheit machen und gebrauchen."[77] Dies markiert einen deutlichen Unterschied zu Lipmans Vorstellung von der Analyse von Begriffen, bei der ihr sozialer und kultureller Charakter nicht berücksichtigt wird und die Begriffe nur rein sachlich betrachtet werden.

Neben der Sprache erweisen sich die Themen wie Fremdheit und Heimat besonders als gut geeignet für das interkulturelle Lernen. Das Thema Heimat kann in der globalisierten Welt aufgrund der erhöhten Mobilität des Menschen zwar altmodisch und unwichtig erscheinen, aber in der Tat ist es zu beobachten, dass die Menschen sich gerade durch den häufigen Ortswechsel intensiver mit diesem Thema beschäftigen oder damit konfrontiert sind. So wird einem etwa im Alltag oft die Frage gestellt, wo man herkommt. Dies ist gerade dann oft der Fall, wenn jemand nicht als Einheimischer in einer Stadt oder im Ausland identifiziert wird. Die Andersheit des Akzents beim Sprechen oder des Aussehens lässt erkennen, dass diejenige oder deren Eltern nicht von hier, sondern von anderswoher kommen.

Heimat ist nach der Definition des Universalwörterbuches ein Ort, in dem man geboren und aufgewachsen ist, oder ein Ort, in dem man sich durch einen langfristigen Aufenthalt wie zuhause fühlt.[78] Der Begriff der Heimat hängt also mit dem Gefühl der Vertrautheit und der Geborgenheit zusammen. Diese heimatliche Geborgenheit tritt oftmals erst in einem fremden Ort stark ins Bewusstsein, wo die Differenz zur eigenen Heimat er-

---

77 Kratylos 383a, 384d. In: Phaidon u.a. das Gastmahl, Kratylos, 1974. Zitiert nach Martens: Philosophieren mit Kindern. S. 100f.

78 Siehe Duden – Deutsches Universalwörterbuch. Mannheim [u.a.], Dudenverl., 2011

fahren wird. So lässt sich bei der Thematisierung der Heimat das Gefühl der Vertrautheit und der Fremdheit ansprechen und darüber diskutieren, womit solche Gefühle zusammenhängen. Hierbei kann wiederum von kulturellen Elementen wie Sprache, Essen, Benimmregeln usw. die Rede sein.

Die autobiographische Beschreibung von einem Migranten Vilém Flusser verdeutlicht die möglichen Fragen über den Begriff der Heimat und der individuelle Beschäftigung mit ihr. Er ist im Jahr 1920 als Jude in Prag geboren und floh 1940 vor den Nazis nach London und wanderte kurze Zeit darauf nach Brasilien aus. 1972 kam er nach Europa zurück und verbrachte in der Provence die Hälfte seines Lebens, wobei er als gefragter Redner die andere Hälfte in anderen Regionen der Welt unterwegs war. Er war also ein weitgereister Mann, der seinen Bezug zur Heimat folgendermaßen beschrieben hat:

> „[I]ch bin heimatlos, weil zu zahlreiche Heimaten in mir lagern. Das äußert sich täglich in meiner Arbeit. Ich bin in mindestens vier Sprachen beheimatet und sehe mich aufgefordert und gezwungen, alles Zu-Schreibende wieder zu übersetzen und rückzuübersetzen. Erschwerend und anfeuernd kommt hinzu, dass ich mich für die Phänomene der zwischenmenschlichen Kommunikation, also für die Lücken zwischen Standorten und für die diese Lücken überspannenden Brücken interessiere. Wahrscheinlich ist dieses Interesse auf mein eigenes Schweben über den Standorten zurückzuführen. Dies zwingt mich und erlaubt mir, das Transzendieren von Heimaten nicht nur konkret zu erleben und zu bearbeiten, sondern auch theoretisch darüber nachzudenken.“[79]

Seine Beschreibung darüber, in mindestens vier Sprachen beheimatet zu sein, weist wiederum auf die engen Zusammenhänge von Sprache und Heimat hin. Der Begriff der Heimat ist nicht nur an einen Ort, sondern auch an eine bestimmte Sprache gebunden. Die einverleibte Sprache, die ein Mensch beherrscht, ist das Gewohnte und Selbstverständliche, das einem das Heimatgefühl gibt. Da es mehr als eine einzige Definition von Heimat gibt, können viele Fragen in Bezug auf sie gestellt werden. Von dem Bericht von Flusser ausgehend, wonach er heimatlos ist, weil zu zahlreiche Heimaten in ihm lagern, lässt sich die These ableiten, dass man nur eine Heimat haben kann. Jedoch ist die Frage zu diskutieren, ob eine Person auch zwei oder mehrere Heimaten besitzen kann und ob man tatsächlich

[79] Flusser: Von der Freiheit des Migranten. S. 15.

heimatlos sein kann. Weiterhin ergeben sich die Fragen, ob jemand seine Heimat verlieren kann und eine neue Heimat finden kann oder ob jeder Mensch eine Heimat hat oder ob der Mensch überhaupt eine Heimat besitzt. Die Offenheit des Begriffs der Heimat ist konstitutiv für das philosophische Gespräch darüber. Vor allem kann man den Aspekt der Fremdheit hervorheben, die mit der Heimat in einem sehr engen Verhältnis steht. Die Verknüpfung von Heimat und Fremdheit wird durch die auf der eigenen Erfahrung beruhende Definition der Heimat von Flusser veranschaulicht:

> „Die Heimat ist zwar kein ewiger Wert, sondern eine Funktion einer spezifischen Technik, aber wer sie verliert, der leidet. Er ist nämlich mit vielen Fasern an seine Heimat gebunden, und die meisten dieser Fasern sind geheim, jenseits seines wachen Bewusstseins. Wenn die Fasern zerreißen oder zerrissen werden, dann erlebt er dies als einen schmerzhaften chirurgischen Eingriff in sein Intimstes. Als ich aus Prag vertrieben wurde (oder den Mut aufbrachte zu fliehen), durchlebte ich dies als einen Zusammenbruch des Universums“[80]

Die Erzählung stellt sehr deutlich dar, dass die Wahrnehmung der Heimat erst durch deren Verlassen überhaupt in Gang kommt und dementsprechend sehr intensiv und schmerzhaft ist. Die Metapher der Fasern veranschaulicht, dass der eigene Körper in die Heimat involviert ist, bzw. um es anders auszudrücken, dass die Heimat im Menschen einverleibt ist. Dies führt zu der Annahme, dass jeder, der sich aus der gewohnten Umgebung in einen fremden Ort begeben hat, bereits wahrgenommen hat, wie stark die Heimat mit Gefühlen verbunden ist. Ein Mädchen in der 1. Klasse erklärte spontan auf die Frage, was Heimat ist: „Umm… z. B. wenn du in Holland bist, aber wieder nach Deutschland zurückfahren möchtest, weil dort deine Heimatszene ist.“ Das Kind hat das Wort Heimat anschaulich gemacht, indem es implizit auf das Heimweh hingewiesen hat. Hierbei besteht für die Kinder die Möglichkeit, eigene Fremderfahrungen in Worte zu fassen und Klarheit und Distanz darüber zu gewinnen. In diesem Sinne kann das Philosophieren über die Heimat den Kindern Raum geben, die eigenen Erfahrungen zu reflektieren und zu analysieren.

Die Antwort des sechsjährigen Kindes widerspricht allerdings dem Ergebnis einer empirischen Untersuchung, die Ende der 1990er Jahre von Eva Gläser durchgeführt wurde, die die Bedeutsamkeit des Philosophierens mit

[80] Flusser: Von der Freiheit des Migranten. S. 17.

Grundschulkindern über „Heimat und Fremde" hervorhob. Sie hat 21 Kinder aus der zweiten und der vierten Klasse zu ihrem Verständnis von Heimat befragt.[81] In ihrer Untersuchung stellt sie heraus, dass die Kinder in der zweiten Klasse nicht in der Lage waren, den Begriff der Heimat zu erklären, da er ihnen nicht bekannt war. Die meisten Kinder in der vierten Klasse kannten allerdings das Wort und konnten dementsprechend eigene Interpretationen anstellen. Jedoch widerspricht das Ergebnis eigenen Erfahrungen, in denen ich versucht habe, sechsjährige Kinder danach zu fragen, was sie mit Heimat assoziieren. Ein Mädchen sagte: „da wo ich wohne – Zuhause", oder ein Junge äußerte: „wo ich lebe – in Würzburg". Hierbei wird klar, dass die Kinder in der ersten Klasse das Wort Heimat kennen und bereits in der Lage sind, es zu definieren oder zu beschreiben.

Dies zeigt, dass die Kinder bereits ab der 1. Klasse über Heimat philosophieren können und dürfen. Zum Einstieg in das philosophische Gespräch kann man eine Geschichte erzählen, in der z. B. eine Person als Fremder in einer ungewohnten Umgebung seine Erlebnisse beschreibt. Oder eine Geschichte darüber, wie ein Mensch seine Heimat verlassen musste und wie er danach seinen neuen Wohnort erlebt hat, kann als Einstieg zur Diskussion über die Gefühle bezüglich Fremdheit und Geborgenheit und deren Gründe dienen. Ebenso können bildliche Darstellungen über die fremden Feste und Bräuche gezeigt werden, damit man über die Spiele und Traditionen der eigenen und fremden Heimat reden kann.

Jedoch darf das Gespräch den Schwerpunkt nicht ausschließlich darauf setzen, den Kindern eine Vorstellung von der kulturellen Vielfältigkeit zu vermitteln, sondern das besondere Merkmal des philosophischen Gesprächs soll darin bestehen, dass die Kinder zum Fragen ermuntert werden, das sich auf die Interdependenz von der kulturellen Prägung und der eigenen Wahrnehmung bezieht. Auch die „Normalitätsvorstellungen, die die anderen zu 'Fremden' machen, [müssen] erkannt, durchschaut und verändert werden."[82]

---

81 Vgl. Gläser, Eva: Vom lokalen Heimatgefühl zur glokalen kulturellen Identität. In: Engelhardt, Wolf;Stoltenberg, Ute (Hrsg.): Die Welt zur Heimat machen? Bad Heilbrunn, Klinkhardt, 2002, S. 85-96.

82 Bogdal, Klaus-Michael: Fremdheiten-Eigenheiten. In: *Praxis Deutsch* 1996, Heft 134, S. 23. Gesellschaft für Didaktik des Sachunterrichts (Hrsg.): Perspektivrahmen Sachunterricht. Bad Heilbrunn, 2002. Zitiert nach Gläser, Eva: Heimat und Fremde. Begrenzter

Eine Diskussion über Heimat mit Schülern der vierten Klasse führte z. B. Christine Höink mit einer Erzählung von einem Kind ein, „das nach einem Umzug seine gewohnte Umgebung verloren hatte und nun Furcht vor dem bevorstehenden Weihnachtsfest zeigte. In Anbindung daran wurden verschiedenartige Verlusterlebnisse der Kinder im Kreisgespräch angesprochen, nach möglichen Formen der Verarbeitung gesucht. Dazu zählten z. B. Tagebuch schreiben, Fotos anschauen, sich trösten lassen, träumen, weinen, sich ablenken, neue Freunde suchen, [...]. Im Verlauf der Gespräche ergab sich die Möglichkeit, den Begriff Heimat in die Gesprächssituation zu integrieren. Es stellte sich die Frage, was er für die Kinder bedeutet.“[83] Anstatt der Erzählung einer Geschichte kann man ebenso zunächst von den Kindern die spontanen Assoziationen zum Begriff sammeln. Auf die Frage „Was denkt ihr, was geht euch durch den Kopf, wenn ihr das Wort Heimat hört?“ antworteten die Kinder: „an zu Hause, an mein zu Hause, an Wohnen, an mein anderes Haus und an Rumänien, an ein Haus, an die Stadt, an Deutschland und seine Länder, an Menschen, ein schönes Gefühl, an mein Zimmer, an Hauen, Fußball.“[84]

Bei der Thematisierung der Heimat und des Fremden sollte allerdings das Lehrpersonal „sich bewusst sein, dass ein Unterricht, der ausländische Kinder als etwas Besonderes behandelt, überhaupt erst ihre Stigmatisierung als Ausländer, die Konstruktion ihres 'Türkeseins' und damit ihre Marginalisierung in der Gruppe bewirken kann.“[85] Deshalb sollte das Herkunftsland des einzelnen Kindes nicht absichtlich von der Seite des Lehrenden hervorgehoben werden. Vielmehr empfiehlt sich, dass jedes Kind unabhängig von dessen Migrationshintergrund dazu ermuntert wird, eigene Gedanken zu äußern.

Die Begriffe werden bei der Begriffs-Bildung nicht wie bei Lipman zum Zweck des logischen Denkens kategorisiert oder klassifiziert, sondern im Zusammenhang mit entsprechenden Handlungsweisen und typi-

---

Gegensatz oder sinnvolle Orientierung? In: *Praxis Grundschule* 29 (2006), S. 3.

83 Höink, Christine: Dann war alles anders! Heimaterleben in den Vorstellungen von Grundschulkindern. In: *Praxis Grundschule* 29 (2006), S. 9.

84 Müller, Hans-Joachim: Kann ich einem Wolf vertrauen? In: *Praxis Grundschule* 29 (2006), S. 5.

85 Schmidtke, Hans-Peter: Herausforderungen an einen interkulturellen Sachunterricht. In: *Grundschule* 26 (2002), Heft 9, S. 55.

schen Situationen dargestellt und reflektiert. Beim philosophischen Weg der Begriffs-Bildung geht es deshalb nicht darum, dass die Kinder bloß in einer passiven Rolle Dutzende Begriffe pauken oder sie ausschließlich als ein Mittel zum logischen Denken verwenden, sondern Begriffs-Bildung zielt darauf, dass das Kind als Sprechakteur das Verhältnis von Sprache und kultureller Prägung erkennt und somit eine aktive Rolle übernehmen kann. Nietzsche sah an dem Ursprung der Sprache in der Fremdbestimmung: „Das Herrenrecht, Namen zu geben, geht so weit, dass man sich erlauben sollte, den Ursprung der Sprache selbst als Machtäußerung der Herrschenden zu fassen: sie sagen 'das *ist* das und das', sie siegeln jegliches Ding und Geschehen mit einem Laute ab und nehmen es dadurch gleichsam in Besitz".[86] Die Begriffs-Bildung zielt daher auf die Autonomie des Kindes, indem es dem Kind durch die Reflexion über den Ursprung der Namen der Dinge und deren enge Beziehung zum Handeln mehr Denk- und Handlungsmöglichkeiten bereitstellt.

Das Ziel der Begriffs-Bildung liegt also nicht im Finden einer Definition, die sich an höchsten Genauigkeits- und Wahrheitsansprüchen orientiert, sondern sie geht davon aus, dass man die Wirklichkeit je nach den jeweiligen Bedürfnissen und Zwecken unterschiedlich wahrnimmt. Hierbei geht man anstatt von einer Annäherungsthese von einer Differenzierungsthese aus. Nach der Differenzierungsthese gibt es deshalb keine Hierarchien zwischen den verschiedenen Erkenntnisformen. Die wissenschaftlichen Erkenntnisse sind daher hinsichtlich ihres Wertes nicht höher einzuordnen, als die Erkenntnisse, die aus den konkreten Erfahrungen in der Lebenswelt gewonnen worden sind, sondern das Verhältnis von den beiden unterschiedlichen Erkenntniswegen ist gleichrangig. Daher wird ebenso das Denken des Kindes als ein eigenständiges Denken angesehen, während es in der Annäherungsthese als unfertig und mangelhaft bewertet und dem fertigen Denken des Erwachsenen untergeordnet wird. Nach der Annäherungsthese ist nur die wissenschaftlich überprüfbare abstrakte Erkenntnis von hohem Wert. Eine solche Vorstellung von der Erkenntnis ist in Lipmans Konzept beobachtbar, da hier vor allem das noch mangelhafte logische und abstrak-

[86] Nietzsche, Friedrich: Jenseits von Gut und Böse. Zur Genealogie der Moral. In: Ders.: Sämtliche Werke. Kritische Studienausgabe in 15 Bänden. Bd. 5, München, Dt. Taschenbuch-Verl., 1988, S. 249. Zitiert nach Martens: Philosophieren mit Kindern. S. 106.

te Denken bei den Kindern durch das Philosophieren verbessert werden soll. Zwar versucht Lipman, in seinen Geschichten die kindliche Alltagswelt mit den philosophischen Problemen zu verknüpfen, allerdings liegt sein Hauptanliegen eher in der Entwicklung des logischen Denkens, als in der Förderung der Einsicht des Kindes in kulturelle Zusammenhänge. Bei seiner Zielsetzung und der didaktischen Vorgehensweise lässt sich daher feststellen, dass der Gang der Erkenntnis von ihm als „linear fortschreitende Annäherung an eine vorgegebene Wirklichkeit“[87] verstanden wird. Die Kinder sollten anhand der philosophischen Übung die logische Denkfähigkeit entwickeln, die auf der Kenntnis der Logik beruht. Das Konzept der Begriffs-Bildung geht dagegen von der Differenzierungsthese der Erkenntnis aus und respektiert dementsprechend die Denkfähigkeit des Kindes, die mit „konkreten, erlebnisreichen Situationen“ verknüpft ist.

Die verschiedenen Wege deuten darauf hin, dass das Philosophieren in diesem Kontext nicht mit einer bestimmten Strömung wie analytisch, phänomenologisch oder hermeneutisch identifiziert werden kann. Das Verständnis des Philosophierens beschränkt sich also nicht auf eine bestimmte Methode und Inhalte, sondern umfasst verschiedene Wege. Aber auch wenn es nicht die eine Methode des Philosophierens mit Kindern gibt, so kommt bezüglich des interkulturellen Lernens vor allem der sokratischen Methode eine besondere Bedeutung zu. Im folgenden Abschnitt wird sie daher ausführlicher dargestellt.

3.2 Interkulturelles Lernen durch das sokratische Philosophieren

Das Philosophieren mit Kindern vollzieht sich nicht im Monolog des Lehrers, sondern es ist ein philosophisches Gespräch mit Kindern und unter Kindern. Das philosophische Gespräch unterscheidet sich jedoch von der alltäglichen Unterhaltung dadurch, dass es auf die „(philosophische) Wissensbildung“, die „Bildung einer philosophischen Orientierung“ und die „Bildung eines philosophischen Subjekts“[88] zielt. Hierbei wird deutlich,

87 Martens: Philosophieren mit Kindern. S. 112.

88 Mittelstraß, Jürgen: Versuch über den sokratischen Dialog. In: Stierle, Karlheinz; Warning, Rainer (Hrsg.): Das Gespräch. München, Fink, 1984, S. 11. Zitiert nach Friesen, Hans: Das „philosophische Gespräch„. Zur Möglichkeit seiner Selbstvergewisserung

dass es beim Philosophieren mit Kindern nicht nur um philosophisches Wissen, sondern auch um die Subjektbildung und die Vermittlung praktischer Lebensorientierung geht. Allerdings soll die Erfüllung dieser Zielsetzung philosophisch erfolgen. Dies setzt allerdings eine Klärung dessen voraus, was man unter dem Philosophieren versteht.

3.2.1 METHODE UND ZIEL DES SOKRATISCHEN PHILOSOPHIERENS

Dazu sollte zunächst die philosophische Tätigkeit von Sokrates beleuchtet werden, der von Cicero als „Vater der Philosophie“ bezeichnet worden ist, denn die Methode des sokratischen Philosophierens veranschaulicht das ursprüngliche Philosophieren, auf welches wieder aufmerksam gemacht werden sollte, um in Anschluss daran die pädagogisch bedeutsamen Aspekte herauszufiltern. Das sokratische Philosophieren wird als Hebammenkunst bezeichnet, weil Sokrates, wie die Hebamme der Frau bei der Entbindung des Säuglings hilft, im Gespräch versucht, dem Gesprächspartner bei der Entbindung der eigenen Idee zu helfen. Die sokratische Hebammenkunst versteht sich dabei als das Hervorrufen eines neuen Gedankens und steht damit im gegensätzlichen Verhältnis zur doktrinären Einpflanzung fremder Gedanken von außen. Der kreative Akt des Denkens soll von der Seite des Gesprächsteilnehmers selbst vollzogen werden, wobei es nicht auszuschließen ist, dass der Gesprächsleiter als Hebamme ebenso durch das produktive Gespräch zu neuen Erkenntnissen gelangen kann. Allerdings besteht die Rolle des Gesprächsleiters vorrangig darin, die Gesprächsteilnehmer zum Selbstdenken anzuleiten. Sokrates betont bei der Hebamme „die Fähigkeit, [...] mit allen Mitteln zu prüfen, ob die Überlegung des jungen Mannes ein bloßes Trugbild und etwas Falsches herausgebracht hat oder etwas Lebenskräftiges und Wahres.“[89]

Hierbei wird deutlich, dass die neue Erkenntnis ein Vorverständnis voraussetzt, das überprüft werden soll. Das Philosophieren geht also von den Urteilen aus, die ohne eigene kritische Reflexion gefällt wurden. Dazu ge-

---

im Philosophieunterricht. In: Rehn, Rudolf; Schües, Christina (Hrsg.): Bildungsphilosophie. Grundlagen, Methoden, Perspektiven. (Pädagogik und Philosophie, Bd. 1), Freiburg, München, Karl Alber, 2008, S. 218.

89 Platon: Sokrates und die „Hebammenkunst„. In: Birnbacher, Dieter; Krohn Dieter (Hrsg.): Das sokratische Gespräch, Stuttgart, Reclam, 2002, S. 18.

hören oft solche Urteile, die von anderen einfach übernommen wurden. Solche Urteile können philosophisch befragt werden, indem man überprüft, ob sie begründet sind oder nicht. Das Hinterfragen von Alltagsmeinungen geschieht jedoch nicht ohne irgendwelche Anlässe, sondern sie müssen durch etwas verursacht werden. „Das lebendig geführte Gespräch ist [...] deswegen vorrangig, weil man nur hierin von außen angestoßen werden kann, d.h. nur durch die Reibung der miteinander Sprechenden entzündet sich jener Funke, der in die dunklen Keller der einzelnen subjektiven Bewusstseine überspringt und dort das Licht entstehen lässt, in dem etwas deutlich erkannt werden kann.“[90]

Hierbei wird das besondere Merkmal des philosophischen Gesprächs mit Kindern im Gegensatz zu anderen didaktischen Möglichkeiten wie Malen, Singen und Spielen sichtbar, welche besonders in der sinnlichen und ästhetischen Erfahrung ihren Schwerpunkt setzen: Das philosophische Gespräch geht von dem Anspruch des einzelnen Menschen aus, der aufgrund seiner Sprach- und Denkfähigkeit innerhalb des Gesprächs die anderen zum weiteren Denken und zur sprachlichen Ausformulierung aufruft. Die Sprache dient als das zentrale Medium des philosophischen Gesprächs und als Anlass zur Infragestellung der eigenen Anschauung. Durch die Sprache bringt die philosophische Tätigkeit das Denken in Bewegung. In dieser Hinsicht lässt sich die Philosophie von den naturwissenschaftlichen Vorgängen deutlich unterscheiden, die sich nicht auf das Denken, sondern auf Experimente und Beobachtungen beziehen.[91] Naturwissenschaftliche Untersuchungen gehen demgegenüber von den vorverständlichen Erwartungen aus, die die Abläufe und Ergebnisse der Untersuchung beeinflussen. Dagegen versucht man beim philosophischen Gespräch, Fragen zu stellen, die gerade das Vorverständnis fremd erscheinen lassen und somit eine neue Perspektive eröffnen.

Insbesondere zielt die Philosophie auf das klare Reden, was allerdings ein ebenso klares Denken voraussetzt. „Klar ist ein Reden, wenn es die Sache offen legt, sie in ein helles Licht rückt, so dass sie sich gut sehen lässt. Zum klaren Reden gehört genaues Reden, also eines, das die Sache scharf

---

90 Friesen: Das „philosophische Gespräch„. S. 220.

91 Vgl. Nagel, Thomas: Was bedeutet das alles? Eine ganz kurze Einführung in die Philosophie. Stuttgart, Reclam, 1990, S. 6.

fasst, „scharf" wie Fotos scharf sind."[92] Die Definition des klaren Redens weist wiederum darauf hin, dass die Schwierigkeit des klaren Redens auf das unklare Denken zurückzuführen ist. Damit das vernebelte Denken dem Einzelnen allerdings ins Bewusstsein gerufen wird, muss daher eine Situation geschaffen werden, in der man zur sprachlichen Artikulation aufgefordert wird. Erst durch die Notwendigkeit der Äußerung von eigenen Gedanken lässt sich der Schleier aufdecken, der für die Unklarheit des Denkens zuständig war. Der Schleier, der zu selbstverständlich war, um wahrgenommen zu werden, wird enthüllt. „Das Hauptanliegen der Philosophie besteht darin, sehr allgemeine Vorstellungen in Frage zu stellen und zu verstehen, die sich ein jeder von uns tagtäglich macht, ohne über sie nachzudenken."[93]

Dies lässt sich im kulturellen Kontext darauf zurückführen, dass die Menschen nicht von Geburt an den Anfang der bestehenden Ordnung und des kulturellen Denkens miterlebt haben, sondern mitten in einen vorgegebenen kulturellen Lebensraum hineingeboren sind. Das Kind wird in einem bestimmten Kulturkreis geboren und lernt viele neuen Umgangsregeln in dem bestehenden Kulturumfeld, indem es von den Eltern und von der es umgebenden Welt das Verhalten nachahmt und die Sprache nachplappert. „Denn das Natürliche ist es, mittendrin anzufangen, weil wir bei all diesen Gegenständen, Recht, Zahlen, Moral, Kausalität und so weiter, schon mittendrin sind; und wären wir es nicht, hätten wir erst recht keinen Grund, mit ihnen von vorn anzufangen."[94] Für das Kind ist die Umwelt im Vergleich zum Erwachsenen zwar relativ wenig selbstverständlich und somit erscheint die Welt dem Kind in gewisser Hinsicht fremd, so dass es neugierig und offen gegenüber der Welt ist. Allerdings darf man die Weltoffenheit des Kindes nicht überspitzen und somit das Kind idealisieren, sondern die kulturelle Prägung durch *Abrichtung* lässt sich gerade beim Kind deutlich beobachten. Dementsprechend bildet sich ein Schleier der eigenen kulturellen Denk- und Handlungsordnungen, der einem nicht klar ist. Die Unmöglichkeit des klaren Denkens führt daher zur Schwierigkeit, sich eindeutig zu äußern, wenn jemand aufgefordert ist, etwas über die selbstverständlichen Dinge der eigenen Kultur zu erklären. Deshalb besteht die Bestrebung

---

92 Bittner, Rüdiger: Was gut an Philosophie ist. In: Meyer, Kirsten (Hrsg.): Texte zur Didaktik der Philosophie, Stuttgart, Reclam, 2010, S. 129.

93 Nagel: Was bedeutet das alles? S. 6.

94 Bittner: Was gut an Philosophie ist. S. 134.

des philosophischen Gesprächs in der sprachlichen Aufforderung an den Menschen.

Die philosophische Tätigkeit des Sokrates besteht daher aus seiner andauernden „Was ist das„-Frage, die als Anstoß für die Auseinandersetzung mit dem eigenen Vorverständnis dient. Sie erschien allerdings in der damaligen Zeit vielen Menschen als bedrohlich. Das Gefühl der Bedrohung und der Beunruhigung aufgrund seiner Fragen beruht darauf, dass der Befragte zur Mitteilung des eigenen Wissens über etwas aufgefordert wird, jedoch nicht in der Lage ist, es sprachlich auszudrücken. Durch eine solche Schwierigkeit der Mitteilung kommt man allerdings zur Erkenntnis, dass man darüber tatsächlich nichts weiß.[95] Nelson beschreibt diesen Zustand folgendermaßen: „Die schon bei SOKRATES berühmte Verwirrung ist eingetreten. Alle sitzen ratlos da. Das anfangs Gewisse ist ihnen ungewiss geworden. Anstatt Klarheit in ihre Vorstellungen zu bringen, fühlen sie sich der Fähigkeit beraubt, durch Denken überhaupt irgend etwas klarzustellen."[96] Sokrates brachte die Menschen zu einer solchen irritierenden Situation, welche allerdings eine unverzichtbare Bedingung für die philosophische Tätigkeit ist. Die „Was ist das„-Frage zielt nicht nur auf die theoretische Begriffsbildung, sondern vielmehr auf die Lebenspraxis, denn diese beiden Ebenen sind nicht trennbar. „Wer vorn anfängt, jetzt nicht allein beim Recht, sondern auch bei Moral, bei Zahlen, bei Wissenschaft, und so weiter, der hat Aussicht, den Platz dieser Dinge in seiner Welt zu erkennen, so dass sie nicht mehr als fremdartige Einsprengsel erscheinen, sondern als zugänglich in dem Umkreis seines Lebens."[97] Deshalb beinhaltet die sokratische Methode die Möglichkeit, die Kinder zum Philosophieren zu bringen, anstatt sie lediglich die Philosophie zu lehren. Eine solche Methode orientiert sich dementsprechend nicht an der Vermittlung von Wissen, sondern an der Anregung zum Selbstdenken. Als Lehrer muss man dementsprechend versuchen, keine direkte philosophische Frage zu stellen, die die Schüler zur Antwort auffordert, sondern man veranlasst die Schüler dazu, die philosophischen Fragen selbst hervorzubringen. Außerdem sollen die Schüler auch dazu angeregt werden, auf die philosophische Frage selbst zu antworten. Dies folgt durch die Suggestivfragen des Gesprächsleiters, wie z. B. „Wie sollte es anders sein?„. Der Gesprächsleiter nimmt die Rol-

95 Martens, Ekkehard: Sokrates. Eine Einführung. Stuttgart, Reclam, 2004, S. 5.

96 Nelson, Leonard: Die sokratische Methode. In: Birnbacher, Dieter; Krohn, Dieter (Hrsg.): Das sokratische Gespräch. Stuttgart, Reclam, 2002, S. 50.

97 Bittner: Was gut an Philosophie ist. S. 135.

le der Hebamme an und achtet besonders darauf, dass die Teilnehmer zum Ausdrücken ihrer eigenen Gedanken kommen, denn „erst der Zwang zur Mitteilung gibt eine Handhabe für die Prüfung der Bestimmtheit und Klarheit der eigenen Vorstellungen.“[98] Für die sokratische Methode besteht das besondere Merkmal des Philosophierens darin, dass eine sehr enge Verknüpfung mit der sprachlichen Ausdrucksfähigkeit existiert. Hierbei liegt die Annahme zugrunde, dass die Sprache und das Denken miteinander verwoben sind, weil die Unmöglichkeit des sprachlichen Ausdrucks mit dem eigenen Nichtwissen gleichgesetzt wird. Aus diesem Grund ist der Zwang zur sprachlichen Mitteilung von eigenen Gedanken durch das Philosophieren äußerst ausschlaggebend für die Erkenntnis des Nichtwissens.

Neben der «Was ist das»-Frage liegt eine andere methodische Besonderheit des sokratischen Philosophierens darin, dass sie von den konkreten Alltagserfahrungen ausgeht, denn „Lebenswelt und Lebenssituation sind Ursprung wie Thema originären Philosophierens.“[99] Das Philosophieren versteht sich daher nicht als eine wirklichkeitsfremde geistige Beschäftigung, sondern als ein praxisbezogenes Nachdenken im Modus der Alltagssprache. „Redliches Philosophieren nimmt die wirklichen Erfahrungen und die Erfahrung der Wirklichkeit ernst; aus Lebenssituationen und der Lebenswelt in ihrer Vielfalt und teilweise Widersprüchlichkeit entspringen die anfänglichen Fragen und Probleme des Philosophierens, sie liefern das ursprüngliche „Material“ philosophischen Nachdenkens.“[100]

Da Sokrates durch seine Tätigkeit des Philosophierens auf die Erziehung und Bildung des Menschen zielt,[101] beinhaltet das Philosophieren in diesem Kontext eine pädagogische Bedeutung. Allerdings besteht der provokative Charakter in der „Idee, wonach Bildungsprozesse als Transformationen des Unwissens in das Nichtwissen zu verstehen sind“[102], denn der

98 Nelson: Die sokratische Methode. S. 59.

99 Raupach-Strey, Gisela: Das Sokratische Paradigma und seine Bezüge zur Diskurstheorie. In: Birnbacher, Dieter; Krohn, Dieter (Hrsg.): Das sokratische Gespräch. Stuttgart, Reclam, 2002, S. 111.

100 Raupach-Strey: Das Sokratische Paradigma und seine Bezüge zur Diskurstheorie. S. 111.

101 Vgl. Reichenbach, Roland: Philosophie der Bildung und Erziehung. Eine Einführung. (Grundriss der Pädagogik, Erziehungswissenschaft, 14), Stuttgart, Kohlhammer, 2007, S. 196.

102 Reichenbach: Philosophie der Bildung und Erziehung. S. 196.

Unterrichtsalltag ist hauptsächlich durch die Wissensvermittlung und die Wissensaneignung geprägt. Das Wissen über etwas wird erstrebt und es mangelt im Lernalltag an Raum für das Wissen des Nichtwissens, so dass es erst gar nicht mehr als Teil des Lernprozesses, geschweige denn als mögliches Ziel der Bildung, angesehen wird. Man geht dabei oft von der Annahme aus, dass der zu vermittelnde Lerninhalt einen Wahrheitsanspruch hat, weil er z. B. wissenschaftlich überprüft wurde oder den Prüfungskriterien entspricht. Ein solches Wissen gehört in bestimmter Hinsicht zum Unwissen, weil es ohne kritische Reflexion passiv von den Autoritätsinstanzen übernommen wurde. Damit das Unwissen in das Nichtwissen transformiert wird, muss zuerst die Beschränkung des Wahrheitsanpruchs vom erworbenen Wissen in das Blickfeld treten und dessen Kontingenz festgestellt werden. Daher versucht Sokrates, den Menschen von dem übernommenen vermeintlichen Wissen zu befreien.

Das Philosophieren besteht nicht aus einem eindeutig vermittelbaren Wissen, sondern aus der Reflexion des Nichtwissens. „Es geht, [...], besonders um ein negatives Wissen, um ein Bewusstsein für Grenzen des Erkennbaren oder des Sagbaren.“[103] Hierbei lässt sich die Parallele zwischen dem interkulturellen Lernen und dem Philosophieren feststellen, die darin besteht, dass die Grenze der Gewissheit sichtbar wird. Das Wissen des Nichtwissens ist insofern negativ, dass man dabei nicht in der Lage ist, sich selbst dadurch zu konstituieren, dass die Struktur des eigenen Denkens und Handelns bestätigt bleibt.[104] Die Ich-Identität ist dadurch in einem instabilen Zustand, der allerdings wiederum unvermeidbar für die Identitätsbildung ist. Nicht die Selbstbestätigung, sondern gerade der Selbstentzug ist eine essentielle Voraussetzung für die Entwicklung der eigenen Identität.[105] Weil das Fremde aufgrund seiner Andersheit und der damit einhergehenden Beunruhigung als Anlass dazu dienen kann, sich bewusst mit der eigenen Denk- und Handlungsordnung auseinanderzusetzen, verfügt das Fremde über einen aktiven Beweggrund für die Identitätsbildung. Das Bewusstsein des Nichtwissens führt nicht zum Verlust der Identität, sondern es hat „ein

[103] Thomas: Wissen, dass wir nicht wissen – Ein philosophisches Bildungsziel. S. 126.

[104] Thomas: Wissen, dass wir nicht wissen – Ein philosophisches Bildungsziel. S. 128.

[105] Vgl. Straub, Jürgen: „Identität“. In: Jaeger, Friedrich; Liebsch, Burkhard (Hrsg.): Handbuch der Kulturwissenschaften. (Grundlagen und Schlüsselbegriffe, Bd. 1), J. B. Metzler, Stuttgart, 2004, S. 281.

orientierendes Potenzial".[106] Diese Orientierungsfunktion bildet den Kern des Philosophierens.

3.2.2 DIE PROVOKATION DES NICHTWISSENS

Neben der Negativität lässt sich das Wissen des Nichtwissens durch die Nicht-Propositionalität charakterisieren. „Nicht-propositionales Wissen ist jenes Wissen, das sich wesentlich nicht in Aussagesätzen formulieren lässt, bzw. bei dessen Formulierung stets ein Rest bleibt, in welchem gerade der Kern dieses Wissens besteht."[107] Das Nicht-propositionale Wissen zeichnet sich dadurch aus, dass sich ein wesentlicher Teil der Darstellung in Aussagesätzen entzieht. Es lässt sich nicht allein sprachlich-argumentativ vermitteln, sondern es bedarf eines Prozesses, in dem eine Person vielmehr selbst leibliche Erfahrungen macht und dadurch bestimmte Denkweisen internalisiert. Zu einem solchen nicht-propositionalen Wissen gehören beispielsweise praktisches Wissen, die ethische Haltung, Anschauung und leibliche Phänomene, die allesamt im Folgenden erläutert werden. Dadurch soll deutlicher werden, warum das Wissen des Nichtwissens nicht-propositional ist und was darunter zu verstehen ist.

Das praktische Wissen wie Fahrradfahren ist kein Ergebnis des passiven Aneignens von Wissen, sondern eine Fertigkeit, die der eigene Körper dank vieler Übungen und dem schmerzhaften mehrfachen Hinfallen ab einem bestimmten Zeitpunkt beherrscht. Es geht hierbei nicht um ein Wissen, das verlernt oder vergessen werden kann, sondern um das Beherrschen eines Könnens. Daher verwendet man im Alltag die Redewendung „das ist wie Fahrradfahren, das verlernt man nicht!". Wer z. B. einmal gelernt hat, zu schwimmen, verlernt es nicht wie ein fremdes Wort, das man irgendwann auswendig gelernt hat, welches man aber nach einer Weile vergisst. Wie man schwimmen soll, wird einer Person zwar mit einzelnen langsamen Körperbewegungen gezeigt und parallel auch mit einer sprachlich detaillierten Beschreibung beigebracht, was immerhin beim kognitiven Verständnis der Schwimmtechniken hilft. Jedoch reicht das Verstehen der Theorie allein nicht aus, sondern vielmehr muss man auf dieser vermittelten Wissensgrundlage selbst solange üben bis man irgendwann die Schwimmtechnik beherrscht. Bemerkenswert ist, dass man nach dem Erwerb des Praxis-

[106] Thomas: Wissen, dass wir nicht wissen – Ein philosophisches Bildungsziel. S. 131.
[107] Thomas: Wissen, dass wir nicht wissen – Ein philosophisches Bildungsziel. S. 130.

wissens oft das theoretische Wissen vergisst, das zunächst als Hilfe gedient hat, was heißt, dass man über das Praxiswissen verfügt, ohne es sprachlich erklären zu können.

Das Beispiel veranschaulicht den Unterschied zwischen dem propositionalen und dem nicht-propositionalen Wissen. Nun stellt sich die Frage, um welches Wissen es in der philosophischen Wissensbildung geht, worauf das philosophische Gespräch zielt. Das philosophische Wissen gehört zu dem nicht-propositionalen Wissen, das „vermöge der langen Beschäftigung mit dem Gegenstande und dem Sichhineinleben, wie ein durch einen abspringenden Feuerfunken plötzlich entzündetes Licht in der Seele" entsteht.[108] Diese Behauptung ist sicherlich missverständlich, da das Geschäft der Philosophie ja gewissermaßen von klaren Argumenten lebt. Was sie besagt, ist jedoch, dass philosophisches Wissen nicht mit dem Wissen über die Geschichte der Philosophie oder mit den Grundkenntnissen über philosophische Teildisziplinen wie Ethik oder Metaphysik, wie sie im Rahmen des akademischen Studiums gelehrt werden, gleichzusetzen ist. Das philosophische Wissen ist in diesem Sinne eine intellektuelle Anschauung, die sich durch eine intensive Auseinandersetzung mit sich und der Welt ergibt. Wie das Schwimmen erst nach einem langfristigen Übungsprozess eine beherrschte Fertigkeit wird, setzt auch das philosophische Wissen einen langfristigen Denkprozess voraus.

Auch die ethische Haltung gehört zum nicht-propositionalen Wissen, weil sie sich hauptsächlich in dem guten Handeln zeigt und nicht vorrangig in der Fähigkeit seiner Begründung. Einer Person, die kognitiv versteht, was ein moralisch richtiges Handeln ist und warum man so handeln sollte und dementsprechend rationale Argumente parat hat, darf man nicht gleich unterstellen, dass sie aufgrund dieses Wissens die ethische Haltung bereits innehat. Denn auch wenn rationale Gründe für die Überlegung, wie gehandelt werden soll eine entscheide Rolle spielen, so lässt sich das gute Handeln nicht ausschließlich durch die Wissensaneignung oder Belehrung erlernen, sondern es bedarf insbesondere Vorbilder und Einübung, um die entsprechende moralische Haltung zu erwerben.

Zum nicht-propositionalen Wissen gehört auch „ein Wissen, das nur

[108] Platon: 7. Brief. 341 c-d. Zitiert nach Thomas: Wissen, dass wir nicht wissen – Ein philosophisches Bildungsziel. S. 130.

ein leiblich-endlich-situativ existierendes Subjekt haben und zudem nur in Teilnehmer- oder 1.-Person-Perspektive gewinnen kann. Hierzu gehört etwa das Wissen darum, was es bedeutet, sich frei und verantwortlich entscheiden zu können und zu müssen, was es bedeutet, schuldig werden zu können".[109] Ein solches Wissen beruht auf leiblichen Erfahrungen, die die Menschen nicht durch das Zuhören oder Lesen der Erzählungen von anderen, sondern durch das Involviert-sein in entsprechenden Situationen selbst gesammelt haben. Beispielsweise lässt sich der Geschmack nicht sprachlich erwerben, sondern er entwickelt sich durch die Essgewohnheiten, die der Mensch auf Dauer erworben hat. Man ist zwar fähig, sich in gewisser Weise einen neuartigen Geschmack vorzustellen, den der andere ihm sprachlich beschreibt. Allerdings ist das Wissen über diesen Geschmack nicht dasselbe, wie die qualitative Wahrnehmung des Geschmacks auf der Seite des anderen. Eine bestimmte Anschauung und Sichtweise ergibt sich ebenfalls durch eigene Erfahrungen. Weil die Reflexion über das eigene Nichtwissen der Reflexion über die eigene Anschauung entspricht, die eine entscheidende Bedingung für eine ethische Haltung ist, erweist sie sich als ein spezifisch philosophisches, nicht-propositionales Wissen.

Das Wissen des Nichtwissens lässt sich daher als „das Wissen um die Möglichkeit besonderer, sprachlich nur unvollkommen vermittelbarer Wissensformen, mithin (umgekehrt) das Wissen um die engen Grenzen des Konzeptualisierens und modellhaften Begreifens"[110] verstehen. Die eigenen Denk- und Handlungsordnungen stoßen an deren Grenze, und deren Selbstverständlichkeiten treten somit ins Bewusstsein. Das Wissen des Nichtwissens ist daher zunächst stark mit negativen Gefühlen verknüpft, die sich in Beunruhigung, Fremdsein und Irritation äußern. Die Einsicht in die Kontingenz des eigenen Denkens lässt sich daher nur durch die Provokation der bestehenden Denkordnung erlangen. Um die Kinder zur Erkenntnis des Nichtwissens zu führen, kann man einen Anstoß geben, der ferner darauf zielt, Distanz zu sich selbst zu gewinnen. Das nicht-propositionale Wissen ergibt sich deshalb nicht aus einer kausalen Ursache-Wirkung-Beziehung, die im Schulunterricht der Frage-Antwort-Struktur entspricht. Hingegen besteht beim gemeinsamen Philosophieren eine Möglichkeit für die Kinder,

[109] Thomas: Wissen, dass wir nicht wissen – Ein philosophisches Bildungsziel. S. 130.
[110] Thomas: Wissen, dass wir nicht wissen – Ein philosophisches Bildungsziel. S. 131.

über etwas zu staunen, was zunächst nicht in Sprache ausgedrückt werden kann. Insbesondere das Nichtmehrwissen des Vertrauten durch die Selbstentfremdung, welche für die interkulturelle Erfahrung charakteristisch ist, steht beim Philosophieren im Zentrum, denn es geht hierbei um „die Einsicht in die Bedeutung des Nichtwissens."[111]

Hierbei stellt sich jedoch die Frage, wie man durch das philosophische Gespräch die Kinder zur Erkenntnis des Nichtwissens bringen kann, weil es gerade beim Philosophieren um das Argumentieren, Experimentieren mit bestimmten Gedanken und die Begriffsanalyse geht, die allerdings notwendigerweise über einen propositionalen Charakter verfügen. Jedoch steht die Nicht-Propositionalität des Nichtwissens und die Propositionalität der philosophischen Tätigkeit nicht im widersprüchlichen Verhältnis miteinander, weil die beiden sich gegenseitig bedingen, wenn es darum geht, reflektieren zu können, welche Ausprägung der eigenen Kultur man in sich trägt und was es heißt, darüber nachzudenken. Die Voraussetzung des philosophischen Gesprächs ist das Vorwissen, das allerdings in diesem Kontext aufgrund einer fehlenden Reflektiertheit als Unwissen bezeichnet wird, und die bereits vorhandene Denk- und Handlungsstrukturen, welche durch den Sprachgebrauch in der jeweiligen Sprachgemeinschaft verinnerlicht wurden.

Im philosophischen Gespräch wird dann auf dem Boden solcher Vorverständnisse versucht, gerade diesen scheinbar sicheren vertrauten Grund der Orientierungen zu zerstören. Der Grund dafür besteht darin, dass das Vorverständnis einerseits als Orientierung für das Denken und Handeln dient, andererseits dadurch die Flexibilität des Denkens beschränkt. Der gewohnte Blick verhindert die Fragwürdigkeit der Welt und damit den Anlass zum philosophischen Fragen. Weil das kulturell geprägte Vorverständnis aufgrund der Selbstverständlichkeit den Menschen darin hindert, eine philosophische Frage zu stellen, ist es notwendig, einen Anstoß zu geben, der die kulturbedingte Vertrautheit offen legt. „Es geht gerade um die Destruktion falscher Gewissheiten in Systemen und Wirklichkeitsmodellen, bzw. in einer zu wenig reflektierten Metaphysik."[112] Im Moment des Wissens des Nichtwissens ist man nicht in der Lage, die selbstverständlich wahrgenom-

[111] Thomas: Wissen, dass wir nicht wissen – Ein philosophisches Bildungsziel. S. 125.
[112] Thomas: Wissen, dass wir nicht wissen – Ein philosophisches Bildungsziel. S. 126.

menen Dinge zu begründen oder zu erklären. Aus diesem Grund entsteht statt einer plausiblen Antwort zuerst eine Frage, die für die philosophische Tätigkeit äußerst wichtig ist. Die Nicht-Propositionalität des Nichtwissens dient also als eine provokative aber produktive Bedingung für das Philosophieren.

Produktiv ist die Unmöglichkeit des Erklärens durch das Nichtwissen auch insofern, dass eine neue Möglichkeit entsteht, über die Dinge zu staunen, wobei das Staunen mit der fragenden Haltung eng zusammenhängt. „Wissen, Erklärungen, Modelle, die sich selbst vielleicht als 'faszinierend' bezeichnen, kennen kein wirkliches Staunen – sie kennen kein Staunen, welches seinerseits gar nicht auf Wissen aus ist und keine entsprechende Erklärung oder 'Antwort' erwartet. Das Nichtwissen im Naturerleben stark werden zu lassen muss daher bedeuten, die Dinge 'wie zum ersten Mal' zu sehen (besser: zu schauen), sie also als das Erstaunliche wahrzunehmen, was sie recht verstanden auch sind."[113] Man nimmt das bisher Gewohnte mit einem fremden Blick wahr, so dass es einem wie neu erscheint. Hierbei wird klar, dass das Bewusstsein des Nichtwissens nicht als Selbstzweck anzusehen ist,[114] sondern es ist „eine besondere Form lebenspraktischer Orientierung",[115] aber zugleich eine unumgängliche Erfahrung für die philosophische Haltung.

Weiterhin verbleibt das Philosophieren nicht auf der abstrakten Ebene, sondern gerade die Anschaulichkeit anhand von Metaphern, Bildern und konkreten Alltagssituationen spielt beim Philosophieren als Anlass für das abstrakte Denken und die Reflexion eine entscheidende Rolle. Philosophieren bedeutet von daher keine rein kognitive Tätigkeit, die sich ohne den Bezug auf die Lebenswelt bloß innerhalb des Bewusstseins vollzieht, sondern es versteht sich als „ein Aufdecken dessen, womit wir es in unserer Welt zu tun haben oder was sich uns als Phänomen zeigt."[116] Der Ausgangspunkt des Philosophierens liegt aus diesem Grund nicht in den Schriften

[113] Thomas: Wissen, dass wir nicht wissen – Ein philosophisches Bildungsziel. S. 127f.

[114] Vgl. Thomas: Wissen, dass wir nicht wissen – Ein philosophisches Bildungsziel. S. 126.

[115] Thomas: Wissen, dass wir nicht wissen – Ein philosophisches Bildungsziel. S. 126.

[116] Martens, Ekkehard: Anschaulich philosophieren – (wie) geht das? In: Brüning, Barbara; Martens, Ekkehard (Hrsg.): Anschaulich philosophieren. Mit Märchen, Fabeln, Bildern und Filmen. Weinheim und Basel, Beltz, 2007, S. 10.

der großen Philosophen, sondern in den alltäglichen Lebensproblemen oder Lebenserfahrungen der Kinder.

Durch die kritische Analyse erweist sich der Ansatz von Ekkehard Martens als ein für das interkulturelle Lernen äußerst geeignetes Konzept, da er die Sprache nicht nur als Mittel zum Gespräch, sondern unter Bezugnahme auf den kulturellen Aspekt betrachtet, welchen Wittgenstein veranschaulicht.

Da beim Prozess des interkulturellen Lernens das Moment der Selbstentfremdung, welches mit der Irritation, dem Staunen einhergeht, für den Reflexionsmoment hervorgehoben wird, erweist sich das Philosophieren mit Kindern als eine geeignete Methode für das interkulturelle Lernen. Denn es kann gerade aufgrund der staunenden und offenen Haltung und mit der sokratischen Methode die Kinder zum Nachdenken über sich, ihre Welt und ihre Lebensweise führen. Die sokratische Methode, die mittels sprachlicher Aufforderung das Nichtwissen des Betroffenen bewusst macht und zur Widerfahrnis und Beunruhigung bringt und demzufolge zur Reflexion führt, ist in der Lage, die Kinder zum Staunen und zur Fremderfahrung zu führen, welche im philosophischen Gespräch weiter zur Reflexion und zur Orientierung im Denken beitragen.

Darüber hinaus erfüllt das Philosophieren mit Kindern den ethischen Anspruch des interkulturellen Lernens wie die Anerkennung des Fremden und dessen Anderssein. Es fördert innerhalb des hierarchielosen und demokratischen Rahmens das gemeinsame Gespräch über die ethischen Fragen. Nur eine solche ethische Reflexionsfähigkeit kann die Kinder in die Lage versetzen, die kulturelle Andersheit des Fremden anzuerkennen. Im nächsten Kapitel wird daher darauf eingegangen, warum es wichtig ist, dass die Toleranz oder Anerkennung fremder Kulturen und deren Zugehörigen nicht als bloßes Schlagwort, sondern als eine Haltung des Kindes verstanden werden muss, die sich durch die Reflexion ergeben hat und dementsprechend verinnerlicht wird. Hierbei soll deutlich werden, was unter der ethischen Reflexionsfähigkeit zu verstehen ist und inwieweit das Philosophieren mit Kindern dazu beitragen kann. Dadurch gewinnt das Philosophieren mit Kindern als eine einzigartige Methode für das interkulturelle Lernen eine herausragende Bedeutung.

4. Der Bildungsgehalt des Philosophierens mit Kindern

4.1 Die Förderung der ethischen Reflexionsfähigkeit

Im vorherigen Kapitel hat sich gezeigt, dass das gemeinsame Philosophieren die Kinder zur Auseinandersetzung mit der Art und Weise des eigenen Denkens und Handelns führt. Dadurch können die Kinder nicht nur auf sich selbst und auf ihre eigene Lebenswelt aufmerksam werden, sondern sie entwickeln auch ein Bewusstsein für ethische Fragen, die innerhalb der eng vernetzten globalen Welt unabdingbar erscheinen. Gerade das philosophische Gespräch stellt einen solchen Rahmen, der die Kinder zu einer solchen ethischen Reflexion anzuregen vermag, zur Verfügung, denn es wird eine demokratische Gesprächskultur gebildet, in der jeder seinen eigenen Standpunkt vertreten und begründen kann. Im Meinungsaustausch und im gemeinsamen Nachdenken können die Kinder eine ethische Reflexionsfähigkeit entwickeln, während ein einseitiger Frage-Antwort-Ablauf die Möglichkeit zum Nachdenken über ethische Fragen erschwert.

Der Begriff der Ethik beinhaltet drei unterschiedliche Bedeutungen: erstens die Kunst der glücklichen Lebensführung, zweitens die kollektive Lebensgestaltung wie Brauchtum, Sitte, Tradition und gewohnheitsmäßiges Verhalten sowie drittens die Besinnung oder Reflexion auf die Frage, was als gut und böse zu betrachten ist und was gerecht und ungerecht und was erlaubt und unerlaubt ist und warum es so ist. Hinsichtlich der dritten Bedeutung lässt sich Ethik von der Moral unterscheiden, weil die Ethik ein Reflexionsmoment über die moralischen Fragen beinhaltet. Anstatt den Werten und Normen, die im eigenen Lebensraum als richtig gelten, unreflektiert zu folgen, soll die ethische Reflexion zu einer kritischen Auseinandersetzung „mit den herrschenden Werten, den geltenden sozialen Regeln, den üblichen normativen Erwartungen“[1] führen. Deshalb ist die Förderung der ethischen Reflexionsfähigkeit von der moralischen Erziehung abzugrenzen, deren Aufgabe darin besteht, bestimmte Werte und Normen zu vermitteln.

Der ethischen Reflexion liegt die Prämisse zugrunde, dass die Kinder die sozial geltenden Werte, Regeln und Normen bereits von der Familie, Schule und den Gleichaltrigen usw. übernommen und sie zu einem gewissen Grad internalisiert haben. Ohne eine solche bestehende moralische Prägung wären die Kinder kaum in der Lage, zur ethischen Reflexion angeregt werden zu können. Voraussetzung hierfür ist die Bildung eigenen Standpunktes, denn erst durch diesen gelingt es, durch den Vergleich mit den anderen Wertvorstellungen über die eigene Position nachzudenken.

Diese ethischen Warum-Fragen und das philosophische Gespräch scheinen besonders in der globalisierten und multikulturellen Gesellschaft bedeutsam, weil die kulturelle Heterogenität der Kinder ebenso in der Schulklasse gestiegen ist. Dadurch können mehr Konflikte und Missverständnisse unter den Schülern entstehen, die neben anderen Gründen vor allem auf die Verschiedenheit des kulturellen Hintergrundes zurückzuführen sind. Jedoch ist die Warnung von Pädagogen und Soziologen zur Kenntnis zu nehmen, dass hierbei die Gefahr besteht, die Gründe aller Konflikte ausschließlich in der Differenz der kulturell geprägten Lebensformen zu suchen und dabei blind für andere Gründe wie die gegensätzlichen Interessenlagen des Einzelnen oder Beziehungen zwischen den Individuen zu sein. Aus der Wahrnehmung einer solchen Gefahr kann man zwar unabhängig von seiner kulturellen Zugehörigkeit die Gerechtigkeit für alle Individuen einfordern, aber solche universalen Grundsätze übersehen wiederum den engen Zusammenhang von der jeweiligen Lebensform mit der Wertansicht des einzelnen Menschen, die für die Lebensorientierung entscheidend ist. Um der kulturellen Pluralität gerecht zu werden, sollte man „neben formalen Rechten auch substantielle Ziele“[2] im Blick haben.

Gerade durch die Wahrnehmung der Vielfalt der Lebensformen in der

---

1 Kesselring, Thomas: Handbuch Ethik für Pädagogen. Grundlagen und Praxis. Darmstadt, Wissenschaftliche Buchgesellschaft, 2009, S. 29.

2 Tichy, Matthias: Fremd im Philosophieunterricht oder: Brauchen wir eine interkulturelle Philosophiedidaktik? In: *Zeitschrift für Didaktik der Philosophie und Ethik* 32 (2010), Heft 1, S. 44.

multikulturellen Gesellschaft entsteht auch der Zweifel, ob die universalen Grundsätze doch nicht von einem partikularen Standpunkt ausgehen, welcher als Ethnozentrismus zu bezeichnen ist. Unter dem Ethnozentrismus versteht Nieke die „unvermeidliche Eingebundenheit des eigenen Denkens und Wertens in die selbstverständlichen Denkgrundlagen der eigenen Lebenswelt oder Ethnie“.[3] Der Standpunkt aus der rationalistisch-abendländischen Tradition gehört dann zum Eurozentrismus. Die Begriffe des Ethnozentrismus und des Eurozentrismus verdeutlichen die Gefahr der Ausbildung einer Identität, die sich gegenüber anderen Kulturen verschließt und nur das Eigene einschließt.[4] Um die ethnozentrischen Wahrnehmungen und Orientierungen zu bewältigen und dadurch einen Zugang zu den anderen Standpunkten zu gewinnen, scheint die ethische Reflexion notwendig zu sein.

Die ethische Reflexion ist insofern mit dem interkulturellen Lernen eng verwoben, da sie eine gewisse Distanz zu sich selbst und zur Welt ermöglicht. Der Gewinn einer solchen Distanz bedeutet keine bloße Entfremdung oder gar einen Identitätsverlust, sondern eine Bedingung für das Verständnis einer fremden Lebensform sowie für Offenheit und Neugier für das Fremde. So wird in multikulturellen Gesellschaften aufgrund der erhöhten Pluralität und Differenz der Werte und Lebensformen für Toleranz plädiert. Da viele verschiedene Werte und Normen innerhalb einer Gesellschaft in Konflikt geraten können, scheint Toleranz gegenüber der ethisch-kulturellen Andersheit besonders gefordert zu sein. Trotz ihrer aktuellen Relevanz und Selbstverständlichkeit stellt sich jedoch immer wieder die Frage, ob man alles tolerieren kann bzw. soll und wo die Grenze der Toleranz liegt.

Das Problem liegt bereits in dem Begriff der Toleranz verankert, der eine Ambivalenz beinhaltet. Dies lässt sich bei einigen Beispielen in der gegenwärtigen Diskussion beobachten: Das Verbot des Kopftuches für muslimische Lehrerinnen in den öffentlichen Schulen wird einerseits als eine Aktion der Intoleranz wahrgenommen, während das Kopftuch andererseits selbst als Symbol der Unterdrückung der Frauen und somit der Intoleranz kritisch betrachtet wird. Ein anderes Beispiel betrifft das Verbot der NPD-

---

3 Nieke, Wolfgang: Interkulturelle Erziehung und Bildung. Wertorientierungen im Alltag. Wiesbaden, Verlag für Sozialwissenschaften,[3]2008, S. 76.

4 Vgl. Tichy: Fremd im Philosophieunterricht. S. 46.

Partei, die eine rassistische Propaganda verbreitet. Aus dem Grund der Verletzung demokratischer Grundsätze wird das Verbot dieser Partei als gerecht betrachtet, aus einer anderen Perspektive jedoch wird einer solchen Maßnahme durch eine demokratische Grenzziehung vorgeworfen, dass die Meinungsfreiheit nicht realisiert wird und damit die Grenzziehung selber Intoleranz verkörpert.[5]

Die Beispiele verdeutlichen, wie scheinbar beliebig der Toleranzbegriff als „Totschlagargument" in der politischen Debatte verwendet werden kann. Der Grund dafür scheint in einer nebulösen Toleranzvorstellung zu liegen. Daraus erfolgt die Skepsis, ob das unreflektierte und kritiklose Plädoyer für Toleranz immer konstruktiv für die multikulturelle Gesellschaft sein kann. Als erster Schritt zur Sensibilisierung für die Problematik sollen im Folgenden drei theoretische Komponenten des Toleranzkonzeptes genannt werden, die erneut auf Paradoxien hinweisen: Zuerst enthält der Toleranzbegriff eine Ablehnungskomponente, weil man jemanden toleriert, dessen Wertorientierung mit seiner nicht vereinbar scheint, sondern demgegenüber in einer konflikthaften Beziehung steht. Ansonsten wäre von der Indifferenz oder der Bejahung die Rede.[6] „Die Ablehnungskomponente ist [jedoch] mit der Paradoxie des toleranten Rassisten konfrontiert. Demnach wäre jemand, der andere Menschen aufgrund ihrer Rasse ablehnt, umso toleranter, je stärker diese Ablehnung ist, wenn er nur das Handeln, das aus solcher Ablehnung folgen würde, bremste – etwas aus strategischen Gründen."[7] Zweitens hängt die Toleranz mit der Akzeptanz zusammen, die sich trotz der Andersheit einstellen soll. Hierbei liegt der Widerspruch in den unvereinbaren moralischen Gründen, die jeweils für die Ablehnung und für die Akzeptanz vorliegen. Drittens kann Toleranz zurückgewiesen werden, wenn etwas an die Grenze der Toleranz stößt. Die Schwierigkeit der Zurückweisung liegt aber in der Rechtfertigung für die Grenzziehung, um von den Zurückgewiesenen nicht dem Vorwurf der Intoleranz ausgesetzt zu werden.[8]

Trotz solcher Widersprüche des Toleranzverständnisses wird in der

---

5 Vgl. Forst, Rainer: Das Recht auf Rechtfertigung. Elemente einer konstruktivistischen Theorie der Gerechtigkeit. Frankfurt a. M., Suhrkamp, 2007, S. 212.

6 Vgl. Forst: Das Recht auf Rechtfertigung. S. 213f.

7 Forst: Das Recht auf Rechtfertigung. S. 214.

8 Vgl. Forst: Das Recht auf Rechtfertigung. S. 213f.

Pädagogik der Toleranzbegriff oft mit der Anerkennung gleichgesetzt.[9] Dabei wird der Toleranzbegriff häufig ohne die Berücksichtigung der theoretischen Auseinandersetzung vage und selbstverständlich verwendet, so dass dessen Verständnis oft naiv anmutet.[10] Daher sollen zuerst die theoretischen Hintergründe des Toleranzbegriffes in diesem Kontext dargestellt werden, welche abschließend veranschaulichen, welches Ziel die ethische Reflexion erstrebt.

Nach dem horizontalen, demokratischen Verständnis versteht man unter der Toleranz „eine Haltung der Bürger zueinander".[11] Die Akteure der Tolerierenden und der Tolerierten werden als gleichberechtigte Bürger angesehen, deren Beziehung symmetrisch ist. Dementsprechend ist diese Vorstellung als Respekt-Konzeption der Toleranz zu bezeichnen.[12] Obwohl dieses Verständnis des Toleranzbegriffes in den modernen, demokratischen Gesellschaften verbreitet zu sein scheint, ist die Beschreibung des traditionellen Toleranzverständnisses hierbei unvermeidbar. Denn solange man von der Toleranz redet, lässt sich dieser problematische Aspekt aus dem klassischen Toleranzverständnis nicht so leicht ausschließen, so dass er jedenfalls in der gegenwärtigen Debatte immer noch zu beobachten ist.

Das Problem der traditionellen Erlaubniskonzeption der Toleranz liegt nämlich darin, dass das Verhältnis von dem Tolerierenden und dem Tolerierten nicht symmetrisch, sondern hierarchisch ist. Beim Akt der Toleranz kommt die Macht ins Spiel, so dass die tolerierende Vorherrschaft trotz der inakzeptablen Werte und Lebenspraktiken den Minderheiten erlauben, ihre Werte und ihre religiöse Praxis ausleben zu dürfen. Weiterhin wird die Toleranz nicht unbefristet und bedingungslos gewährt, denn die tolerierende Autorität erlaubt einer Minderheit ihre Freiheit, solange diese der Vorherrschaft der Autorität gehorcht und sie nicht in Frage stellt. Bei einer solchen vertikalen Erlaubnis-Konzeption der Toleranz bildet die Vermeidung von Unruhen und Konflikten das zentrale Ziel. Hierbei wird deutlich, dass

---

9 Vgl. Schäfer, Alfred; Thompson, Christiane (Hrsg.): Anerkennung. Paderborn, Ferdinand Schöningh, 2010, S. 128.

10 Vgl. Schäfer; Thompson (Hrsg.): Anerkennung. S. 121f.

11 Forst: Das Recht auf Rechtfertigung. S. 216.

12 Vgl. Forst: Das Recht auf Rechtfertigung. S. 216. Aus diesem Grund wird der Toleranzbegriff in der aktuellen Diskussion oft mit dem Anerkennungsbegriff gleichgesetzt. Darauf wird in der nächsten Seite genauer eingegangen.

die Toleranz zwar zum friedlichen Zusammenleben dienen kann, aber ein solcher vermeintlicher Friedenzustand jederzeit ins Wanken geraten kann, weil die Toleranz ausschließlich als eine Maßnahme gegen die potenziellen Konflikte an der Oberfläche bleibt. Wie bereits erwähnt wurde, lässt sich eine solche duldende Toleranz immer noch in den modernen, demokratischen Gesellschaften beobachten. Verändert wurde nur, dass die Bürger in der demokratischen Mehrheit die Vorherrschaft durch den Adel ersetzt haben.

Die Machtverhältnisse und der Zweck der Konfliktprävention gelten auch in der gegenwärtigen Politik in Deutschland. Bei der Frage, ob einer Lehrerin muslimischen Glaubens das Tragen eines Kopftuchs zu untersagen ist, wird man dies bejahen, wenn man von dem traditionellen Erlaubnisverständnis der Toleranz ausgeht. Denn die Lehrerin gehört mit ihrem muslimischen Glauben zu einer Minderheit, deren Religionsfreiheit und die religiöse Ausübung nur unter der Bedingung des Gehorsams und der Loyalität für die Mehrheit gewährleistet werden können. Ihr religiöses Symbol, das in der christlichen Gesellschaft als abweichend gilt, soll nur Privatsache bleiben. Solange es für die Mehrheitsgesellschaft unauffällig und nicht aufdringlich ist, kann die Toleranz fortbestehen. So muss die muslimische Lehrerin in der öffentlichen Schule auf das Tragen eines Kopftuches verzichten und sich damit begnügen, ihre religiösen Praktiken privat auszuüben. Jedoch wird das Verbot des Kopftuches in der Öffentlichkeit aus der Perspektive der Respektkonzeption der Toleranz als intolerant betrachtet, da der gegenseitige Respekt hierbei fehlt. Die christliche Mehrheit erkennt die religiöse Ausübung des Nichtchristen in der Öffentlichkeit nicht als gerecht an, während es selbstverständlich erwartet wird, dass die Andersgläubigen die Religion der Mehrheit anerkennen.[13] Dies zeigt eine einseitige Beziehung der Anerkennung.

„Aus der Praxis zu tolerieren spricht allermeist die Hoffnung auf Seiten derjenigen, die Toleranz gewähren, sich der unvereinbaren Differenz durch gewaltlose Einverleibung zu entledigen. Sie kann daher als *Steuerungs- und Kontrollinstrument* von gegensätzlichen Meinungen und sogar von Feindschaft aufgefasst werden. Sie ist Ausdruck für *hierarchische* und *asymme-*

[13] Vgl. Forst: Das Recht auf Rechtfertigung. S. 215-218.

trische Kommunikation, Beziehungen und Interaktion".[14] Eine solche hierarchische Toleranzgewährung seitens der Mehrheit für die Minderheiten beugt daher nicht nur möglichen Konflikten vor, sondern verhindert überhaupt die offene Kommunikation und Interaktion zwischen den ethisch unterschiedlichen Gruppen. Außerdem kann die Andersheit der fremden Lebensform nicht für den interkulturellen Lernprozess im Gespräch thematisiert werden, weil sie dort von vornherein als etwas angesehen wird, was toleriert werden muss oder nicht. Wegen der herabblickenden Haltung auf das Fremde besteht kaum eine Möglichkeit, sich auf das Fremde einzulassen und dadurch wird der Fremderfahrung vorgebeugt. Es mangelt folglich an Freiräumen für die Reflexion über die eigene vertraute Lebensform, so dass das interkulturelle Lernen kaum Platz finden kann. Aus diesem Grund wäre es falsch anzunehmen, dass ein solches Toleranzverständnis das Ziel des interkulturellen Lernens ist.

Um die Tugend der respektierenden Toleranz als Ziel der ethischen Reflexion und auch als Ziel des interkulturellen Lernens zu setzen, muss man trotz des eigenen Standpunktes gerade über die Erkenntnis verfügen, dass die eigene Überzeugung nicht allgemeingültig sein muss. Dafür hat man die Kontingenz der Kultur wahrzunehmen. Gerade für ein solches Bewusstsein spielt das Philosophieren mit Kindern, das zum interkulturellen Lernen beiträgt, eine entscheidende Rolle.[15] Es geht hierbei um „eine komplexe Form der Selbstüberwindung, der Selbstrelativierung bei Beibehaltung der eigenen Position".[16] Damit wird gemeint, dass die Kinder im dialogischen Austausch mit anderen Kindern die eigene Position auch aus der anderen Perspektive beobachten können und somit zum Perspektivenwechsel fähig sind. Das gemeinsame Philosophieren, das das interkulturelle Lernen im Blick hat, ist in der Lage, die Kinder bei der Entwicklung der Tugend der Toleranz zu fördern, anstatt nur einen problematischen Toleranzbegriff zu predigen und somit die bestehende soziale Ordnung bloß zu bestätigen. „Die programmatische Forderung nämlich, Toleranz gegenüber Kulturen zu lehren, welche im Rahmen anerkennungs- und identitätspolitischer Motive des Multikulturalismus zu verorten ist, führe schließlich, so die Kritik, unausweichlich in eine Essentialisierung von Kultur und Kulturen und

[14] Schäfer; Thompson (Hrsg.): Anerkennung. S. 127.

[15] Vgl. Forst: Das Recht auf Rechtfertigung. S. 220.

[16] Forst: Das Recht auf Rechtfertigung. S. 220.

reduziere etwa junge Kinder zu Repräsentanten ihrer vermeintlichen Herkunftskultur.“[17]

Durch die semantische Verschiebung des Toleranzbegriffes in der heutigen Zeit wird der Toleranzbegriff mit dem Anerkennungsbegriff gleichgesetzt,[18] wobei der Anerkennungsbegriff aufgrund der genannten kritischen Begriffsgeschichte der Toleranz im pädagogischen Kontext, insbesondere in der interkulturellen Pädagogik, tendenziell bevorzugt wird.[19] Mit der Anerkennung, die der veränderten Toleranz-vorstellung gleicht, ist die wertschätzende Anerkennung gemeint, die sich nach Taylor und Honneth von der intimen und von der rechtlichen Anerkennung unterscheidet.[20] Die wertschätzende Anerkennung bezieht sich vor allem auf die Identitätsmerkmale des ganzen Subjekts. Dazu gehören die individuellen Erfahrungen, Lebenspraktiken und Sexualität, Ethnizität, Hautfarbe oder Geschlecht und weiteres. Hierbei wird die Verschiedenheit der Erfahrungen und der Lebenspraktiken der Menschen hervorgehoben, da sie wiederum für die Differenz der Überzeugungen und Ansichten der Menschen innerhalb der multikulturellen Gesellschaft verantwortlich ist. Das Problem der beschriebenen Anerkennungs- bzw. Toleranzvorstellung liegt jedoch in der Reduktion auf die Differenz der Identitätsmerkmale, welche die Gefahr in sich trägt, die vorhandene Diskriminierung und soziale Ordnung weiterhin bestehen zu lassen, die sich gerade aus solchen Unterscheidungen ergeben.[21] Es kann sogar durch den Akt der Anerkennung, „die Logik, die das Anderssein produzierte, reproduziert“[22] werden. Anerkennung bestätigt die Kriterien, die

---

17 Schäfer; Thompson (Hrsg.): Anerkennung. S. 131.

18 Schäfer; Thompson (Hrsg.): Anerkennung. S. 128.

19 Vgl. Auernheimer: Einführung in die Interkulturelle Pädagogik. S. 21.

20 Siehe Taylor: Die Politik der Anerkennung. S. 11-68. Siehe auch Honneth, Axel: Integrität und Mißachtung. Grundmotive einer Moral der Anerkennung. In: *Merkur* 44 (1990), Heft 12, S. 1043-1054. Siehe auch Schäfer; Thompson (Hrsg.): Anerkennung. S. 126.

21 Vgl. Brown, Wendy: Reflexionen über Toleranz im Zeitalter der Identität. In: Forst, Rainer (Hrsg.): Toleranz. Philosophische Grundlagen und gesellschaftlich Praxis einer umstrittenen Tugend. Frankfurt a. M., 2000, S. 272-276. Siehe auch Schäfer; Thompson (Hrsg.): Anerkennung. S. 129f.

22 Mecheril, Paul: Anerkennung des Anderen als Leitperspektive interkultureller Pädagogik? Perspektiven und Paradoxien. Vortragsmanuskript zum interkulturellen Workshop des IDA-NRW 2000, S. 10. URL: <http://www.ida-nrw.de/projekte-interkulturell-nrw/such_ja/12down_1/pdf/mecheril.pdf> (Stand: 10.01.2012).

sich aus der Unterscheidung von Wir und dem Anderen ergeben. Auf diese Weise wird der Andere konstruiert.

Obwohl die Begriffe der Toleranz und der Anerkennung Paradoxien beinhalten, sind die beiden Begriffe im pädagogischen Kontext dennoch unverzichtbar, weil sie auf das friedliche Zusammenleben der Menschen zielen, in dem gegenseitiger Respekt herrschen soll. Die kritische Auseinandersetzung mit Toleranz und Anerkennung bedeutet nicht zwangsläufig, dass man sie im pädagogischen Kontext ausschließen muss. Jedoch reichen Toleranz und Anerkennung nicht aus, da ihnen wie erläutert die Gefahr der Abgrenzung innewohnt. Zu ergänzen sind sie durch „ein professionelles Tun, das durch ‚kommunikative Reflexivität' gekennzeichnet ist".[23] Die *kommunikative Reflexivität* besteht darin, dass man dialogisch darüber reflektiert, wie die Wahrnehmung des Anderen zustande kommen könnte und welche Hindernisse der Anerkennung des Anderen im Weg stehen und wie sie zum Ausschluss des Anderen führen. Diese Reflexion ist insofern kommunikativ, weil sie sich nicht einseitig als innerlicher Prozess vollzieht, sondern weil die Teilnahme des Anderen notwendigerweise vorkommen muss. Es handelt sich also um die ‚gerichtete Anerkennung', in der die Frage der Anerkennbarkeit der Anderen sowie die Frage der Gefahren, Grenzen und Paradoxien der Anerkennung der Anderen auch an den Anderen gerichtet werden. Das Wichtigste hierbei ist das kritische Hinterfragen, anstatt des bloßen Versuches, den Ausschluss und die reproduktive Erschaffung des Anderen bei den professionellen Handlungen und Strukturen verhindern zu wollen, da dies unvermeidbar bleibt.[24]

Das Philosophieren mit Kindern verfügt in dieser Hinsicht über die Möglichkeit, im gemeinsamen Gespräch die gegenseitig gerichtete Anerkennung zu fördern, denn die Kinder lernen in einer Gesprächsgemeinschaft die anderen trotz der unterschiedlichen Meinungen zu respektieren. So veranschaulicht Eva Zoller Morf mit den Ausschnitten aus einem philosophischen Gespräch mit Vorschulkindern, wie das philosophische Gespräch die Kinder zur ethischen Reflexion – d. h. in diesem Fall zur Reflexion über das Anderssein – führen kann und wie dies schon für die Vorschul-

[23] Mecheril: Anerkennung des Anderen als Leitperspektive interkultureller Pädagogik? S. 11.

[24] Vgl. Mecheril: Anerkennung des Anderen als Leitperspektive interkultureller Pädagogik? S. 11.

kinder möglich sein kann. Als Einstieg wird ein Bilderbuch *Das schwarze Huhn* vorgelesen, in dem es um ein schwarzes Huhn geht, das aufgrund seines einzigartigen Aussehen und dessen spezifischen, d. h. stern- und herzförmigen Eier von vielen weißen Hühnern ausgelacht und von der schnippischen Oberhenne regelrecht ausgestoßen wird. Jedoch kommt eines Tages ein Osterhase, der auf seiner Suche nach zu bemalenden Eiern war, auf den Hof des schwarzen Huhns und ist über dessen so besondere Eier begeistert. „Er bemalt diese mit großer Sorgfalt und bringt sie dem König zu Ostern. Der ist darüber so entzückt, dass er das schwarze Huhn auf seinen Königlichen Hof holt, wo es ihm nun täglich ein außergewöhnliches Frühstücksei legen darf."[25] Ausgehend von dieser Geschichte stellt die Gesprächsleiterin ab und zu „Hebammenfragen",[26] welche die Kinder zum Selbstdenken und zum Äußern ihrer eigenen Vorstellungen anregen. Hierbei wird also die sokratische Methode eingesetzt, die statt einer vorbestimmten Antwort eine eigenständige Reflexion veranlasst. Zu solchen Hebammenfragen gehören daher die Fragen, was „Anderssein, Seltsamsein, Außenseiter oder auch Gegenteiliges wie z. B. Gleichsein oder Normalsein" genau heißt. Ein Gesprächsabschnitt kann hierbei veranschaulichen, wobei K für Kindergärtnerin steht:

„K: Was heißt denn für euch seltsam oder anders sein überhaupt? (Arbeit am Begriff) L: Wenn man nicht normal ist, also nicht so wie die anderen Kinder, sondern eben ein wenig seltsam. F: Normal heißt einfach, so wie alle sein. Wir sind ja alle normal. Und wenn man so ist wie alle, ist man eben normal, weil man dann gleich ist wie die anderen. M: Nein, das finde ich irgendwie nicht, weil wir ja alle nicht gleich sind. Aber es heißt, dass man zum Beispiel nicht behindert ist. Oder für uns ist es ja auch normal, dass man helle Haut hat und wenn dann jemand dunkle Haut hat, ist der ja doch irgendwie nicht normal... J: Doch, J. hat ja auch dunkle Haut und der ist trotzdem normal! M: Ja, er ist schon normal, aber dass er dunkle Haut hat, ist dennoch nicht normal. Also es ist schon normal, aber eher in Afrika und nicht bei uns! K: Dann ist also nicht überall dasselbe normal? F: Nein,

25 Morf, Eva Zoller: „Du bist anders, du gehörst nicht dazu!" – „Philosophieren mit Vorschulkindern. Transkript philosophischer Gespräche – sokratisches Philosophieren – philosophisch-didaktische Aufbereitung von Bilderbüchern. In: Hidalgo, Oliver; Rude, Christophe; Wiesheu, Roswitha (Hrsg.): Gedanken teilen. Philosophieren in Schulen und Kindertagesstätten: Interdisziplinäre Voraussetzungen – Methodische Praxis – Implementation und Effekte. Berlin, Lit, 2011, S. 154f.

26 Morf: „Du bist anders, du gehörst nicht dazu!". S. 155.

zum Beispiel bei den Chinesen oder so ist es normal, dass man beim Essen immer schmatzt. Und das ist ja bei uns schon nicht normal.“[27]

In diesem Gespräch wird deutlich, dass die Kinder ausgehend von der Frage der Kindergärtnerin untereinander ihre Meinungen austauschen und gemeinsam nach einer Begründung suchen können. So wurde im Laufe des Gesprächs vom anfänglichen Thema des Andersseins zum Thema der kulturellen Unterschiede übergegangen. Weitere Hebammenfragen, die in diesem Gesprächskreis gestellt wurden, bestehen im Folgenden:

> „Und was macht ihr, wenn ihr jemanden seht, der so isst? (Übergang zu Wertungen und begründeter Meinungsbildung)“ „Stört es euch denn manchmal auch, wenn jemand anders ist als ihr? [. . .] K: Also ist es manchmal gut, dass alle anders sind und manchmal ist es auch etwas schwierig? [. . .] K: Ist es manchmal vielleicht auch ganz schön, ein wenig anders zu sein? Wer hat so etwas schon mal erlebt, dass er etwas anders war und das dann genossen hat?“[28]

Wie dieses Beispiel verdeutlicht, ermöglicht das philosophische Gespräch den Kindern, gemeinsam über die Bedeutung eines Begriffs nachzudenken und ihre eigenen Ansichten zu begründen. Durch das gemeinsame Gespräch über das Anderssein können die Kinder mittels der eigenen Reflexion erkennen, warum die Anerkennung des anders aussehenden und des anders denkenden Menschen wichtig ist und warum sie sich dem Fremden gegenüber so verhalten. In dieser Hinsicht unterscheidet sich das Philosophieren mit Kindern von einer moralischen Erziehung, die alle Verhaltensregeln, Gebot und Verbote bloß vorgibt. Durch das Philosophieren lernen die Kinder nach eigener Einsicht zu handeln.[29]

Was neben der Toleranz und Anerkennung hinzugefügt werden muss, ist von daher die ethische Reflexionsfähigkeit, die sich vor allem aus dem kritischen Hinterfragen und dem Dialog ergibt. Die Warum-Fragen in Bezug auf die eigene Wert- und Normenvorstellung, die für das philosophische Gespräch charakteristisch sind, helfen bei der Entwicklung der ethischen Reflexionsfähigkeit der Kinder: Warum findet man bestimmte Werte wichtiger als andere? Warum gibt es unterschiedliche Meinungen über einen bestimmten Wert? Woran orientiere ich mich, wenn ich mich

27 Morf: „Du bist anders, du gehörst nicht dazu!“. S. 158.
28 Morf: „Du bist anders, du gehörst nicht dazu!“. S. 159.
29 Morf: „Du bist anders, du gehörst nicht dazu!“. S. 160.

zwischen verschiedenen Handlungsmöglichkeiten entscheiden muss? Im wechselseitigen Meinungsaustausch und in der gemeinsamen Diskussion über die Vielfalt der Kulturen erlangen die Kinder ein Bewusstsein für verschiedene Weltansichten. So können sie schließlich ein interkulturelles Ethos erlangen. Unter dem interkulturellen Ethos versteht man eine Haltung der Neugier und der Offenheit für eigene und fremde Kulturen und die Menschen, die verschiedene Kulturen in sich tragen, aber auch eine eigene Individualität herausgebildet haben. Zum interkulturellen Ethos gehören aus diesem Grund die Bereitschaft, mit den Menschen in einer gleichrangigen Beziehung zu kommunizieren und sie als globale Mitmenschen zu respektieren.

So ist deutlich geworden, dass an die Stelle einer naiven Belehrung der Toleranz die Förderung der ethischen Reflexionsfähigkeit der Kinder durch das Gespräch treten muss. Während der schulische Unterricht überwiegend mit einer vorbestimmten linearen Frage-Antwort-Struktur abläuft, wird beim Philosophieren mit Kindern gerade eine solche Kausalität und deren Selbstverständlichkeit des Wissens in Frage gestellt, um über deren Bedingungen und ihre Entstehung reflektieren zu können. Man kann beim Hinterfragen von Wissen dessen inhärente Weltanschauung entdecken,[30] weil alle Erfahrungen und Wissensformen durch symbolische Formen wie Sprache, Religion, Mythos, Wissenschaft usw. zustande kommen, die ihrerseits kulturell bedingt sind. Hierbei ist die anthropologische Grundannahme zentral, dass die Wirklichkeit dem Menschen nur durch die Symbole und deren Gebrauch zugänglich ist und daher kein unmittelbarer Zugang zur Wirklichkeit möglich ist. Die Menschen leben in den verschiedenen Symbolwelten, die wiederum auf die Vielzahl von Interpretationen der Wirklichkeit hinweisen.[31] Aus diesem Grund kann die kritische Auseinandersetzung mit dem vorhandenen Wissen und der konkreten Erfahrung wiederum das Bewusstsein „für die symbolische Struktur aller menschlichen Weltdeutungen [wecken], die von Grunde auf variabel und diskutabel sind."[32]

---

30 Vgl. Nießeler, Andreas: Ethische Dimensionen symbolischer Formen. Sozial- und kulturphilosophische Aspekte des Philosophierens mit Kindern. In: Marsal, Eva [u.a.] (Hrsg.): Ethische Reflexionskompetenz im Grundschulalter. Konzepte des Philosophierens mit Kindern. Frankfurt, Main [u.a.], Lang, 2007, S. 43.

31 Vgl. Martens: Philosophieren mit Kindern. S. 184f.

32 Nießeler: Ethische Dimensionen symbolischer Formen. S. 43.

Weil ein solches Bewusstsein für das interkulturelle Ethos ein entscheidendes Moment ist, liegt der Vorteil des philosophischen Gesprächs für die ethische Reflexionsfähigkeit „*im Medium der symbolischen Form*, vor allem der Sprache".[33] In der Sprache spiegeln sich die kulturell bedingten Weltdeutungen und Weltanschauungen wider. Dies bedeutet, dass die Sprache als symbolische Form die Lebensordnung beinhaltet, die das Denken und Handeln bestimmt. Um sich von eigenen Meinungsgewohnheiten distanzieren zu können, soll man daher seine sprachlichen Gewohnheiten kritisch betrachten.[34] „Vieles, was wir zu denken und zu wissen meinen, ist dadurch entstanden, daß wir die Muttersprache nachgeplappert haben: Es sind Dinge, die man eben so sagt. Im Denken selbstständiger, mündiger zu werden, bedeutet auch, wacher zu werden gegenüber blinden sprachlichen Gewohnheiten, die uns nur vorgaukeln, daß wir etwas denken."[35] Die Sprache als Medium im Gespräch hat daher die Stärke, die vertraute Lebensordnung bewusst zu machen, indem sie die vorhandene Lebensordnung nicht bestätigt, sondern fraglich macht. So werden die mit der Lebensordnung verwobenen kulturellen Zusammenhänge erkannt. Dies gehört zur Aufgabe der Philosophie.[36]

„Das Verstehen dieser symbolischen Gestaltung und das Verstehen *durch* die symbolische Gestaltung"[37] ist für die ethische Reflexion unabdingbar, weil sie die Vielfalt der Weltansichten veranschaulicht und somit die Kontingenz der Kultur aufzeigt. Dadurch ist das Sich-Einlassen auf die andere Lebensordnung zu einem gewissen Grad möglich und das interkulturelle Ethos kann gebildet werden. Mit der symbolischen Gestaltung eng verwoben ist wiederum die Vernunft, die die Menschen dazu befähigt, sich durch das Argumentieren, Begründen, Fragen und Kritisieren mit anderen im Denken zu orientieren. Denn „einen Gedanken zu kennen, heißt [...] zu wissen, welche anderen Gedanken er voraussetzt und wel-

33 Nießeler: Ethische Dimensionen symbolischer Formen. S. 44.

34 Vgl. Bieri, Peter: Wie wollen wir leben? St. Pölten, Salzburg, Residenz Verlag, 2011, S. 16.

35 Bieri: Wie wollen wir leben? S. 16f.

36 Vgl. Orth, Ernst-Wolfgang: Cassirers Philosophie der Lebensordnungen. In: Cassirer, Ernst: Geist und Leben. Schriften zur Lebensordnungen von Natur und Kunst, Geschichte und Sprache. Leipzig, Reclam, 1993, S. 24. Siehe auch Nießeler: Ethische Dimensionen symbolischer Formen. S. 46.

37 Nießeler: Ethische Dimensionen symbolischer Formen. S. 46.

che aus ihm folgen. Es heißt, mit anderen Worten, zu wissen, wie man ihn *begründen* kann."[38] Die menschliche Vernunft und die symbolische Form des Menschen ermöglichen aus diesem Grund die gemeinsame Orientierung im Denken und im Handeln. Durch die Vergegenständlichung der Erfahrungen und des Wissens gewinnt man eine gewisse Distanz gegenüber der kulturellen Prägung, so dass die kritische Urteilsfähigkeit gebildet wird. Die „kritische Durchleuchtung und auch Begründung eines vernünftigen Standpunktes, welcher sich durchaus auch durch die gemeinsame Auseinandersetzung und durch die Einigung im Dialog ergeben kann",[39] wird nur durch das philosophische Gespräch ermöglicht, „weil diese nicht den Anspruch hat, Wissen und Interpretationen vermittelnd auszubilden, sondern den Habitus einer fragend-prüfenden Haltung einzunehmen, der auf die Orientierung von Orientierung abzielt."[40] „Erst die belehrte und eingeübte Deutungskompetenz ermöglicht ein wechselseitiges Erkennen und Anerkennen der eigenen und fremden Standpunkte, vor allem in einer interkulturellen Verständigung."[41] Über interkulturelle Kontexte hinaus hat der Dialog nach Taylor überhaupt für die menschliche Existenz eine entscheidende Bedeutung,[42] weil die Identität des Menschen gerade durch den Dialog und durch den Austausch mit anderen gebildet wird. Beim Begründen werden die Werte erkennbar, die die Kinder in einer solchen Situation für wichtiger als die anderen halten. Der entscheidende Punkt liegt darin, dass eine solche Beschäftigung mit dem eigenen Denken, Erleben und Wollen nicht nur zur Selbsterkenntnis bringt, sondern den Kindern auch eine Möglichkeit eröffnet, ihre Überzeugungen zu verändern.[43]

4.2 Das Philosophieren mit Kindern als interkultureller Bildungsprozess

Das Philosophieren mit Kindern, das das interkulturelle Lernen ermöglicht und somit die ethische Reflexionsfähigkeit fördert, lässt sich als interkul-

38 Bieri: Wie wollen wir leben? S. 42.
39 Nießeler: Ethische Dimensionen symbolischer Formen. S. 48.
40 Nießeler: Ethische Dimensionen symbolischer Formen. S. 48.
41 Martens: Philosophieren mit Kindern. S. 189.
42 Vgl. Taylor: Die Politik der Anerkennung. S. 21.
43 Vgl. Bieri: Wie wollen wir leben? S. 42.

tureller Bildungsprozess bezeichnen, wenn man es mit Wilhelm von Humboldts Bildungstheorie und der phänomenologischen Theorie der Fremderfahrung in Beziehung setzt. Insbesondere unter einer näheren Untersuchung des Begriffs der Entfremdung von Humboldt und des Begriffs des Selbstentzugs von Waldenfels lässt sich dieser Zusammenhang veranschaulichen. Das Konzept des Philosophierens mit Kindern erwies sich durch die bisherige Beschreibung als eine äußerst geeignete Methode für das interkulturelle Lernen, da es mit seiner sokratischen Methode die Kinder zur Fremderfahrung, d. h. zum Pathos-Response-Verhältnis bringt und somit aufgrund des Selbstentzugs zum Perspektivenwechsel führt. Die Pathos-Response-Beziehung der Fremderfahrung und der sich darin vollziehende Selbstentzug enthalten den Bildungsgehalt, welchen der Bildungstheoretiker Wilhelm von Humboldt betont hat.

Humboldt zufolge vollzieht sich der Bildungsprozess in der Wechselwirkung zwischen der Welt und dem Subjekt und das Besondere hierbei besteht im mannigfaltigen Charakter der Welt und des Individuums. „Was also der Mensch nothwendig braucht, ist bloss ein Gegenstand, der die Wechselwirkung seiner Empfänglichkeit mit seiner Selbstthätigkeit möglich mache."[44] Im Mittelpunkt seiner Theorie stehen die Beziehung zwischen der „vielfältige[n] Individualität und [der] vielfältige[n] Weltstruktur"[45] und die Entfremdung des Menschen in dieser Wechselwirkung.

Wird die Vielfalt der Welt als die Vielfalt der Kulturen und die Entfremdung als Selbstentzug verstanden, lässt sich Humboldts Bildungstheorie interkulturell betrachten. Wilhelm von Humboldt ist für den Zusammenhang von Bildung und Interkulturalität[46] ein besonders wichtiger Theoretiker, da er mit dem Thema der Vielfalt von Kultur und Welt im Gegensatz zu der politisch-gesellschaftlich orientierten Erziehungswissenschaft bildungstheoretisch umgeht. In seinem Aufsatz der *Theorie der Bildung* wird der entscheidende Gedanke für den Bildungsprozess ausgeführt, der

44 Humboldt, Wilhelm von: Theorie der Bildung des Menschen. In: Ders.: Werke in fünf Bänden. Hrsg. von Andreas Flitner und Klaus Giel. Bd. 1 (Schriften zur Anthropologie und Geschichte), Darmstadt, Wissenschaftl. Buchgesellschaft, 1960, S. 235.

45 Eirmbter-Stolbrink: Wilhelm von Humboldt interkulturell gelesen. S. 11.

46 „Interkulturalität bedeutet mehr als Multikulturalität im Sinne einer kulturellen Vielfalt, mehr auch als Transkulturalität im Sinne einer Überschreitung bestimmter Kulturen." Waldenfels: Topographie des Fremden. S. 110.

sich auf die Vielfalt von Kultur und Welt bezieht. Zwar hat er keine Theorie der Interkulturalität entwickelt, aber da er sowohl der Welt als auch dem Individuum den Charakter der Mannigfaltigkeit zugeschrieben hat und auf die Beziehung von Welt und Individuum in Bezug auf Bildung eingeht, ist seine Bildungstheorie in der aktuellen Interkulturalitätsdebatte von großer Relevanz.[47]

Nun soll zuerst untersucht werden, inwieweit das Pathos-Response-Verhältnis der Fremderfahrung mit der Humboldts Bildungsvorstellung zusammenhängt. Das Pathos des Fremden besteht nach Waldenfels darin, dass etwas Fremdes auftaucht, indem es uns widerfährt, erstaunt, erschreckt oder uns verlockt.[48] Das interkulturelle Lernen geht von diesem Pathos des Fremden aus, welches die Aufmerksamkeit der Kinder weckt. So lässt sich die Beziehung von Auffallen und Aufmerken auf die Interdependenz von Pathos und Response zurückführen. Ob man dem Fremden Aufmerksamkeit schenkt oder ihm diese verweigert, beide Reaktionen sind selbst schon eine Antwort auf das, was einem entgegenkommt.[49] Aus dem Grund ist die Fremderfahrung mit dem Lernen aus dem Leiden vergleichbar: „Leiden bedeutet, dass uns etwas zustößt, uns aus dem Gewohnten herausreißt.“[50] Wie in den vorherigen Kapiteln veranschaulicht wurde, geht das Konzept des Philosophierens mit Kindern, welches das interkulturelle Lernen ermöglicht, von dem Pathos des Fremden aus und führt die Kinder vor allem durch die sokratische Methode zum Staunen und zur Aufmerksamkeit.

Das Pathos des Fremden, welches den Betroffenen zur Auseinandersetzung mit dem Eigenen und dem Fremden führt, lässt sich mit dem Anspruch eines Gegenstandes vergleichen, welches nach Humboldt für die Wechselwirkung zwischen dem Einzelnen und der Welt notwendig ist. In dem Bildungsgegenstand spiegelt sich die Vielfältigkeit der Welt wider, d. h. die unterschiedliche Art und Weise des Denkens und des Handelns. Aus diesem Grund scheint die fremde Kultur für den Bildungsprozess besonders bedeutsam. Die fremden Lebensformen und die damit zusammenhängenden Weltbilder können dem Menschen einen Anstoß zur reflexiven Auseinandersetzung mit den fremden und eigenen Weltbildern geben und können

47 Vgl. Eirmbter-Stolbrink: Wilhelm von Humboldt interkulturell gelesen. S. 9f.
48 Vgl. Waldenfels: Fremdheit, Gastfreundschaft und Feindschaft, S. 10.
49 Vgl. Waldenfels: Grundmotive einer Phänomenologie des Fremden, S. 92.
50 Waldenfels: Grundmotive einer Phänomenologie des Fremden, S. 102.

somit zur Erweiterung des eigenen Denkhorizonts führen. Die Differenzerfahrung dient daher im interkulturellen Kontext als Anstoß für die Reflexion über den eigenen Standpunkt.[51] Damit zeigt sich der Bildungsaspekt des Philosophierens mit Kindern, das auf das interkulturelle Lernen zielt. Das Verständnis der Horizonterweiterung verdeutlicht weiterhin das Philosophieren mit Kindern als einen Weg zur Bildung, welcher aus der Wechselwirkung der Empfänglichkeit mit der Selbsttätigkeit hervorgeht.[52] Nun ist deutlich geworden, dass der Bildungsprozess durch die Verknüpfung des Ichs mit der Welt in einem Wechselverhältnis von Eigenem und Fremdem stattfindet. Unter dem Bildungsprozess ist also die Wechselwirkung zwischen Innen und Außen zu verstehen.

Diese Wechselwirkung lässt sich mit Waldenfels Konzept der Responsivität beschreiben.[53] Die Responsivität vollzieht sich als eine Antwort auf das Pathos des Fremden in einer Zwischensphäre, die sich weder von subjektiver Intentionalität, noch von intersubjektiven Regeln vereinnahmen lässt, wodurch der Responsivität immer ein gewisser Entzug inhärent ist. Auf diese Weise gelingt es dem Fremden, sich den Ordnungen zu widersetzen und seine Ansprüche zu stellen. Als Beispiele hierfür gibt Waldenfels die Konfrontation von Muttersprache und Fremdsprache oder von Eigenkultur und Fremdkultur an.[54] Ausgehend von Merleau-Ponty lässt sich dieser Zwischenraum als *wildes Sein* begreifen, als eine Region, „wo noch nicht eindeutig feststeht, ob etwas der Fall ist, was dieses Etwas ist und wozu es gut ist, eine Region, wo die Pforten der kulturellen Ordnungen sich noch nicht geschlossen haben und [...] wo die „Welt in Frageform existiert„".[55]

Damit die Responsivität aber als Grundzug einer Bildungstheorie dienlich sein kann, ist es vonnöten den Begriff so auszuweiten, dass er sich nicht mehr in einem sprachlichen Rahmen erschöpft, denn der Selbstentzug des Menschen lässt sich, wie sich bei Wittgenstein und Bourdieu gezeigt hat,

---

51 Vgl. Eirmbter-Stolbrink: Wilhelm von Humboldt interkulturell gelesen, S. 23.

52 Vgl. Humboldt: Theorie der Bildung des Menschen. S. 237.

53 Zum Appellcharakter der Gegenstände: siehe Meyer-Drawe, Käte: Herausforderung durch die Dinge. Der Andere im Bildungsprozeß. In: *Zeitschrift für Pädagogik* 45 (1999), Heft 3, S. 329-336.

54 Vgl. Waldenfels, Bernhard: Antwortregister. Frankfurt a. M., Suhrkamp, 2007, S. 332.

55 Waldenfels, Bernhard: Deutsch-Französische Gedankengänge. Frankfurt a. M., Suhrkamp, 1995.S. 162.

sowohl von der Sprache, als auch vom Leib her verstehen.[56] Waldenfels verfährt hierbei systematisch, indem er den Antwortbegriff sukzessive erweitert. Dabei geht er von der Prämisse aus, dass Antworten sich im engsten Sinne auf die Beantwortung einer sprachlich geäußerten Frage bezieht. Die erste Ausweitung erfolgt mit der Unterscheidung zwischen der Beantwortung einer Frage, die den erwarteten Antwortgehalt vermittelt, sowie einem Antworten, welches sowohl als Antwort- als auch als Erwiderungsakt ausgeführt werden kann.[57] Wiederum ausweiten lässt sich dies durch die Annahme, dass jede sprachliche Äußerung bereits als Antwort auf einen Anspruch aufgefasst werden kann, wobei sich die Beziehung problemlos umkehren lässt, wodurch also jede Äußerung als implizite Frage begreifbar wird. Die dritte Ausweitung übersteigt schließlich die Sphäre der Sprache, indem von wortlosen Frage- oder Antworthandlungen ausgegangen wird, bei denen Sprechen und Handeln miteinander verflochten sind.[58] Die letzte Ausweitung radikalisiert diese Annahme, indem wir in das Schema den wortlosen Austausch von Frage und Antworten hinzunehmen. „Antworten wäre in dieser letzten Fassung *jedes Eingehen auf einen Anspruch*, der sich in einer sprachlichen Äußerung, *oder aber im vor- oder außersprachlichen Ausdrucksverhalten kundtut*.“[59]

Das Antworten auf diese Weise zu begreifen, erfordert eine Revision der Annahme, es würde sich beim Antworten um einen individuellen Akt handeln, da Antworten auf doppelte Weise auftreten können. Die Fundamentalisierung der Responsivität führt allerdings zu der Schwierigkeit, zwischen Responsivität als Grundzug und dem Akt des antwortenden Sagens unterscheiden zu können. Dies ist vor allem insofern notwendig, als dass es uns ansonsten unmöglich wäre, den spezifisch responsiven Charakter von Bildungsprozessen zu begreifen. Hierbei empfiehlt es sich zwischen fungierender Responsivität, die sich in bestimmten sprachlichen und außersprachlichen Zwischenereignissen vollzieht, und der Thematisierung der Responsivität zu unterscheiden. „Sollte sie sich als Grundzug alles Redens und Tuns und darüber hinaus als Grundzug jedes leiblichen Verhaltens erweisen, so würde das zur Singularität dieser Zwischenereignisse nicht

56 Vgl. Waldenfels: Deutsch-Französische Gedankengänge, S. 167.

57 Vgl. Waldenfels: Antwortregister. S. 320f.

58 Vgl. Waldenfels: Antwortregister. S. 321f.

59 Waldenfels: Antwortregister. S. 322.

abreißen. [...] Aus ihnen spräche die Proliferation eines Sinnes, der im Sagen etwas zum Ausdruck bringt, hinter dem das Gesagte immerzu zurückbleibt."[60] Evident wird im letzten Zitat insbesondere der Überschuss, der der Antwort eigen ist und dazu führt, dass das Antworten nicht Herr ist dessen, worauf es antwortet. Das Antworten wird so zu einem Übersetzen vom Eigenen zum Fremden.[61]

Durch die Theorie der Responsivität ist nun ein unverzichtbares Phänomen für den Bildungsprozess feststellbar, der darin besteht, dass sich einem etwas entzieht. Humboldt verwendet anstelle des Begriffes Selbstentzug den Begriff der Entfremdung und beschreibt damit, dass der Betroffene sich selbst im Bildungsprozess entfremdet. Der Begriff der Entfremdung Humboldts lässt sich in diesem Sinne mit dem Begriff des Selbstentzugs von Waldenfels gleichsetzen. Bei diesem Entzug erscheint Eigenes als fremd und ohne diese Erfahrung kann der Bildungsprozess nicht vollzogen werden. Das folgende Zitat von Meyer-Drawe verschärft dies: „Das Ich ist nie ganz bei sich, es ist immer schon entfremdet durch den Blick des Anderen".[62]

Dieser Entzug ist jedoch nicht mit dem Identitätsverlust zu verwechseln, sondern er ist im Gegenteil eine notwendige Voraussetzung für die Identitätsbildung, weil sich die Identität nach Humboldt gerade in einer ständigen Auseinandersetzung zwischen Ich und Welt bildet.[63] Diese Selbstentfremdung führt also nicht zu einer Identitätskrise, sondern sie erhellt eine neue Sicht.[64] Man entfremdet sich beim Bezug auf die Gegenstände der äußeren Natur und Welt selbst und gerade dieser Moment ist bereichernd für sich selbst,[65] denn der Mensch empfängt nicht nur passiv alles von außen, sondern er erlangt gerade durch diese Entfremdung neue Erkenntnisse. Nach Benner beruht dieser Tatbestand auf dem „Wissen darum,

60 Waldenfels: Antwortregister. S. 327.

61 Vgl. Waldenfels: Antwortregister. S. 334f.

62 Meyer-Drawe, Käte: Leiblichkeit und Sozialität. Phänomenologische Beiträge zu einer pädagogischen Theorie der Inter-Subjektivität, München, Wilhelm Fink, 1984,S. 180

63 Vgl. Zirfas, Jörg;Jörissen, Benjamin: Phänomenologien der Identität. Human-, sozial- und kulturwissenschaftliche Analyse. Wiesbaden, Verlag für Sozialwissenschaften, 2007, S. 76.

64 Vgl. Humboldt: Theorie der Bildung des Menschen. S. 237.

65 Vgl. Wagner, Hans-Josef: Die Aktualität der strukturalen Bildungstheorie Humboldts. Weinheim, Deutscher Studien, 1995, S. 30.

dass Entfremdung über unsere Tätigkeit an der Welt vermittelt ist".[66] Auch Waldenfels beschreibt den Selbstentzug wie folgt: „Das Außersichsein unserer selbst bedeutet nicht, dass wir uns selbst verlieren, sondern dass wir anderswo beginnen. Möglichkeiten, die ausgeschlossen werden, sind nicht ausgetilgt".[67] Während Rousseau von der vorreflexiven Identität des Subjekts ausgeht und somit Bildung als Bewahrung dieser Identität versteht, ist die Identität für Humboldt eine „stetig-dynamische, dem Fremden verpflichtete Transformationsfigur".[68] Das Verständnis von einem solchen Bildungsprozess führt aus diesem Grund zur wichtigen Erkenntnis, dass der Andere oder der Fremde nicht nur als eine von verschiedenen Möglichkeiten für den Bildungsprozess gelten, sondern darüber hinaus unabdingbare Voraussetzungen darstellen.[69]

Der Begriff der Entfremdung steht daher im Mittelpunkt der Wechselwirkung zwischen dem Individuum und der Welt, also im Kern des Bildungsprozesses. Die Bedeutsamkeit der Entfremdung liegt darin, dass „wir in bloßer Identität mit uns selbst gar nicht nach unserer Bestimmung fragen könnten".[70] Zugleich sollte die Rückkehr aus der Entfremdung stattfinden, in der sich die Selbsttätigkeit der Bestimmung vollzieht. Der Begriff der Entfremdung ist ein wichtiges Merkmal dafür, dass die Wechselwirkung zwischen Menschen und Welt nicht als beliebig, sondern als bildend anerkannt wird.[71] „Was also der Mensch notwendig braucht, ist bloß ein Gegenstand, der die Wechselwirkung seiner Empfänglichkeit mit seiner Selbsttätigkeit möglich mache".[72] Der Gegenstand soll dem Menschen die Möglichkeit anbieten, die Entfremdung in der Wechselwirkung zwischen dem Eigenen und dem Fremden zu erfahren, damit man von einem Bildungsprozess sprechen kann.

„Nach Humboldt können nur solche Tätigkeiten bildend wirken, die ei-

---

66 Benner, Dietrich: Wilhelm von Humboldts Bildungstheorie. Eine problemgeschichtliche Studie zum Begründungszusammenhang neuzeitlicher Bildungsreform. Weinheim, München, Juventa, [3]2003, S. 105.

67 Waldenfels: Fremdheit, Gastfreundschaft und Feindschaft. S. 8.

68 Zirfas; Jörissen: Phänomenologien der Identität. S. 76.

69 Vgl. Zirfas; Jörissen: Phänomenologien der Identität. S. 81.

70 Benner: Wilhelm von Humboldts Bildungstheorie. S. 104.

71 Vgl. Benner: Wilhelm von Humboldts Bildungstheorie. S. 103f.

72 Humboldt, Wilhelm von: Theorie der Bildung. In: Flitner, Wilhelm (Hrsg.): Schriften zur Anthropologie und Bildungslehre, Düsseldorf, München, Küpper, [2]1964, S. 30.

ne Hinwendung zu Fremdem, noch Unbekanntem so gestatten, dass wir uns selbst fremd werden und Neues so lernen, dass von dem Neu-Erfahrenen Anregungen zu fortschreitender Entfremdung undWeltaneignung ausgehen können".[73] Durch die sich selbst entziehende Erfahrung entsteht die Möglichkeit, aus der Perspektive des Anderen die gewohnte Welt zu betrachten. Damit gelangt man zur Horizonterweiterung, welche eine Bereicherung der beschränkten Sicht bedeutet. Dies ist jedoch nur unter der Bedingung möglich, dass man die Welt als etwas uns zunächst Unbekanntes und Fremdes erfährt.[74] „Das erhellende Licht"[75] veranschaulicht das Moment, in dem die eigene Perspektive durch den Selbstentzug fraglos erscheint und erweitert werden muss. Wagner beschreibt dies als „fruchtbare Rückkehr aus der Entfremdung"[76]und definiert Bildung als „konstituierende Dialektik von Entfremdung und Rückkehr aus der Entfremdung".[77] Mit der Rückkehr aus dem Selbstentzug kann für den Einzelnen auch ein größerer Raum für die Kreativität entstehen. „Die geistige Zeugungskraft ist das Genie. Wo es sich zeigt, sey es in der Phantasie des Künstlers, [...] erweist es sich schöpferisch. Was seiner Zeugung das Daseyn dankt, war vorher nicht vorhanden, und ist ebenso wenig aus schon Vorhandenem oder schon Bekanntem bloss abgeleitet. Zwar wird sich im Gebiete des Denkens, in welchem durchgängiger logischer Zusammenhang herrschen muss, immer die Verbindung desselben mit dem schon Gegebenen zeigen lassen, aber dieser Weg ist darum nicht auch ebenderselbe, auf welchem es gefunden werden konnte".[78] Der Mensch besitzt eine vertraute Struktur des Denkens, die mit dem Unbekannten in Verbindung gebracht wird. Trotz dieses festgeschriebenen Zusammenhangs zwischen dem Alten und dem Neuen entsteht bei jeder Verknüpfung ein kreativer Akt. Der „Augenblick, in welchem das neue Daseyn erweckt wird",[79] weist auf das emotionale Moment hin, in dem der

73 Benner: Wilhelm von Humboldts Bildungstheorie. S. 105.

74 Vgl. Benner: Wilhelm von Humboldts Bildungstheorie. S. 103f.

75 Humboldt: Theorie der Bildung. S. 29.

76 Wagner: Die Aktualität der strukturalen Bildungstheorie Humboldts. S. 30.

77 Wagner: Die Aktualität der strukturalen Bildungstheorie Humboldts. S. 30.

78 Humboldt, Wilhelm von: Ueber den Geschlechtsunterschied und dessen Einfluss auf die organische Natur [1794]. In: Ders.: Werke in fünf Bänden. Hrsg. von Andreas Flitner und Klaus Giel. Bd. 1 (Schriften zur Anthropologie und Geschichte), Darmstadt, Wissenschaftl. Buchgesellschaft, 1960, S. 274f.

79 Humboldt, Wilhelm von: Ueber die Aufgabe des Geschichtsschreibers [1821]. In: Ders.: Werke in fünf Bänden. S. 276.

Mensch „den Keim zur Produktion von Neuem“[80] empfindet. Durch das Unbekannte und das Fremde entsteht Neues, d. h. eine neue Einsicht oder eine ungeahnte Perspektive. Bildung ist im humboldtschen Sinne als ein Prozess der Bewegung zu verstehen, in der Entfremdung, Mangel wie auch Anstrengung durch die kreative Schaffung von Neuem überwunden wird.[81]

Meyer-Drawe hebt die Bedeutung des Selbstentzugs für den Lernprozess hervor, der auch als Bildungsprozess bezeichnet werden kann, da die aporetischen Situationen in der Lage sind, den Menschen zum Lernen zu bringen. Unter dem Lernen versteht Meyer-Drawe ein Umlernen, das in der Wechselwirkung zwischen dem Vertrauten und einem fremden Horizont vollgezogen wird. In dem Verständnis der Bildung, das von Waldenfels Theorie der Responsivität ausging, wurde zudem erwähnt, dass die fragende Frage die vorhandene Sinnordnung durchdringt und somit zum Selbstentzug führt.

Nun wird deutlich, dass das philosophische Gespräch, dessen Gegenstände besonders den Charakter der Differenz und Vielfalt besitzen, zum Selbstentzug führen und dadurch zum Bildungsprozess beitragen kann. Außer dieser Parallele bestehen zwischen dem Philosophieren mit Kindern und der Bildung auch in Hinblick auf die Methode Gemeinsamkeiten. Der Beitrag des Philosophierens mit Kindern zum Bildungsprozess ist in dessen spezifischer Methode zu begründen: Die Unterscheidung von einer fragenden Frage und einem gefragten Fragen soll diesen Aspekt veranschaulichen. Beim Philosophieren mit Kindern geht es um *eine fragende Frage*, die Andreas Dörpinghaus von *einem gefragten Fragen* unterscheidet.[82] Unter dem gefragten Fragen versteht man das Fragen, das auf einem „bereits existierenden Frageboden, in einer bestehenden Frageordnung und mit vorgegebenen Frageregistern“[83] geschieht. Die Frage und die Antwort befinden sich bereits in einer vorgegebenen Ordnung, die einem bekannt ist. Prinzipiell handelt es sich bei diesen Fragen um Fragen nach etwas, also um Sachfragen, die eine bestimmte Antwort fordern. Das gefragte Fragen vergleicht

---

80 Wagner: Die Aktualität der strukturalen Bildungstheorie Humboldts. S. 35.

81 Vgl. Wagner: Die Aktualität der strukturalen Bildungstheorie Humboldts. S. 34f.

82 Vgl. Dörpinghaus, Andreas: Zu einer Didaktik der Verzögerung. In: Schlüter, Anne (Hrsg.): Aktuelles und Querliegendes zur Didaktik und Curriculumentwicklung. Festschrift für Werner Habel. Bielefeld, Janus Presse, 2003, S. 26.

83 Dörpinghaus: Zu einer Didaktik der Verzögerung. S. 26.

Dörpinghaus daher mit einem Schachspiel, in dem sich die Züge innerhalb der Spielordnung vollziehen. Weil in dem Spiel keine Möglichkeit existiert, die Spielregel selbst zu verändern, bleibt das Frage-Antwort-Gefüge vorstrukturiert. Im gefragten Fragen gibt es also keinen Spielraum, indem Verzögerungsprozesse stattfinden können und dadurch Reflexion und Gestaltung ermöglicht werden.[84] Den Gegensatz zu dem gefragten Fragen bildet „ein Fragen, das zunächst dadurch bestimmt werden kann, dass es nicht die abgeschlossene Ordnung, die die Frage auf eine Antwort bezieht, voraussetzt“.[85] Die Frage bestimmt keine bestimmten Antworten, sondern sie stellt sich selbst in Frage. Daher stehen Frage und Antwort nicht in einer funktionellen Beziehung, sondern in einer unbestimmten. Die Frage ist demzufolge selbst fraglich, was zu deren Offenheit führt.[86] Auch Humboldt hebt die Unbestimmtheit des Gegenstandes als Voraussetzung der Selbsttätigkeit des Denkens hervor.[87] Die Unruhe, die der Fremde verursacht, ist konstitutiv für Bildungsprozess. Denn für den Bildungsprozess braucht man „die Unbestimmtheit des Gegenstandes, da das jedesmal Vorgestellte weder immer vollkommen ausgemalt noch festgehalten zu werden braucht, ja dasselbe vielmehr von selbst immer neue Übergänge darbietet – eine Unbestimmtheit, ohne welche die Selbsttätigkeit des Denkens unmöglich wäre“.[88]

Die Unbestimmtheit der Frage kann daher zum Bildungsprozess beitragen: „Bildung als Verzögerung geht gerade nicht in der funktionalen Bezogenheit von Frage und Antwort auf, in der Vermittlung von bestehenden Ordnungssystemen“.[89] Das folgende Zitat von Hans Blumenberg betont die Wichtigkeit einer Diskontinuität der Temporalstruktur für Bildungsprozesse ebenfalls: „Ich unterstelle, daß »Bildung« – was immer sie sonst noch sein mag – etwas mit dieser Verzögerung der funktionalen Zusammenhänge zwischen Signalen und Reaktionen zu tun hat. Dadurch werden ihre Inhalte, ihre »Werte« und »Güter«, sekundär.“[90] Die Aussage von Blumenberg

---

84 Vgl. Dörpinghaus: Zu einer Didaktik der Verzögerung. S. 26f.

85 Dörpinghaus: Zu einer Didaktik der Verzögerung. S. 27.

86 Vgl. Dörpinghaus: Zu einer Didaktik der Verzögerung. S. 26f.

87 Vgl. Humboldt, Wilhelm von: Die Sprache als Ausdruck der Geistesform. In: Flitner (Hrsg.): Schriften zur Anthropologie und Bildungslehre. S. 119.

88 Humboldt: Die Sprache als Ausdruck der Geistesform. S. 119.

89 Dörpinghaus: Zu einer Didaktik der Verzögerung. S. 27.

macht darauf aufmerksam, dass das verzögernde Moment die selbstverständlich verlaufende Sinnordnung in Frage stellt. Im Rekurs auf Wittgenstein lässt sich feststellen, dass das unbewusste Regelfolgen unterbrochen wird und durch die Verzögerung eine Reflexion über den Sinn des eigenen regelfolgenden Verhaltens gefordert wird. Dies kann damit begründet werden, dass das Regelfolgen mit dem gefragten Fragen verglichen werden kann, weil beides innerhalb des vertrauten Sinnzusammenhangs abläuft und daher selbstverständlich und unbewusst bleibt.

Bei der Selbstbezüglichkeit des Fragens soll jedoch nicht auf eine Antwort verzichtet werden,[91] sondern „sie soll nur in einer reflektierten Weise erwogen und offengehalten werden."[92] „Es muss etwas fraglich sein, und das, was fraglich ist, ist ein Unbestimmtes, ein Fremdes, ein anderes oder auch ein anderer".[93] Der Ausgangspunkt dieser Frage ist der Fremdbezug. Es geht um „ein Fragen jenseits vorgegebener Antwortstrukturen, um ein offenes Fragen".[94] Das fragende Fragen sollte den Menschen aufgrund des Fremdbezugs zum Selbstentzug führen. Wenn die Entfaltung der Bildungsprozesse in einem Bezug auf sich, auf die Anderen und auf die Dinge besteht, vollziehen sich gleichzeitig der Entzug seiner Selbst, der Anderen und der Bestimmtheit des Gegenstandes.[95]

Auf der didaktischen Ebene sollte dementsprechend versucht werden, Fragen zu stellen, die das Ordnungssystem überschreiten und daher eine direkte Antwort verhindern. „Denken wird zum Nach-Denken, das Zeit braucht, sich in Zeiterstreckt und vor allem ein selbstständiges Durch-Denken ist, das vorgegebene Lösungen nicht schlichtweg wiederholt, nicht im Spiel der kurzen Wege von Frage und Antwort aufgeht, sich darin nicht erschöpft".[96] Die Verzögerung ist allerdings nicht mit der Langsamkeit oder mit einem sich Zeitlassen gleichzusetzen, sondern als ein tätiger, responsiver Akt des Versuches zu Verstehen.[97]

---

90 Blumenberg, Hans: Anthropologische Annäherung an die Rhetorik. In: Ders.: Wirklichkeiten in denen wir leben. Aufsätze und eine Rede. Stuttgart, Reclam, 1986, S. 124.

91 Vgl. Dörpinghaus: Zu einer Didaktik der Verzögerung, S. 27.

92 Dörpinghaus: Zu einer Didaktik der Verzögerung, S. 27.

93 Dörpinghaus: Zu einer Didaktik der Verzögerung, S. 27f.

94 Dörpinghaus: Zu einer Didaktik der Verzögerung, S. 28.

95 Vgl. Dörpinghaus: Zu einer Didaktik der Verzögerung. S. 28.

96 Dörpinghaus: Zu einer Didaktik der Verzögerung. S. 29.

97 Dörpinghaus: Bildung als Verzögerung. S. 571.

Nun wird es deutlich, weshalb das Philosophieren mit Kindern, das auf das interkulturelle Lernen zielt, seinen Ausgang in dem Fremden sucht, welches für die Bildung eine zentrale Rolle spielt. Durch die Konfrontation mit der fremden Weltanschauung wird die eigene, selbstverständliche Ordnung in Frage gestellt. Die Andersheit des Fremden lässt sich nicht in die eigene Denkordnung einfügen und ruft folglich Störungen und Irritationen hervor, die keine unmittelbaren Reaktionen ermöglichen, sondern zum Nachdenken über die eigene Kultur führen. Durch diese verzögernden Zeitpraktiken entsteht eine neue Perspektive, die früher aufgrund der Selbstverständlichkeit und der Normalität des eigenen Kulturkreises verborgen geblieben ist. Das fragende Denken kommt insbesondere in der Auseinandersetzung mit anderen Kulturen zustande. Denn der Fremde führt angesichts der Differenz zur eigenen Lebensform zum Durchbruch der „Ordnung, in der sich Frage und Antwort aufeinander beziehen“.[98] Der Fremdbezug, von dem die Verzögerung ausgeht, führt zum Selbstentzug, durch den sich die vertraute Sichtweise verändert.

Der Fremde, der ein anderes Weltbild besitzt, provoziert den bestehenden Sinn, so dass man sich der Kontingenz desselben bewusst wird. Wie Waldenfels bereits erörtert hat, wird Eigenes fremd und umgekehrt wird Fremdes vertraut. Die Erfahrung der Verschränkung von Eigenem und Fremdem findet statt. Man erfährt also die Fremdheit, die einem innewohnt. Durch die Erkenntnis der Kontingenz der Kultur wird auch der Zusammenhang von den herrschenden Normen und dem Subjekt sichtbar, was zur Erkenntnis führt, dass man sich selbst aufgrund der Abhängigkeitsbeziehung durch den Anderen nicht transparent ist. Die Selbstentfremdung gilt insofern als eine notwendige Voraussetzung für die Anerkennung des Fremden und dessen Andersheit, weil sie von der unbewussten Selbstverständlichkeit der eigenen Kultur befreit und uns damit die Andersheit des Fremden anerkennen lässt. Der Selbstentzug vollzieht sich im Prozess des interkulturellen Lernens, welches zur Anerkennung des Anderen beiträgt.

Die These der Anerkennung als die Konsequenz des interkulturellen Lernens bestätigt auch Judith Butler in ihrem Buch *Kritik der ethischen Gewalt* mit der wichtigen Bedingung für die Anerkennung, „dass man durch etwas, was nicht man selbst ist, von sich selbst abgebracht wird – unter der

[98] Dörpinghaus: Zu einer Didaktik der Verzögerung. S. 29.

Bedingung, dass man dezentriert wird und beim Erwerb einer Selbstidentität scheitert".[99] *Etwas, was nicht man selbst ist* erweist sich hierbei als das Fremde bzw. der Fremde, was zur Selbstentfremdung führt. Butler macht drauf aufmerksam, dass das Subjekt sich durch seine eigene Undurchsichtigkeit für sich selbst charakterisiert, die Waldenfels wie bereits erwähnt als *Unmöglichkeit der vollkommenen Eigenheit des Selbst* dargestellt hat. Diese „Teilblindheit in Bezug auf uns selbst"[100] zu erkennen, ist eine notwendige Voraussetzung für die Anerkennung des Anderen.

Obwohl die Normen den Rahmen der Anerkennung bestimmen und als Wahrheitsregime fungieren, gibt es einen Möglichkeitsraum, in dem das Individuum mit den Normen kritisch umgeht und sie hinterfragt. Dies ist dadurch möglich, „dass Anerkennung in Bezug auf diesen Rahmen stattfindet bzw. dass die Normen der Anerkennung in diesem Bezug in Frage gestellt und verändert werden".[101] „Manchmal geraten Normen, die die Anerkennung regeln, gerade dadurch in die Krise, dass der Andere nicht anerkannt werden kann."[102] Der scheiternde Versuch, andere anzuerkennen, führt zur Auseinandersetzung mit den Anderen und den Grenzen des eigenen Wahrheitsregimes.

Aus diesem Grund ist zu konstatieren, dass die sokratische Methode des philosophischen Gesprächs die spezifische Zeitstruktur des Bildungsprozesses miteinbezieht, da die Kinder im Gespräch durch Anstöße von außen affiziert und beunruhigt werden, so dass sie zur Reflexion über die eigene Kultur gelangen. Wie mühsam und langfristig der Bildungsprozess in der Auseinandersetzung mit der anderen Kultur dauern kann, veranschaulicht das folgende Zitat von Blumenberg: „Je mehr durch Evokation vom Bewusstsein an Aufmerksamkeit verlangt wird, umso mehr wehrt es sich dagegen durch Eingemeindung in seine Gewöhnlichkeit. Man kann das auch die Wiederkehr der Lebenswelt gegen ihre Widersacher nennen".[103] In Bezug auf der Begegnung zwischen Menschen aus den verschiedenen Kulturen lässt sich diese Aussage so formulieren: Je mehr die Fremdheit das

[99] Butler: Kritik der ethischen Gewalt.Adorno-Vorlesungen 2002.Frankfurt a. M., Suhrkamp, 2007 S. 59.

[100] Butler: Kritik der ethischen Gewalt. S. 59.

[101] Butler: Kritik der ethischen Gewalt. S. 34.

[102] Butler: Kritik der ethischen Gewalt. S. 36.

[103] Blumenberg: Zu den Sachen und zurück. S. 205.

Bewusstsein beunruhigt, desto mehr wehrt es sich dagegen, indem es sich in die Eigenheit zurückzieht. Es gilt daher sich bewusst zu sein, dass interkulturelles Lernen kein kurzfristiger Prozess ist und insbesondere in der Überforderung die Gefahr liegt, dass man sich gegenüber der Fremdheit verschließt.

Daher reicht der Selbstentzug allein nicht aus, sondern er muss zu einer reflexiven Auseinandersetzung mit der eigenen und fremden Kultur weitergeführt werden. In diesem Sinne ist dem Philosophieren mit Kindern als eine äußerst gut geeignete Methode für das interkulturelle Lernen eine große Bedeutung beizumessen, da es den Kindern Raum zum Nachdenken und zu einer gemeinsamen Orientierung im Denken bietet. So fällt hierbei auf, dass das Philosophieren mit Kindern, das die Kinder zur Reflexion über ethische Fragen anregt, schließlich zur Mündigkeit beitragen kann. Denn zur Mündigkeit gehört nicht eine bestimmte, inhaltliche Weltanschauung, sondern eine besondere Art und Weise des Umgangs damit.[104] Im philosophischen Gespräch, das die Kinder zur reflexiven Auseinandersetzung mit der eigenen und fremden Kultur führt, geht es um einen reflexiven Umgang mit den bekannten und fremden Weltansichten. Mündigkeit ist „eine besondere Form der Bezogenheit zu dieser Weltanschauung".[105] Dass man sich reflexiv mit den eigenen und fremden Weltbildern auseinandersetzt, anstatt sich passiv eine bestimmte Weltanschauung anzueignen, zeigt sich in der Artikulationsfähigkeit der angeeigneten Weltanschauung. Dazu gehört z. B. die Fragestellung, wie die eigene Weltansicht zustande gekommen ist und welche praktischen Folgen sie veranlasst. Bei der Mündigkeit geht es also darum, dass man seine eigene Weltanschauung kritisch überprüft und argumentativ vertreten kann.[106] Weil die Kinder beim philosophischen Gespräch dazu aufgefordert werden, ihren eigenen Standpunkt zu begründen, können sie sich dem pädagogischen Ziel, nämlich Mündigkeit, annähern.

In diesem Sinne entspricht das Verständnis der Mündigkeit von Meier der Idee der Selbstbestimmung bzw. der Autonomie bei Peter Bieri: „Über sich selbst zu bestimmen, kann heißen, sich im eigenen Denken zu orientie-

---

[104] Vgl. Meier, Robert E.: Mündigkeit. Zur Theorie eines Erziehungszieles. Bad Heilbrunn, Klinkhardt, 1981, S. 16.

[105] Meier: Mündigkeit. S. 16.

[106] Vgl. Meier: Mündigkeit. S. 16.

ren und seine Überzeugungen auf den Prüfstand zu stellen."[107] Dafür spielt das Bewusstsein über die Kontingenz des menschlichen Lebens und dessen Vielfalt eine entscheidende Rolle, weil es eine Alternative des Denkens, Fühlens und Wollens beleuchtet.[108] Für die Selbstbestimmung des Menschen „ist die Kategorie des *Möglichen* von großer Bedeutung: der Gedanke, daß es nicht nur die eine, die eigene Weise gibt, ein menschliches Leben zu führen, sondern viele und ganz verschiedene. Selbstbestimmung verlangt einen Sinn für das Mögliche, also Einbildungskraft, Phantasie."[109] Auch Kirsten Meyer betont das Wissen über die möglichen Alternativen des Handelns, des Wollens und des Meinens, um Autonomie zu erlangen. Dem Gedanken, dass das philosophische Gespräch bei den Kindern zur Mündigkeit und zur Autonomie verhelfen kann, liegt die Zuschreibung der gleichen Autonomie- und Vernunftfähigkeit sowohl für Erwachsene als auch für Kinder zugrunde.[110] Hierbei ist Vernunft etwas, was „sich erst in einem gemeinsamen, sprachlich vermittelten Erfahrungsaustausch"[111] entwickelt. Das Einräumen der Autonomie des Kindes ist auch insofern bedeutsam, weil es der Tendenz entgegenwirkt, Kinder nicht als Akteure, sondern nur als Objekte von Modernisierungsprozessen zu beschreiben oder als solche zu instrumentalisieren.[112]

Aus der Analyse der Theorie Humboldts und Waldenfels lässt sich das Philosophieren mit Kindern, das den Kindern das interkulturelle Lernen ermöglicht, als interkultureller Bildungsprozess beschreiben, denn das interkulturelle Lernen trägt über die Fremderfahrung hinaus zur Autonomie des Kindes bei.

---

107 Bieri: Wie wollen wir leben? S. 16.

108 Vgl. Bieri: Wie wollen wir leben? S. 12.

109 Bieri: Wie wollen wir leben? S. 12. Auch vgl. Schaber, Peter: Wertevermittlung und Autonomie. In: Meyer, Kirsten: Texte zur Didaktik der Philosophie. Stuttgart, Philipp Reclam, 2010, S. 145.

110 Vgl. Martens: Philosophieren mit Kindern. S. 47.

111 Martens: Philosophieren mit Kindern. S. 48.

112 Vgl. Berg, Christa: Kind/ Kindheit. In: Benner, Dietrich; Oelkers, Jürgen (Hrsg.): Historisches Wörterbuch der Pädagogik. Weinheim und Basel, Beltz, 2004, S. 516.

Zusammenfassung

Um den Ertrag dieser Arbeit zusammenzufassen, ist an den Ausgangspunkt der Arbeit zu erinnern. Zunächst waren es insbesondere zwei Problemkonstellationen, von denen die Arbeit ausging: zum einen, dass zwar für das interkulturelle Lernen mit dessen Zielen wie Anerkennung des Fremden, Verständnis und Respekt für fremde Kulturen usw. plädiert wird, wobei allerdings der Struktur dieses Lernprozesses wenig Beachtung geschenkt wurde und aufgrund der einengenden Konzentration auf die Praxis eine Theoriebildung des interkulturellen Lernens erschwert wurde. Zum anderen ergab sich die Schwierigkeit, dass die Methoden für das interkulturelle Lernen nicht hinreichend sind, da sie in der pädagogischen Praxis oft auf die Wissensvermittlung und Wissensorientierung beschränkt bleiben und damit die Möglichkeit unterbinden, Anstöße zur Reflexion zu geben und schließlich neue Perspektiven zu eröffnen. Aus diesem konzeptuellen und methodischen Mangel des interkulturellen Lernens ergab sich die Notwendigkeit, den Prozess des interkulturellen Lernens eingehender zu beschreiben und eine für das interkulturelle Lernen angemessene Methode zu entwickeln. Da das Zusammenleben und Zusammenarbeiten mit den Menschen, die aus fremden Kulturkreisen stammen und somit eine fremde Sprache und fremde Lebensweise besitzen, in der modernen Gesellschaft und insbesondere für die Heranwachsenden unvermeidlich geworden ist, scheint diese Aufgabe sowohl gesellschaftlich als auch individuell unverzichtbar zu sein. Dementsprechend wurde in dieser Arbeit sowohl der interkulturelle Lernprozess als auch das Philosophieren mit Kindern als eine vielversprechende Methode dafür ausführlich dargestellt.

Da das interkulturelle Lernen kein bloßes Kennenlernen der fremden Kulturen bedeutet, sondern insbesondere den Perspektivenwechsel umfasst, welcher auf die Selbstentfremdung und die reflexive Auseinandersetzung mit dem Eigenen und dem Fremden beruht, muss für eine passende Methode des interkulturellen Lernens das entscheidende Kriterium darin bestehen, ob sie Kinder zur Fremderfahrung und somit zur kritischen Reflexion über die eigene und fremde Denk- und Handlungsweise führen kann. Die affektive Betroffenheit, die sich in der Aufmerksamkeit auf das Fremde und im Staunen darüber widerspiegelt, kommt gerade durch die Unmöglichkeit einer begrifflichen Einordnung zustande. Aufgrund des Mangels an Wissen, Zugehörigkeit und Vertrautheit fällt das Fremde auf und verursacht Verwirrung, Irritation und Unverständnis. Dieser irritierende Zustand soll allerdings bis hin zur reflexiven Auseinandersetzung mit der eigenen und fremden Kultur weiter entwickelt werden, damit die Kinder eine gewisse Distanz zur eigenen Denk- sowie Handlungsgewohnheit gewinnen können. Erst dadurch können sie eine neue Perspektive auf die Welt erhalten und der Kontingenz der eigenen Kultur bewusst werden, d. h. ihre Augen für die alternativen Denk- und Handlungsweisen öffnen.

Das Philosophieren mit Kindern erwies sich demzufolge in dieser Arbeit als eine äußerst geeignete Methode für das interkulturelle Lernen. Insbesondere der Ansatz von Ekkehard Martens weist auf das sokratische Philosophieren mit Kindern hin, womit es von anderen Methoden des interkulturellen Lernens wie z. B. Spielen im Sport- oder Theaterunterricht oder Kunstprojekten abzugrenzen ist. Während z. B. die Vorführung eines Rituals oder das Singen eines Liedes aus einem anderen Land als eine Methode des interkulturellen Lernens vor allem auf die sinnliche Wahrnehmung oder die Wissensaufnahme reduziert ist, veranlasst das gemeinsame Philosophieren mittels der sprachlichen Aufforderung von den Kindern eine Beschäftigung mit dem Fremden, welches einem wegen der Schwierigkeit einer sprachlichen Einordnung sowohl leiblich als auch geistig widerfährt.

Da in dieser Arbeit die leibliche Dimension der Fremderfahrung, wovon das interkulturelle Lernen hervorgeht, besonders akzentuiert wurde, kann die Skepsis entstehen, wie das Philosophieren mit Kindern, dessen Medium Sprache ist und welches vor allem die logische Denkfähigkeit benötigt, Kinder zur Fremdheit und zur Selbstentfremdung führen kann. Vertreter einer solchen skeptischen Position gehen gemeinhin davon aus, dass die Begriffs-Bildung eine rein kognitive und geistige Beschäftigung ist und das Staunen oder die Fremderfahrung wiederum rein leiblich und affektiv erfolgen. Diese Vorstellung von Leib und Seele erinnert an den cartesianischen Dualismus, welcher hinsichtlich seiner Implikationen für die Lerntheorie im zweiten Kapitel dargestellt und kritisiert wurde. Um die Möglichkeit des interkulturellen Lernens im Philosophieren mit Kindern einzusehen, muss man sich daher zuerst von diesem dualistischen Modell von dem sprachbedingten Denken und der leibbedingten Affektivität verabschieden. Erst wenn die Verwobenheit der Sprache mit dem menschlichen Leib eingesehen wird, eröffnet sich eine neue Perspektive des Philosophierens mit Kindern für das interkulturelle Lernen. Die Besonderheit des Philosophierens mit Kindern liegt also im Verständnis der Sprache. So wurde bereits im ersten Kapitel in Anlehnung an Wittgenstein der kulturelle Aspekt der Sprache veranschaulicht, welcher in aller Kürze so beschrieben werden kann: Beim Spracherwerb lernen die Kinder nicht nur die Wörter mit deren Bedeutungen, sondern bestimmte Handlungs- und Denkmuster werden mit dem Spracherwerb internalisiert. Die sprachliche Gewohnheit ist daher sowohl geistig als auch leiblich ausgeprägt.

Aus diesem Grund wurde in dieser Arbeit das Konzept des Philosophierens mit Kindern von Matthew Lipman für das interkulturelle Lernen als lückenhaft dargelegt, da Lipman die Sprache vorwiegend als das Mittel für die logische und selbstständige Denkfähigkeit betrachtet, aber die leibliche und kulturelle Dimension der Sprache ausgeklammert hat. So ist er blind gegenüber der Möglichkeit der Sprache, Kinder zur Fremderfahrung und zum Staunen zu bringen. Wie eng die Sprache mit Staunen, Verunsicherung und Irritation zusammenhängt, verdeutlicht Ekkehard Martens. Oft staunt man über etwas, weil es gerade schwierig ist, dieses in ein Begriffsschema einzuordnen. So erweist sich das Konzept des Philosophierens mit Kindern von Martens als besonders geeignet, da das Phänomen des Staunens nicht mit einem bloßen Gemütszustand gleichgesetzt wird, sondern als Grenzerfahrung zu verstehen ist, welche die Denk- und Handlungsmöglichkeiten berührt. Diesbezüglich veranschaulicht das Beispiel von Berrie Heesen, wie das Zeigen eines Bildes vom Design-Stuhl und die Diskussion über den Begriff des Stuhls Kinder zum Erstaunen und zur Reflexion führen können. Die Begriffs-Bildung wird daher von Martens neben dem Staunen ebenso als Weg des Philosophierens angesehen und der soziale und kulturelle Aspekt der Sprache wird dabei berücksichtigt. Statt einer Aneinanderreihung von dem Wissen über fremde Kulturen und fremde Menschen versucht das Konzept des Philosophierens mit Kindern durch die entfremdende Frage die Kinder zum Staunen und zur reflexiven Auseinandersetzung mit der eigenen und fremden Denk- und Handlungsweise zu führen.

Die weitere Besonderheit des Philosophierens mit Kindern liegt in der Methode des Philosophierens, insbesondere des sokratischen Philosophierens, da das Philosophieren bei Sokrates nicht auf „philosophische Lehrgebäude, Theoreme oder Begriffsanalysen um ihrer selbst willen zielt, sondern auf eine mit begrifflich-analytischen Mitteln vollzogene Selbstklärung und Selbstprüfung bei sich und anderen im Namen der „Tugend„."[113] In diesem Sinne kann das Philosophieren mit Kindern die ethische Reflexionsfähigkeit der Kinder fördern, die mit der der Tugend der respektierenden Toleranz unmittelbar zusammenhängt. Wer über die Normen und Werte, die die eigene Lebensform und Weltanschauung prägen, kritisch nachdenken kann, ist in der Lage, mit einem Blick des Fremden das Selbstverständliche der eigenen Kultur zu hinterfragen. Dies geht gemeinhin mit einer Offenheit und Neugier gegenüber dem Fremdem einher. Das Verständnis vom Philosophieren als „vorwissenschaftliche[s] sokratische[s] Philosophieren"[114] kann dem Philosophieren mit Kindern die Möglichkeit des interkulturellen Bildungsprozess eröffnen. Das Philosophieren als eine gemeinsame Tätigkeit und praktizierte Lebensform fördert bei den Kindern den gegenseitigen Respekt und die demokratische Gesprächskultur. Da Sokrates „eine Analyse der handlungsleitenden Begriffe"[115] als eine Bedingung für „Überwindung eines blinden Handelns fordert"[116] und Wittgensteins Sprachspieltheorie die Verwobenheit von Sprache mit dem regelfolgenden blinden Handeln verdeutlicht, besteht hier eine Parallele zwischen Sokrates und Wittgenstein. Neben der methodischen Gemeinsamkeit haben beide ebenso Gemeinsamkeiten beim Philosophieverständnis: „Wie Sokrates setzt auch Wittgenstein viel daran, den Dialogpartnern nicht nur die Sicherheit zu nehmen, mit der sie ihre Ausgangspositionen äußern, sondern sie im Zustand der Irritation und Aporie gewissermaßen »schmoren« zu lassen."[117]

Da die Verunsicherung der Kinder beim gemeinsamen Philosophieren, welches zum interkulturellen Lernen führen soll, durch die sokratische Methode bewusst anvisiert wird, kann der Einwand formuliert werden, dass die Kinder vorrangig das Sicherheitsgefühl in der Welt ersehnen und ge-

[113] Birnbacher, Dieter: Philosophie als sokratische Praxis: Sokrates, Nelson, Wittgenstein. In: Ders.(Hrsg.): Das sokratische Gespräch. Stuttgart, Reclam, 2002, S. 143.
[114] Martens: Sokrates. S. 176.
[115] Martens: Philosophieren mit Kindern. S. 115.
[116] Martens: Philosophieren mit Kindern. S. 115.
[117] Birnbacher: Philosophie als sokratische Praxis: Sokrates, Nelson, Wittgenstein. S. 155.

rade diese Vergewisserung eine wichtige Bedingung für ihre geistige Entfaltung ist. Der Einwand besteht hier darin, das Philosophieren mit Kindern, welches insbesondere durch die Verwirrung und Beunruhigung die Kinder zur Reflexion über ihre eigene und fremde Lebensform führen will, dem natürlichen Bedürfnis des Kindes entgegentritt und sogar die geistige Entwicklung des Kindes behindert. Jedoch wird diese Skepsis dadurch widergelegt, dass es oftmals ja um Fragen geht, die von den Kindern selbst gestellt werden und die Zeugnis einer natürlichen Beunruhigung und Verwunderung sind. Zudem liegt diesem Vorwurf ein grundlegender Denkfehler zugrunde, dass die Verwirrung und Irritation die geistige Entwicklung des Kindes verhindern würden. Aber solche Verunsicherungen sind gerade die Bedingung dafür, dass die Kinder zur Bewegung des Denkens gebracht werden. Erst dadurch entsteht für die Kinder die Möglichkeit, sich im Denken zu orientieren. Um die kindliche Beunruhigung ernst zu nehmen und bei der Orientierung im Denken zu helfen, erscheint das Miteinanderreden im gemeinsamen philosophischen Gespräch als äußerst wichtig, denn beim Philosophieren mit Kindern herrscht eine Gleichrangigkeit von allen Gesprächsbeteiligten und dem Gesprächsleiter und somit auch eine demokratische Gesprächskultur. Das gemeinsame Philosophieren hilft bei der selbstständigen Orientierung im Denken, welche als Ziel die Mündigkeit hat.

Die Arbeit tritt ebenso dem Einwand entgegen, dass das interkulturelle Lernen aufgrund der Betonung der kulturellen Unterschiede Gefahr läuft, dass die individuellen Differenzen lediglich auf deren ethnischen Charakter reduziert werden. Laut dieses Einwands könnte das Konzept des interkulturellen Lernens Konflikte und Abgrenzungstendenzen zwischen verschiedenen ethnischen Gruppen sogar verstärken, anstatt gegenseitigen Respekt zu fördern. Jedoch ergibt sich gerade aus dem Bewusstsein über diese Gefahr die Notwendigkeit, in dieser Arbeit ein Konzept des interkulturellen Lernens zu entwickeln, welches über die Fremderfahrung hinaus die kritische und ethische Reflexionsfähigkeit fördert. Diese Theorie des interkulturellen Lernens grenzt sich von den inhaltslosen Parolen ab, welche bloß die kulturelle Vielfalt und deren Bereicherung für den Einzelnen, sowie dessen ökonomischen Nutzen für die Gesellschaft betonen. Gerade solche Parolen können Gefahr laufen, dass die Individualität ausgeblendet und ausschließlich die kulturellen und ethnischen Hintergründe des Einzelnen betont werden. Denn die Akzentuierung der ethnischen Herkunft der Schüler, die jedoch ohne kritische Reflexion über die kulturellen Selbstverständlichkeiten erfolgt, kann Vorurteile bestätigen oder sogar verstärken. Aus diesem Grund wurde in dieser Arbeit ein Konzept des interkulturellen Lernens vertreten, welches nicht mit einer oberflächlichen Präsentation der fremden Kultur oder des Fremden aufhört, sondern vorwiegend auf den Gewinn einer neuen Perspektive über das Gewohnte und die ethische Reflexionsfähigkeit zielt.

Die ausführliche Beschreibung des interkulturellen Lernprozesses führt zur Forderung, mehr Raum und Zeit für die Reflexionsmöglichkeit zu bieten und zwar dadurch, dass die Erfahrungen des Einzelnen in einem gemeinsamen Gespräch mittels der Sprach- und Denkfähigkeit zur kritischen Reflexion gebracht werden. Für die Lehrenden, welche die Kinder zum interkulturellen Lernen führen wollen, ergibt sich das philosophische Gespräch als eine vielversprechende Methode im Hinblick auf dessen Ziel, nämlich die ethische Reflexionsfähigkeit, die über die Wissensvermittlung hinausgeht. Für das interkulturelle Lernen, welches die Bedeutung der Fremderfahrung und des Perspektivenwechsels betont, ist die Fragestellung zentral, ob die Kinder durch die Fremderfahrung zum Nachdenken über ihre Selbstverständlichkeiten gelangen können.

Daher erweist sich das Philosophieren mit Kindern als eine besonders geeignete Methode für das interkulturelle Lernen. Das Philosophieren mit Kindern setzt sein Ziel nicht auf die interkulturelle Kompetenz, die mit der professionellen Handlungsfähigkeit und Handlungssicherheit zusammenhängt, sondern vielmehr auf die Autonomie des Kindes, so dass die Kinder über die Alternativen der Denk- und Handlungsmöglichkeiten verfügen können. Da diese ausschließlich durch das gemeinsame Gespräch und kommunikative Reflexivität möglich ist, lässt sich sogar zugespitzt schlussfolgern, dass nur das Philosophieren mit Kindern, das das interkulturelle Lernen ermöglicht, zum interkulturellen Bildungsprozess beiträgt.

Literaturverzeichnis

Appiah, Kwame Anthony: Der Kosmopolit. Philosophie des Weltbürgertums. München, C.H. Beck, 2007.

Auernheimer, Georg: Einführung in die Interkulturelle Pädagogik. Darmstadt, Wissenschaftliche Buchgesellschaft, [4]2005.

Augustinus, Aurelius: Bekenntnisse. Confessiones. Frankfurt a. M. [u.a.], Verl. der Weltreligionen, 2007.

Barthes, Roland: Die strukturalistische Tätigkeit. In: Schiwy, Günther: Der französische Strukturalismus. Mode, Methode, Ideologie. Mit einem Anhang von Texten von de Saussure, Lévi-Strauss, Barthes, Goldmann, Sebag, Lacan, Althusser, Foucault, Sartre, Ricoeur, Hugo Friedrich. Reinbek bei Hamburg, Rowohlt, 1969, S. 157-162.

Beck, Herbert: Neurodidaktik oder: Wie lernen wir? In: *Erziehungswissenschaft und Beruf. Vierteljahresschr. für Unterrichtspraxis u. Lehrerbildung*. 51 (2003), Heft 3. S. 323-330. URL: <http://www.schule-bw.de/unterricht/paedagogik/didaktik/neurodidaktik/neurodidaktik_beck.pdf> (Stand: 25. Okt. 2011).

Benner, Dietrich: Wilhelm von Humboldts Bildungstheorie. Eine problemgeschichtliche Studie zum Begründungszusammenhang neuzeitlicher Bildungsreform. Weinheim, München, Juventa, [3]2003.

Berg, Christa: Kind/ Kindheit. In: Benner, Dietrich; Oelkers, Jürgen (Hrsg.): Historisches Wörterbuch der Pädagogik. Weinheim und Basel, Beltz, 2004, S. 497-517.

Bieri, Peter: Wie wollen wir leben? St. Pölten, Salzburg, Residenz Verlag, [2]2011.

Birnbacher, Dieter: Philosophie als sokratische Praxis: Sokrates, Nelson, Wittgenstein. In: Ders.(Hrsg.): Das sokratische Gespräch. Stuttgart, Reclam, 2002, S. 140-165.

Bittner, Rüdiger: Was gut an Philosophie ist. In: Meyer, Kirsten (Hrsg.): Texte zur Didaktik der Philosophie, Stuttgart, Reclam, 2010.

Blumenberg, Hans: Anthropologische Annäherung an die Rhetorik. In: Ders.: Wirklichkeiten in denen wir leben. Aufsätze und eine Rede. Stuttgart, Reclam, 1986, S. 104-136.

Blumenberg, Hans: Zu den Sachen und zurück. Hrsg. von Manfred Sommer, Frankfurt a. M., Suhrkamp, 2002.

Bollacher, Martin (Hrsg.): Ideen zur Philosophie der Geschichte der Menschheit. (Bibliothek deutscher Klassiker 41), Frankfurt a. M., 1989.

Bollnow, Otto Friedrich: Philosophie der Erkenntnis. Das Vorverständnis und die Erfahrung des Neuen. Stuttgart, Kohlhammer, 1970.

Bolz, Martin: Insel im Kopf. Filosofieren mit Kindern in der Grundschule. (Philosophie in der Schule 3), Münster, Hamburg, London, Lit, 2002.

Bolz, Martin (Hrsg.): Philosophieren in schwieriger Zeit. (Philosophie in der Schule, Bd. 4) Münster, Hamburg, London, Lit, 2003.

Bolz, Martin: Die vielen Höhlen Platos. Philosophieren mit Kindern in der Grundschule. (Philosophie in der Schule, Bd. 11), Wien, Lit, 2005.

Borges, Jorge Luis: Die analytische Sprache John Wilkins'. In: Ders.: Das Eine und die Vielen. Essays zur Literatur. München, Hanser, 1966, S. 209-214.

Bourdieu, Pierre: Sozialer Sinn. Kritik der theoretischen Vernunft. Frankfurt a. M., Suhrkamp, 1987.

Bourdieu, Pierre: Meditationen. Zur Kritik der scholastischen Vernunft, Frankfurt a. M., Suhrkamp, 2001.

Breinig, Helmbrecht: Transkulturalität und Transdifferenz: Indianische Subjektkonstruktionen. In: Göhlich, Michael (Hrsg.): Transkulturalität und Pädagogik. Interdisziplinäre Annäherungen an ein kulturwissenschaftliches Konzept und seine pädagogische Relevanz. Weinheim, Juventa, 2006. S. 69-82.

Brown, Wendy: Reflexionen über Toleranz im Zeitalter der Identität. In: Forst, Rainer (Hrsg.): Toleranz. Philosophische Grundlagen und gesellschaftlich Praxis einer umstrittenen Tugend. Frankfurt a. M., 2000, S. 257-281.

Cassirer, Ernst: Philosophie der symbolischen Formen. Dritter Teil: Phänomenologie der Erkenntnis. Berlin, Bruno Cassirer Verlag, 1929.

Cassirer, Ernst: Wesen und Wirkung des Symbolbegriffs. Darmstadt, Wissenschaftl. Buchgesellschaft, 1956.

Cassirer, Ernst: Versuch über den Menschen. Einführung in eine Philosophie der Kultur. Frankfurt a. M., S. Fischer, 1990.

Cavell, Stanley: Der Anspruch der Vernunft. Wittgenstein, Skeptizismus, Moral und Tragödie. Frankfurt a. M., Suhrkamp, 2006.

Colin, Lucette (Hrsg.): Europäische Nachbarn – vertraut und fremd. Pädagogik interkultureller Begegnungen. Frankfurt a. M., New York, Campus-Verl., 1998.

Därmann, Iris: Zur philosophischen Bestimmung von Interkulturalität im Ausgang von Bernhard Waldenfels. In: Busch, Katrin (Hrsg.): Philosophie der Responsivität. Festschrift für Bernhard Waldenfels. München, Fink, 2007, S. 191-201.

Dombrowski, Alexandra: „Du siehst etwas, was ich nicht seh'!" Mehrperspektivität beim Philosophieren im Grundschulunterricht. In: Duncker, Ludwig; Nießeler, Andreas (Hrsg.): Philosophieren im Sachunterricht. Imagination und

Denken im Grundschulalter. (Philosophie in der Schule 10), Münster, Lit, 2005, 129-144.

Dörpinghaus, Andreas: Zu einer Didaktik der Verzögerung. In: Schlüter, Anne (Hrsg.): Aktuelles und Querliegendes zur Didaktik und Curriculumentwicklung. Festschrift für Werner Habel, Bielefeld, Janus Presse, 2003, S. 24-33.

Dörpinghaus, Andreas: Bildung als Verzögerung. Über Zeitstrukturen von Bildungs- und Professionalisierungsprozessen. In: *Pädagogische Rundschau* 5 (2005), S. 563-574.

Dörpinghaus, Andreas; Poenitsch, Andreas; Wigger, Lothar: Einführung in die Theorie der Bildung. Darmstadt, Wissenschaftl. Buchgesellschaft, [2]2008.

Dovermann, Ulrich: Interkulturelles Lernen. Arbeitshilfen für die politische Bildung. Bonn, Bundeszentrale für politische Bildung, 2000.

Duncker, Ludwig: Zeigen und Handeln. Studien zur Anthropologie der Schule. Langenau-Ulm, Vaas, 1996.

Duncker, Ludwig: Mit anderen Augen sehen lernen – Multiperspektivität in Gesellschaft und Schule. In: Kregcjk, Konrad (Hrsg.): Intensiv-Programm Philosophieren mit Kindern mit unterschiedlichem kulturellen Hintergrund. Madrider Impulse. (Philosophie in der Schule 12), Wien, Lit, 2005, S. 13-24.

Ebers, Thomas; Melchers, Markus: Vor der Philosophie ist man nie sicher. In: *Welt des Kindes* 85 (2007), Heft 6, S. 9-11.

Eirmbter-Stolbrink, Eva: Wilhelm von Humboldt interkulturell gelesen. Ein Beitrag aus der Erziehungswissenschaft. (Interkulturelle Bibliothek, Bd. 29), Traugott Bautz, Nordhausen, 2005.

Engelbrecht, Alexander: Können Blumen glücklich sein? Einführung in das Philosophieren mit Kindern. Heinsberg, Agentur Dieck, 1997.

Englhart, Stephan: Modelle und Perspektiven der Kinderphilosophie. Heisenberg, Agentur Dieck, 1997.

Flusser, Vilém: Von der Freiheit des Migranten. Einsprüche gegen den Nationalismus. Hamburg, Europäische Verlagsanstalt, 2007.

Forst, Rainer: Das Recht auf Rechtfertigung. Elemente einer konstruktivistischen Theorie der Gerechtigkeit. Frankfurt a. M., Suhrkamp, 2007.

Foucault, Michel: Die Ordnung der Dinge. Eine Archäologie der Humanwissenschaften, Frankfurt a. M., Suhrkamp, 1971.

Fournés, Angelika: Mehrperspektivität und dialogische Erziehung – Eine Antwort auf die Anforderungen an zeitgemäßen Unterricht. In: *Pädagogische Rundschau*. 56 (2002), Heft 1, S. 43-62.

Freese, Hans-Ludwig: Kinder sind Philosophen. Weinheim, Beltz, 1989.

Friesen, Hans: Das »philosophische Gespräch«. Zur Möglichkeit seiner Selbstvergewisserung im Philosophieunterricht. In: Rehn, Rudolf; Schües, Christina

(Hrsg.): Bildungsphilosophie. Grundlagen, Methoden, Perspektiven. (Pädagogik und Philosophie, Bd. 1), Freiburg, München, Karl Alber, 2008, S. 218-233.

Fröhlich, Michael: Philosophieren mit Kindern. Ein Konzept. (Philosophie und Bildung, Bd. 3), Münster, Lit, 2004.

Gadamer, Hans-Georg: Wahrheit und Methode. Grundzüge einer philosophischen Hermeneutik. Tübingen, Mohr, 1975.

Gansen, Peter: Das Denken neu schulen? Aktuelle Theorien zum kindlichen Denken und ihre Relevanz für die Kinderphilosophie. In: Duncker, Ludwig; Nießeler, Andreas (Hrsg.): Philosophieren im Sachunterricht. Imagination und Denken im Grundschulalter. Münster, Lit, 2005, S. 29-62.

Gebauer, Gunter: Wittgensteins Anthropologisches Denken. München, C. H. Beck, 2009.

Gläser, Eva: Vom lokalen Heimatgefühl zur glokalen kulturellen Identität. In: Engelhardt, Wolf; Stoltenberg, Ute (Hrsg.): Die Welt zur Heimat machen? Bad Heilbrunn, Klinkhardt, 2002, S. 85-96.

Gläser, Eva: Heimat und Fremde. Begrenzter Gegensatz oder sinnvolle Orientierung?In: *Praxis Grundschule* 29 (2006), Philosophieren mit Kindern. Thematische Arbeitsblattpakete. S. 1-4.

Goldbeck, Ernst: Die Welt des Knaben. Neuausgabe von Arnold Bork, Ratingen, Henn, ^{2}1962.

Göhlich, Michael; Liebau, Eckart; Leonhard, Hans-Walter; Zirfas, Jörg: Transkulturalität und Pädagogik. Thesen zur Einführung. In: Göhlich, Michael (Hrsg.): Transkulturalität und Pädagogik. Interdisziplinäre Annäherungen an ein kulturwissenschaftliches Konzept und seine pädagogische Relevanz. Weinheim und München, Juventa, 2006. S. 7-30.

Greverus, Ina-Maria: Plädoyer für die multikulturelle Gesellschaft. In: Nitzschke, Volker (Hrsg.): Multikulturelle Gesellschaft, multikulturelle Erziehung? Brennpunkte der Bildungspolitik 10, Stuttgart, J. B. Metzler, 1982, S. 23-28.

Gültekin, Nevâl: Interkulturelle Kompetenz. Kompetenter professioneller Umgang mit sozialer und kultureller Vielfalt. In: Leiprecht, Rudolf; Kerber, Anne (Hrsg.): Schule in der Einwanderungsgesellschaft. Ein Handbuch. Schwalbach/Ts., Wochenschau-Verl., 2005, S. 367-386.

Hagenbüchle, Roland: Von der Multi-Kulturalität zur Inter-Kulturalität. Würzburg, Königshausen & Neumann, 2002.

Hamburger, Franz: Von der Ausländerpolitik zur interkulturellen Erziehung – Probleme der Pädagogik und der Didaktik im Umgang mit den Fremden. In: Borrelli, Michele (Hrsg.): Zur Didaktik interkultureller Pädagogik. Bd. 1, Hohengehren, Schneider, 1992, S. 33-63.

Heesen, Berrie: Ein möglichst ungewöhnlicher Stuhl. Praxisbeispiel. In: *Zeitschrift für Didaktik der Philosophie* 2 (1989), S. 98-101.

Heiser, Jan Christoph: „Fremd ist der Fremde nur in der Fremde“. In: *Pädagogische Rundschau* 64 (2010), Heft 4, S. 391-403.

Herder, Johann Gottfried: Werke. Ideen zur Philosophie der Geschichte der Menschheit. Bd. 6. Hrsg. von Martin Bollacher. Frankfurt a. M., Deutscher Klassiker Verlag, 1989.

Hering, Jochen: Die Welt frag-würdig machen. philosophisches Nachdenken mit Kindern im Grundschulalter. (Basiswissen Grundschule, Bd. 14), Baltmannsweiler, Schneider Verlag Hohengehren, 2004.

Herrigel,Eugen: ZEN in der Kunst des Bogenschießens. München, Planegg, Otto Wilhelm Barth, [6]1956.

Hersch, Jeanne: Das philosophische Staunen. Einblicke in die Geschichte des Denkens. München, Piper, 1997.

Hiltmann, Gabrielle: Philosophieren lernen. Überlegungen zur Philosophiedidaktik anhand Wittgensteins ‹Technik der Inspiration›. In: Rehn, Rudolf; Schües, Christina: Bildungsphilosophie. Grundlagen, Methoden, Perspektiven. (Pädagogik und Philosophie 1), Freiburg, München, Karl Alber, 2008, S. 234-257.

Honneth, Axel: Integrität und Mißachtung. Grundmotive einer Moral der Anerkennung. In: *Merkur* 44 (1990), Heft 12, S. 1043-1054.

Horster, Detlef: Philosophieren mit Kindern. Opladen, Leske + Budrich, 1992.

Höink, Christine: Dann war alles anders! Heimaterleben in den Vorstellungen von Grundschulkindern. In: *Praxis Grundschule* 29 (2006), S. 9-13.

Humboldt, Wilhelm von: Theorie der Bildung des Menschen. In: Ders.: Werke in fünf Bänden. Hrsg. von Andreas Flitner und Klaus Giel, Bd. 1: Schriften zur Anthropologie und Geschichte. Darmstadt, Wissenschaftl. Buchgesellschaft, 1960, S. 234-240.

Humboldt, Wilhelm von: Ueber den Geschlechtsunterschied und dessen Einfluss auf die organische Natur [1794]. In: Ders.: Werke in fünf Bänden. Hrsg. von Andreas Flitner und Klaus Giel, Bd. 1: Schriften zur Anthropologie und Geschichte. Darmstadt, Wissenschaftl. Buchgesellschaft, 1960. S. 268-295.

Humboldt, Wilhelm von: Theorie der Bildung. In: Flitner, Wilhelm (Hrsg.): Schriften zur Anthropologie und Bildungslehre, Düsseldorf, München, Küpper, [2]1964.

Humboldt, Wilhelm von: Natur und Beschaffenheit der Sprache überhaupt. In: Ders.: Bildung und Sprache. Paderborn, Ferdinand Schöningh, [5]1997.

Husserl, Edmund: Logische Untersuchungen. Hamburg, Meiner, 2009.

Jaspers, Karl: Einführung in die Philosophie. München, Piper, 1953.

Kambartel, Friedrich: Versuch über das Verstehen. In: McGuinness, Brian (Hrsg.): »Der Löwe spricht … und wir können ihn nicht verstehen«. Ein Symposium an der Universität Frankfurt anlässlich des hundertsten Geburtstags von Ludwig Wittgenstein. Frankfurt a.M., Suhrkamp, 1991, S. 121-137.

Kant, Immanuel: Beantwortung der Frage. Was ist Aufklärung? In: Ders.: Werke in zehn Bänden. Hrsg. von Wilhelm Weischedel. Bd. 9: Schriften zur Anthropologie, Geschichtsphilosophie, Politik und Pädagogik; Teil 1. Darmstadt, WissenschaftlicheBuchges., 1975, S. 53-61.

Kapuściński, Ryszard: Der Andere. Frankfurt a. M., Suhrkamp, 2008.

Kesselring, Thomas: Handbuch Ethik für Pädagogen. Grundlagen und Praxis. Darmstadt, Wissenschaftliche Buchgesellschaft, 2009.

Knab, Rainer: Platons Siebter Brief. Einleitung, Text, Übersetzung, Kommentar. Hildesheim [u.a.], Olms, 2006.

Koring, Bernhard: Philosophieren mit Kindern – Grundbegriffe, Methoden und Perspektiven. In: Bolz, Martin (Hrsg.): Philosophieren in schwieriger Zeit. (Philosophie in der Schule, Bd. 4), Münster, Hamburg, London, Lit, 2003, S. 159-172.

Lawrence Kohlberg, Moralstufen und Moralerwerb. Der kognitiv-entwicklungstheoretische Ansatz. 1976. In: Edelstein, Wolfgang: Moralische Erziehung in der Schule. Entwicklungspsychologie und pädagogische Praxis, Weinheim, Beltz, 2001, S 35-62.

Leggewie, Claus; Zifonun, Dariuš: Was heißt Interkulturalität? In: Gröschner, Alexander; Popovici, Victoria (Hrsg.): Pragmatismus als Kulturpolitik. Beiträge zum Werk Richard Rortys. Berlin, Suhrkamp, 2011, S. 220-248.

Lipman, Matthews: Philosophy in the classroom. Philadelphia, Tempel University, 1978.

Lipman, Matthew: Harry Stottlemeiers Entdeckung. Hannover, Schroedel, 1983.

Lipman, Matthew: Handbuch zu Harry Stottlemeiers Entdeckung. Wien, Hölder-Pichler-Tempsky Verlag, 1986.

Lipman, Matthews: Philosophy: Educational programs. In: Camhy, Daniela: Children: thinking and philosophy. Proceedings of the 5th International Conference of Philosophy for Children, Graz 1992, Sankt Augustin, Academia-Verl., 1994.

Martens, Ekkehard: Sich im Denken orientieren. Philosophische Anfangsschritte mit Kindern. Hannover, Schroedel-Schulbuchverl., 1990.

Martens, Ekkehard: Philosophieren mit Kindern. Eine Einführung in die Philosophie. Stuttgart, Reclam, 1999.

Martens, Ekkehard: Sokrates. Eine Einführung. Stuttgart, Reclam, 2004.

Martens, Ekkehard: Anschaulich philosophieren – (wie) geht das? In: Brüning, Barbara; Martens, Ekkehard (Hrsg.): Anschaulich philosophieren. Mit Märchen, Fabeln, Bildern und Filmen. Weinheim und Basel, Beltz, 2007, S. 9-19.

Matthews, Gareth B.: Denkproben. Philosophische Ideen jüngerer Kinder. Berlin, Freese, 1991. [Orig.: Philosophy and the Young Child. Cambrige (Mass.), London, 1980]

Matthews, Gareth B.: The Philosophy of Childhood. Cambridge, Mass. [u.a.], Harvard Univ. Press, 1994.

Matthews, Gareth B.: Vom Nutzen der Perplexität. Denken lehren mit Hilfe der Philosophie. In: Matthews, Gareth B.: Philosophieren mit Kindern. (Rostocker Philosophische Manuskripte 3), Rostock, Institut für Philosophie [u.a.], 1996.

Mecheril, Paul: Anerkennung des Anderen als Leitperspektive interkultureller Pädagogik? Perspektiven und Paradoxien. Vortragsmanuskript zum interkulturellen Workshop des IDA-NRW 2000. URL: <http://www.ida-nrw.de/projekte-interkulturell-nrw/such_ja/12down_1/pdf/mecheril.pdf>(Stand: 10.01.2012)

Meier, Robert E.: Mündigkeit. Zur Theorie eines Erziehungszieles. Bad Heilbrunn, Klinkhardt, 1981.

Meiers, Kurt: Sprache und Schrift als Gegenstand kindlichen Nachdenkens. (Ludwigsburg 1995) Erschienen unter dem Titel: Kinder denken über Sprache und Schrift nach. In: *Grundschule* 1(1997).

Merleau-Ponty, Maurice: Phänomenologie der Wahrnehmung. (Phänomenologisch-psychologische Forschungen, Bd. 7), Berlin, de Gruyter, 1966.

Messerschmidt, Astrid: Weltbilder und Selbstbilder. Bildungsprozesse im Umgang mit Globalisierung, Migration und Zeitgeschichte. Frankfurt a. M., Brandes & Apsel, 2009.

Meyer, Kirsten: Bildung. Berlin, Boston, de Gruyter, 2011.

Meyer-Drawe, Käte: Vom anderen lernen. Phänomenologische Betrachtungen in der Pädagogik. In: Borrelli, Michele; Ruhloff, Jörg (Hrsg.): Deutsche Gegenwartspädagogik. Bd. II, Baltmannsweiler, Schneider Verlag Hohengehren, 1996, S. 85-98.

Meyer-Drawe, Käte: Das Gehirn – die Wohnstätte des Geistes? Irrwege des Leib-Seele-Dualismus. In: Northoff, Georg (Hrsg.): Neuropsychiatrie und Neurophilosophie. Schöningh, Paderborn u. a., 1997, S. 155-167.

Meyer-Drawe, Käte: Herausforderung durch die Dinge. Der Andere im Bildungsprozeß. In: *Zeitschrift für Pädagogik* 45 (1999), Heft 3, S. 329-336.

Meyer-Drawe, Käte: Diskurse des Lernens. München, Wilhelm Fink, 2008.

Meyer-Drawe, Käte: Höhlenqualen. Bildungstheoretische Provokationen durch Sokrates und Platon. In: Rehn, Rudolf; Christina, Schües (Hrsg.): Bildungsphilosophie. 2008, S. 36-51.

Mittelstraß, Jürgen: Versuch über den sokratischen Dialog. In: Stierle, Karlheinz; Warning, Rainer (Hrsg.): Das Gespräch. München, Fink, 1984, S. 11-28.

Morf, Eva Zoller: „Du bist anders, du gehörst nicht dazu!“ – „Philosophieren mit Vorschulkindern. Transkript philosophischer Gespräche – sokratisches Philosophieren – philosophisch-didaktische Aufbereitung von Bilderbüchern. In:

Hidalgo, Oliver; Rude, Christophe; Wiesheu, Roswitha (Hrsg.): Gedanken teilen. Philosophieren in Schulen und Kindertagesstätten: Interdisziplinäre Voraussetzungen – Methodische Praxis – Implementation und Effekte. Berlin, Lit, 2011, S. 154-165.

Müller, Hans-Joachim: Kann ich einem Wolf vertrauen? In: *Praxis Grundschule* 29 (2006). Philosophieren mit Kindern. Thematische Arbeitsblattpakete. S. 5-8.

Nagel, Thomas: Was bedeutet das alles? Eine ganz kurze Einführung in die Philosophie. Stuttgart, Reclam, 1990.

Nelson, Leonard: Die sokratische Methode. In: Birnbacher, Dieter; Krohn, Dieter (Hrsg.): Das sokratische Gespräch. Stuttgart, Reclam, 2002, S. 21-72.

Neubert, Stefan; Roth, Hans-Joachim; Yildiz, Erol: Multikulturalismus – ein umstrittenes Konzept. In: Ders.: Multikulturalität in der Diskussion. Neuere Beiträge zu einem umstrittenen Konzept. Wiesbaden, Verlag für Sozialwissenschaften, [2]2008, S. 9-32.

Nieke, Wolfgang: Interkulturelle Erziehung und Bildung. Wertorientierungen im Alltag. Wiesbaden, Verlag für Sozialwissenschaften, [3]2008.

Nießeler, Andreas: Bildung und Lebenspraxis. Anthropologische Studien zur Bildungstheorie. (Erziehung, Schule, Gesellschaft, 36), Würzburg, Ergon, 2005.

Nießeler, Andreas: Ethische Dimensionen symbolischer Formen. Sozial- und kulturphilosophische Aspekte des Philosophierens mit Kindern. In: Marsal, Eva [u.a.] (Hrsg.): Ethische Reflexionskompetenz im Grundschulalter. Konzepte des Philosophierens mit Kindern. Frankfurt, Main [u.a.], Lang, 2007, S. 41-52.

Nießeler, Andreas: Erinnerungsräume und Bildungsorte. Theorie und Relevanz des kulturellen Lernens. In: *Vierteljahrsschrift für wissenschaftliche Pädagogik* 83 (2007), Heft 2, S. 127-143.

Nießeler, Andreas: Übung der Aufmerksamkeit – Schulung des Blickes – Disziplinierung des Subjektes. In: Nießeler, Andreas; Uphoff, Ina Katharina (Hrsg.): Pädagogische Auffälligkeiten. Deutungsmuster von Verhaltensstörungen und Verhaltensauffälligkeiten – kritisch betrachtet. Würzburg, Königshausen & Neumann, 2009, S. 43-62.

Nießeler,Andreas: Lernen als Erfahrung des Denkens *oder*: Kann man in der Schule philosophieren? In: Erhardt, Matthias (Hrsg.): Der skeptische Blick. unzeitgemäße Sichtweisen auf Schule und Bildung. Wiesbaden, Verlag für Sozialwissenschaften, 2011, S. 37-45.

Nietzsche, Friedrich: Also sprach Zarathustra. In: Colli, Giorgio; Montinari, Mazzino (Hrsg.): Sämtliche Werke. Kritische Studienausgabe. Bd. 4, München, Dt. Taschenbuch-Verl., 1988.

Nietzsche, Friedrich: Menschliches, Allzumenschliches. Kritische Studienausgabe von G. Colli und M. Montinari. Bd. 2. München, 1988.

Nietzsche, Friedrich: Jenseits von Gut und Böse. Zur Genealogie der Moral. In: Ders.: Sämtliche Werke. kritische Studienausgabe in 15 Bänden. Bd. 5.München, Dt. Taschenbuch-Verl., 1988.

Nisbett, Richard E.: The Geography of Thought. How Asians and Westerners Think Differently...and Why. New York, Free Press, 2003.

Nitzschke, Volker: Multikulturelle Gesellschaft – multikulturelle Erziehung? In: Ders. (Hrsg.): Multikulturelle Gesellschaft, multikulturelle Erziehung? Brennpunkte der Bildungspolitik 10, Stuttgart, J. B. Metzler, 1982, S. 5-12.

Orth, Ernst-Wolfgang: Cassirers Philosophie der Lebensordnungen. In: Cassirer, Ernst: Geist und Leben. Schriften zur Lebensordnungen von Natur und Kunst, Geschichte und Sprache. Leipzig, Reclam, 1993, S. 9-31.

Platon: Sokrates und die „Hebammenkunst„. In: Birnbacher, Dieter; Krohn Dieter (Hrsg.): Das sokratische Gespräch. Stuttgart, Reclam, 2002, S. 15-20.

Platzer, Barbara: Sprechen und Lernen. Untersuchungen zum Begriff des Lernens im Anschluß an Ludwig Wittgenstein. Königshausen & Neumann, Würzburg, 2006.

Plessner, Helmuth: Mit anderen Augen sehen. Aspekte einer philosophischen Anthropologie. Stuttgart, Reclam, 1982.

Puhl, Klaus: Regelfolgen. In: Savigny, Eike von (Hrsg.): Ludwig Wittgenstein. Philosophische Untersuchungen. Berlin, Akademie(Klassiker Auslegen), 1998, S. 119-142.

Raupach-Strey, Gisela: Das Sokratische Paradigma und seine Bezüge zur Diskurstheorie. In: Birnbacher, Dieter; Krohn, Dieter (Hrsg.): Das sokratische Gespräch. Stuttgart, Reclam, 2002, S. 106-139.

Reichenbach, Roland: Philosophie der Bildung und Erziehung. Eine Einführung. (Grundriss der Pädagogik, Erziehungswissenschaft, 14), Stuttgart, Kohlhammer, 2007.

Roth, Gerhard: Das Gehirn und seine Wirklichkeit. Stuttgart, Suhrkamp, [3]1995.

Rösch, Heidi (Hrsg.): Bilderbücher zum interkulturellen Lernen. Baltmannsweiler, Schneider Verlag Hohengehren, 1997.

Rumpf, Horst: Belebungsversuche. Ausgrabungen gegen die Verödung der Lernkultur. Weinheim und München, Juventa, 1987.

Rumpf, Horst: Die übergangene Sinnlichkeit. Drei Kapitel über die Schule. Weinheim und München, Juventa, [3]1994.

Rumpf, Horst: Sich einlassen auf Unvertrautes. Über schwach kultivierte Formen des Weltumgangs – eine Erinnerung. In: *Neue Sammlung*. Vierteljahres-Zeitschrift für Erziehung und Gesellschaft.42(2002), Heft 1, S. 13-29.

Rumpf, Horst: Diesseits der Belehrungswut. Pädagogische Aufmerksamkeiten. Weinheim und München, Juventa, 2004.

Savigny, Eike von: Sprachspiele und Lebensformen. Woher kommt die Bedeutung. In: Ders. (Hrsg.): Ludwig Wittgenstein. Philosophische Untersuchungen, Berlin, Akademie (Klassiker Auslegen), 1998, S. 7-40.

Schaber, Peter: Wertevermittlung und Autonomie. In: Meyer, Kirsten: Texte zur Didaktik der Philosophie. Stuttgart, Philipp Reclam, 2010, S. 139-155.

Schäfer, Alfred; Thompson, Christiane (Hrsg.): Anerkennung. Paderborn, Ferdinand Schöningh, 2010.

Schmidtke, Hans-Peter: Herausforderungen an einen interkulturellen Sachunterricht. In: *Praxis Grundschule* 25 (2002), Heft 9, S. 53-57.

Schreier, Helmut: Zwischen Pluralismus und Affirmation. Philosophieren bedeutet, den Boden der sicheren Erkenntnisse zu verlassen – kann man das mit Grundschulkindern tun? In: *Grundschule* 32 (2000), Heft 6, S. 18-21.

Schulte, Joachim: Weltbild und Mythologie. In: Ders.: Chor und Gesetz. Wittgenstein im Kontext. Frankfurt a. M., Suhrkamp, 1990, S. 113-128.

Semdner, Helmut: Heinrich von Kleist. Geschichte meiner Seele. Frankfurt a. M., Insel, 1977.

Šklovskij, Viktor: Die Kunst als Verfahren. In: Striedter, Jurij (Hrsg.): Russischer Formalismus. Texte zur allgemeinen Literaturtheorie und zur Theorie der Prosa. München, Wilhelm Fink, [5]1994, S. 3-35.

Sommer, Manfred: Sammeln. Ein philosophischer Versuch. Frankfurt am Main, Suhrkamp, 1999.

Spinner, Kaspar H.: Staunen als ästhetische Kategorie literarischer Sozialisation. In: Härle, Gerhard; Weinkauff, Gina (Hrsg.): Am Anfang war das Staunen. Wirklichkeitsentwürfe in der Kinder- und Jugendliteratur. Baltmannsweiler, Schneider-Verl. Hohengehren, 2005, S. 17-24.

Spitzer, Manfred: Lernen. Gehirnforschung und die Schule des Lebens. Berlin, Heidelberg, Springer-Verlag, 2007.

Strasser, Stephan: Phenomenology and the Human Sciences. A Contribution to a New Scientific Ideal.Pittsburgh, PA, Duquesne University Press, 1963.

Straub, Jürgen: „Identität" In: Jaeger, Friedrich; Liebsch, Burkhard (Hrsg.): Handbuch der Kulturwissenschaften. (Grundlagen und Schlüsselbegriffe, Bd. 1), J. B. Metzler, Stuttgart, 2004, S. 277-303.

Strub, Christian: Keine Kulturbewertung. Was sollen wir anerkennen, wenn wir ‚eine fremde Kultur anerkennen'? In: Gander, Hans-Helmuth (Hrsg.): Anerkennung. Zu einer Kategorie gesellschaftlicher Praxis. (Identitäten und Alteritäten, Bd. 17) Würzburg, Ergon, 2004, S. 127-154.

Taylor, Charles: Die Politik der Anerkennung. In: Ders.: Multikulturalismus und die Politik der Anerkennung. Frankfurt a. M., Suhrkamp, 2009, S. 11-68.

Thomas, Alexander: Interkulturelles Lernen im Schüleraustausch. Saarbrücken u. Fort Lauderdale, Verlag f. Entwicklungspolitik, 1988.

Thomas, Philipp: Wissen, dass wir nicht wissen – Ein philosophisches Bildungsziel. In: Martens, Ekkehard; Gefert, Christian; Steenblock, Volker (Hrsg.): Philosophie und Bildung. Münster, Lit, 2005, S. 125-134.

Tichy, Matthias: Fremd im Philosophieunterricht oder: Brauchen wir eine interkulturelle Philosophiedidaktik? In: *Zeitschrift für Didaktik der Philosophie und Ethik* 32 (2010), Heft1, S. 43-53.

Tomasello, Michael: Die kulturelle Entwicklung des menschlichen Denkens. Zur Evolution der Kognition. Frankfurt a. M., Suhrkamp, 2002, S. 42.

Tugendhat, Ernst: Egozentrizität und Mystik. Eine anthropologische Studie. München, C.H. Beck, 2003.

Plessner, Helmuth: Mit anderen Augen sehen. Aspekte einer philosophischen Anthropologie. Stuttgart, Reclam, 1982.

van der Leeuw, Karel: Lipmans IAPC-Programm. In: *Zeitschrift für Didaktik der Philosophie* 1 (1984), Hannover, Schroedel, S. 12-17.

Wagenschein, Martin: "... zäh am Staunen". pädagogische Texte zum Bestehen der Wissensgesellschaft. Seelze-Velber, Kallmeyer, 2002.

Wagner, Hans-Josef: Die Aktualität der strukturalen Bildungstheorie Humboldts. Weinheim, Deutscher Studien, 1995.

Waldenfels, Bernhard: Einführung in die Phänomenologie. München, Fink, 1992.

Waldenfels, Bernhard: Deutsch-Französische Gedankengänge. Frankfurt a. M., Suhrkamp, 1995.

Waldenfels, Bernhard: Topographie des Fremden. Studien zur Phänomenologie des Fremden 1, Frankfurt a. M., Suhrkamp, 1997.

Waldenfels, Bernhard: Das leibliche Selbst. Vorlesungen zur Phänomenologie des Leibes. Hrsg. von Regula Giuliani, Frankfurt a. M., Suhrkamp, 2000.

Waldenfels, Bernhard: Phänomenologie der Aufmerksamkeit. Frankfurt a. M., Suhrkamp, 2004.

Waldenfels, Bernhard: Grundmotive einer Phänomenologie des Fremden. Frankfurt a. M., Suhrkamp, 2006.

Waldenfels, Bernhard: Fremdheit, Gastfreundschaft und Feindschaft. In: *Information Philosophie*. 2006, Heft 5/ Dez., S. 7-17.

Waldenfels, Bernhard: Antwortregister. Frankfurt a. M., Suhrkamp, 2007.

Weber, Barbara: Ethisches Lernen in Zeiten des Wertepluralismus. Das Begehren nach Weisheit als roter Faden im postmodernen Labyrinth der Werte. In: Marsal, Eva [u.a.] (Hrsg.): Ethische Reflexionskompetenz im Grundschulalter. Konzepte des Philosophierens mit Kindern. (Hodos – Wege bildungsbezogener Ethikforschung in Philosophie und Theologie, Bd. 7) Frankfurt a. M., Peter Lang, 2007, S. 113-130.

Welsch, Wolfgang: Transkulturalität – die veränderte Verfassung heutiger Kulturen. In: *VIA REGIA – Blätter für internationale kulturelle Kommunikation*. Hrsg. vom Europäischen Kultur- und Informationszentrum in Thüringen, Erfurt, Zentrum, 1994, Heft 20. URL: <http://www.via-regia.org/bibliothek/pdf/heft20/welsch_transkulti.pdf> (Stand: 05.02.2011).

Welsch, Wolfgang: Transkulturalität. Zur veränderten Verfassung heutiger Kulturen. In: Schneider, Irmela; Thomsen, Christian W.: Hybridkultur. Medien, Netze, Künste. Köln, Wienand Verlag, 1997, S. 67-90.

Welsch, Wolfgang: Was ist eigentlich Transkulturalität? In: Darowska, Lucyna; Lüttenberg, Thomas; Machold, Claudia (Hrsg.): Hochschule als transkultureller Raum? Kultur, Bildung und Differenz in der Universität. Bielefeld, transcript-Verlag, 2010, S. 39-66.

Witte, Egbert: Empirisierungszwang und Erfahrungsverlust. Thesen zur gegenwärtigen Situation der Allgemeinen Pädagogik. In: Ricken, Norbert; [u. a.] (Hrsg.): Umlernen. Festschrift für Käte Meyer-Drawe. München, Fink Verlag, 2009, S. 327 – 334.

Witte, Egbert: Skepsis und Urdoxa. Anmerkungen zur transzendentalskeptischen Pädagogik. In: Erhardt, Matthias (Hrsg.): Der skeptische Blick. unzeitgemäße Sichtweisen auf Schule und Bildung. Wiesbaden, Verlag für Sozialwissenschaften, 2011, S. 73-96.

Witte, Egbert: Zwischen Denkzwang und Spiel – Zu Metaphorik und Normalisierung von Bildung. In: *Vierteljahrsschrift für wissenschaftliche Pädagogik* 87 (2011), Heft 4, S. 654-670.

Wittgenstein, Ludwig: Philosophische Untersuchungen. Werkausgabe, Bd. 1, Frankfurt a. M., Suhrkamp, 1984.

Wittgenstein, Ludwig: Bemerkungen über Frazers *The Golden Bough*. In: Ders.: Vortrag über Ethik und andere kleine Schriften. Hrsg. von Joachim Schulte. Frankfurt a. M., Suhrkamp, 1989, S. 29-46.

Wittgenstein, Ludwig: Vortrag über Ethik. In: Ders.: Vortrag über Ethik und andere kleine Schriften. Hrsg. von Joachim Schulte. Frankfurt a. M., Suhrkamp. 1989, S. 9-19.

Wittgenstein, Ludwig: Über Gewissheit. Werkausgabe, Bd. 8, Suhrkamp, Frankfurt a.M., 1989.

Wulf, Christoph: Einführung in die Anthropologie der Erziehung. Weinheim und Basel, Beltz, 2001.

Wulf, Christoph: Anthropologie. Geschichte – Kultur – Philosophie. Reinbek bei Hamburg, Rowohlt, 2004.

Zahavi, Dan: Phänomenologie für Einsteiger. Paderborn, Wilhelm Fink, 2007.

Zirfas, Jörg; Jörissen, Benjamin: Phänomenologien der Identität. Human-, sozial-

und kulturwissenschaftliche Analyse. Wiesbaden, Verlag für Sozialwissenschaften, 2007.

ZEITUNGSARTIKELN

Finger,Evelyn: „Japaner trauern anders – Wer in der Katastrophe lächelt, ist gefühlskalt. Oder? Ein Gespräch mit der Soziologin Gesine Foljanty-Jost über kulturelle Unterschiede und deutsche Vorurteile. Kommentar." In: *Die Zeit* (24. März 2011), Nr. 13, S. 51.

„Integrations-Debatte – Merkel: ‚Multikulti ist absolut gescheitert'" In: *Süddeutsche Zeitung* (16. 10. 2010). URL: <http://www.sueddeutsche.de/politik/integration-seehofer-sieben-punkte-plan-gegen-zuwanderung-1.1012736> (Stand: 14.03.2011).

ANHANG 1 – ZUSAMMENFASSUNG FÜR DIE DISSERTATION „PHILOSOPHIEREN MIT KINDERN ALS MÖGLICHKEIT DES INTERKULTURELLEN LERNENS“

Das Thema meiner Arbeit lautet Philosophieren mit Kindern als Möglichkeit des interkulturellen Lernens. Die Arbeit zielt darauf, das Konzept des Philosophierens mit Kindern zu analysieren, um dessen Beitrag zum interkulturellen Lernen zu veranschaulichen. Die Relevanz meiner Arbeit besteht darin, dass in der Erziehungswissenschaft aufgrund der Praxisorientiertheit die Theorie des interkulturellen Lernens defizitär erscheint. Zwar werden die Ziele des interkulturellen Lernens formuliert, wozu vor allem Verständnis und Respekt für fremde Kulturen und Toleranz für deren Anderssein zählen, jedoch fehlt die genaue Beschreibung des interkulturellen Lernprozesses, welcher sich beim einzelnen Menschen vollzieht. Statt einer solchen Beschreibung werden die Ziele oft mit dem interkulturellen Lernen selbst gleichgesetzt. Dieser theoretische Mangel führt dazu, dass auch die praktische Umsetzung des interkulturellen Lernens oft entweder mit Wissensaufnahme oder mit bloßer sinnlicher Wahrnehmung gleichgesetzt wird und somit unzureichend bleibt.

Unter dem interkulturellen Lernen verstehe ich in dieser Arbeit daher nicht die Aneignung bestimmter Verhaltensregeln oder den Erwerb interkultureller Kompetenz, welche der Handlungsgeschicktheit in den interkulturellen Begegnungen dienen, sondern es geht von einer Fremderfahrung des Einzelnen aus. Da der Mensch ein leibliches Wesen ist, staunt er über das Fremde und er wird auf es aufmerksam, was ihm dazu verhilft, das Gewohnte mit anderen Augen zu sehen. Diese Theorie der Interkulturalität beruht darauf, dass die Menschen bereits als Kind durch den Spracherwerb die kulturellen Denk- und Handlungsmuster einverleibt bekommen und sich damit dieser kulturellen Prägung nicht bewusst sind. Erst durch die Fremderfahrung kann man sich der Selbstverständlichkeit der eigenen Kultur bewusst werden und sich reflexiv mit ihr auseinanderzusetzen.

In der Arbeit wurde daher die Frage beantwortet, inwiefern das Philosophieren mit Kindern zum interkulturellen Lernen, d. h. zur Reflexion über das eigene kulturell geprägte Denken und Verhalten führen kann und welchen Bildungsbeitrag es darüber hinaus leisten kann. Konkret lautet die Frage, welches Konzept des Philosophierens mit Kindern besonders zur Förderung des interkulturellen Lernens geeignet ist und auch die ethische Reflexionsfähigkeit und die Autonomie der Kinder fördern kann. Hierfür wurden unter anderem die Ansätze des Philosophierens mit Kindern von drei wichtigen Vertretern in Blick auf das interkulturelle Lernen analysiert. Aus der Analyse der verschiedenen Ansätze zeigt sich dabei, dass das Philosophieren mit Kindern, welches Ekkehard Martens vertritt, für das interkulturelle Lernen eine äußerst geeignete Methode ist, da es nicht nur das Staunen des Kindes eine zentrale Bedeutung zuweist, sondern auch durch die Begriffs-Bildung die Reflexion über die eigene Denk- und Handlungsweise ermöglicht.

ANHANG 2 – ABSTRACT FOR THE DISSERTATION „PHILOSOPHIZING WITH CHILDREN AS A POSSIBILITY OF INTERCULTURAL LEARNING“

The title of my dissertation is „Philosophizing With Children as a Possibility of Intercultural Learning.“ The aim is to analyze the concept of philosophizing with children to show the contribution to intercultural learning. In educational science intercultural learning is more focused on the praxis so that there is a theoretical deficit. This deficit is a reason for the insufficient praxis, so much so that the concept of intercultural learning has proved to be relevant. Although the aims of intercultural learning, such as understanding, respect of foreign culture, and tolerance for the otherness were determined, there is still a lack of the exact describing of intercultural learning process of individuals. The objectives of intercultural learning were equated with intercultural learning itself. As a result of the theoretical lack, either the acquisition of knowledge or sensual perceptions are implemented in the praxis so that they remain insufficient.

In my dissertation, intercultural learning means neither the acquirement of certain rules of behavior nor the acquisition of intercultural competence which only serve skillfulness of behavior for intercultural encounters. However, intercultural learning begins with an alien experience. Something foreign irritates us because it can’t be identified with familiarities. So when we are confronted with the different and reflect about it, it can help us to see the familiar in a new way. This theory of interculturality is based on the fact that humans incorporate, as children, the thinking and acting of their particular culture. They incorporate these habits while they were learning language so that they are unaware of cultural influences. Only through this foreign experience can you be aware of your own culture and analyze it.

In this dissertation the following questions have been answered; in what way does philosophizing with children contribute to intercultural learning?

To what extent does intercultural learning reflect on one's own cultural shaped thinking and acting? I also show what an educational contribution philosophizing with children can make. I also address which concept of philosophizing with children is conducive to supporting intercultural learning, the ethical reflectivity, and the autonomy for the child. For this, three important approaches of philosophizing with children were analyzed with regards to intercultural learning. As the result, philosophizing with children of Ekkehard Martens has shown itself to be particularly conducive to foster intercultural learning. This concept of philosophizing with children assigns not only a special importance to the children's amazement, but also, education (dt.: Bildung) of concepts which encourage the children to reflect on their way of thinking and acting.